Jahrbuch für Handlungs- und Entscheidungstheorie

Weitere Bände in dieser Reihe
http://www.springer.com/series/12723

André Bächtiger • Susumu Shikano
Eric Linhart
(Hrsg.)

Jahrbuch für Handlungs- und Entscheidungstheorie

Band 9: Deliberation und Aggregation

Springer VS

Herausgeber
André Bächtiger
Politikwissenschaft
Universität Luzern
Luzern
Schweiz

Eric Linhart
Christian-Albrechts-Universität zu Kiel
Kiel
Deutschland

Susumu Shikano
FB Politik-/Verwaltungswissenschaft
Universität Konstanz
Konstanz
Deutschland

ISBN 978-3-658-07582-8   ISBN 978-3-658-07583-5 (eBook)
DOI 10.1007/978-3-658-07583-5

Die Deutsche Nationalbibliothek verzeichnet diese Publikation in der Deutschen Nationalbibliografie; detaillierte bibliografische Daten sind im Internet über http://dnb.d-nb.de abrufbar.

Springer VS
© Springer Fachmedien Wiesbaden 2015
Das Werk einschließlich aller seiner Teile ist urheberrechtlich geschützt. Jede Verwertung, die nicht ausdrücklich vom Urheberrechtsgesetz zugelassen ist, bedarf der vorherigen Zustimmung des Verlags. Das gilt insbesondere für Vervielfältigungen, Bearbeitungen, Übersetzungen, Mikroverfilmungen und die Einspeicherung und Verarbeitung in elektronischen Systemen.

Die Wiedergabe von Gebrauchsnamen, Handelsnamen, Warenbezeichnungen usw. in diesem Werk berechtigt auch ohne besondere Kennzeichnung nicht zu der Annahme, dass solche Namen im Sinne der Warenzeichen- und Markenschutz-Gesetzgebung als frei zu betrachten wären und daher von jedermann benutzt werden dürften.

Lektorat: Dr. Jan Treibel, Wenzel Seibold

Gedruckt auf säurefreiem und chlorfrei gebleichtem Papier

Springer VS ist eine Marke von Springer DE. Springer DE ist Teil der Fachverlagsgruppe Springer Science+Business Media
www.springer-vs.de

Vorwort

Deliberation und Aggregation verweisen auf zwei unterschiedliche Modelle von Entscheidungsfindung in der Politik. Deliberation heißt, dass Akteure ihre Positionen ausführlich und mit Blick auf das Gemeinwohl begründen, anderen Teilnehmenden und anderen Sichtweisen mit Respekt begegnen und bereit sind, sich vom besseren Argument überzeugen zu lassen. Eine aggregative Sichtweise dagegen impliziert, dass Akteure ihre vorher fixierten Positionen maximal durchzusetzen versuchen. Selbst bessere Argumente, so die Annahme, werden sie von diesem Vorhaben nicht abbringen. So verweist Aggregation nicht nur auf strategisches Verhalten bei Abstimmungen, sondern auch bei Verhandlungen. In der Politikwissenschaft wurde Deliberation lange Zeit als utopisches Konstrukt ohne Rückbindung an die politische Realität betrachtet. Warum sollten, wie Fritz Scharpf (1997, S. 166) pointiert gefragt hat, politische Akteure ihre Meinungen ändern, wenn dadurch die Machtposition des politischen Gegners gestärkt wird? In den letzten Jahren jedoch ist diese strikte Gegenüberstellung von aggregativen und deliberativen Handlungs- und Entscheidungslogiken zunehmend durchbrochen worden. Die empirische Deliberationsforschung hat gezeigt, dass es insbesondere unter begünstigenden institutionellen Kontexten deliberatives Verhalten geben kann, selbst in der vermachteten Sphäre der Politik (für einen Überblick zu empirischer Deliberationsforschung siehe Bächtiger und Wyss 2013; Schaal und Ritzi 2009).

Band 9 des Jahrbuchs Handlungs- und Entscheidungstheorie widmet sich der Thematik „Deliberation und Aggregation" auf innovative Weise, wobei neue theoretische Zugänge zu Deliberation und Aggregation sowie neue Messmethoden erörtert werden. Im Auftaktbeitrag zeigt Jane Mansbridge, dass die geläufige Trennung von Deliberation und Verhandeln weder empirisch noch normativ zu halten ist. Vielmehr gilt es, zwischen unterschiedlichen Formen von Verhandlungen – deliberativen und nicht-deliberativen – zu unterscheiden. Während deliberative Verhandlungen (legitime) Eigeninteressen mit deliberativen Tugenden wie Begründungsrationalität und Respekt verbinden, sind nicht-deliberative Verhandlungen durch Drohungen und strategische Irreführungen geprägt. Mit dieser Differenzierung gelingt es, den empirisch festgestellten Graubereich zwischen reiner Deliberation und reinem „bargaining" besser auszuleuchten, welches die empirische Deliberationsforschung bei der Analyse konkreter Verhandlungen so stark behindert hat. Claudia Landwehr wirft einen neuen Blick auf das Thema epistemische Demokratie, welches in den letzten Jahren einen starken Aufschwung erlebt hat. Sie fokussiert dabei auf aggregative und deliberative Varianten epistemischer Demokratietheorie. Das zentrale Argument ihres theoretischen Beitrags lautet, dass sich entgegen gängiger Vorstellungen Aggregation und Deliberation nicht konkurrierend sondern komplementär verhalten und dass sich ferner Erwartungen auf epistemischen Zugewinn auf jene diskursiven Prozesse konzentrieren sollten, die einem Mehrheitsentscheid vorangehen. Léa Roger wiederum kombiniert zwei Ansätze der Parlamentsforschung, nämlich die Analyse deliberativer Qualität von Parlamentsreden mit Rollentheorien. Anhand einer Befragung von Europaparlamentariern zeigt sie, dass die Kombination von Rollenorientierungen und Kommunikationsverhalten eine umfassendere Analyse parlamentarischer Entscheidungsfindung ermöglicht, als dies bisher der Fall war. Thomas Kalwitzki, Bernhard Kittel, Wolfgang Luhan und Birgit Peuker präsentieren eine prozessbezogene, qualitative Inhaltsanalyse des Entscheidungsverhaltens in Gruppen. Anhand der Protokolle eines Mehrparteien-Wahlexperimentes verdichten sie die Prozessdaten zu „individuums- und interaktionsbezogenen Entscheidungshistorien", die zu einer teilweisen Neubewertung der quantitativen Experimentalergebnisse führen.

Neben den Beiträgen zum Themenkomplex „Deliberation und Aggregation" finden sich im Jahrbuch auch zwei Beiträge, die sich mit anderen Aspekten von Handlungs-und Entscheidungstheorie befassen. Norbert Schöning, Paul Thurner und Martin Binder bieten einen neuen Blick auf Framing-Ansätze, die in der Debatte zu den Wirkungen politischer Kommunikation zentral sind. Während die bisherige Forschung gezeigt hat, dass die Stärke des Framing-Effekts von „Moderatorenvariablen" wie etwa dem Wertesystem abhängt, fokussieren die Autoren auf attitudinale Ambivalenz und Inkonsistenz zwischen Parteipräferenz und Policy-Präferenz. Anhand eines Experiments zeigen sie, dass attitudinale Ambivalenz den Framing-Effekt nicht beeinflusst, während Inkonsistenz das Auftreten wie auch die Stärke von Framing erhöht. Der Aufsatz von Johannes Raabe befasst sich mit der modelltheoretischen Analyse der Ministerienaufteilung in Koalitionsregierungen. Auf der Basis von Divisor-Verfahren wird ein Grundmodell entwickelt, welches sowohl die quantitative Dimension der Ministerienaufteilung

(Anzahl Ministerien) als auch die qualitative Dimension (Bewertung des Ministeriums) zwischen den Koalitionsparteien berücksichtigt. Dieses Grundmodell wird anschließend auf Koalitionsregierungen der deutschen Länder von 1990 bis 2010 angewandt, wobei sich unter anderem zeigt, dass eine quantitative Besserstellung kleiner Parteien nicht etwa durch eine relative qualitative Besserstellung großer Parteien ausgeglichen wird.

Für redaktionelle Unterstützung möchten sich die Herausgeber bei Alda Wegmann, Anne Schillig, Simon Beste, und Dominik Wyss bedanken. Samuel Moor hat den Beitrag von Jane Mansbridge aus dem Englischen ins Deutsche übersetzt.

Luzern, Kiel und Konstanz, im Juli 2014   *Die Herausgeber*

Literatur
Bächtiger, André, und Dominik Wyss. 2013. Empirische Deliberationsforschung – ein systematischer Überblick. *Zeitschrift für Vergleichende Politikwissenschaft* 7, 155–181.
Schaal, Gary S., und Claudia Ritzi. 2009. Empirische Deliberationsforschung. MPIfG Working Paper 09/9. Köln: Max-Planck-Institut für Gesellschaftsforschung.
Scharpf, Fritz W. 1997. *Games real actors play. Actor-Centered institutionalism in policy research*. Boulder: Westview Press.

Inhaltsverzeichnis

Deliberative und nicht-deliberative Verhandlungen 1
Jane J. Mansbridge

Deliberation, Aggregation und epistemischer Fortschritt 41
Claudia Landwehr

Strategische Wort-Wahl in der Politik: Ein qualitativer Ansatz zur
Analyse experimenteller Gremienwahlen 65
Thomas Kalwitzki, Bernhard Kittel, Wolfgang J. Luhan und Birgit
Peuker

Deliberation im Europäischen Parlament: Der Einfluss von
Rollenorientierungen auf das Kommunikationsverhalten von
Abgeordneten 93
Léa Roger

Indifferenz und Inkonsistenz als Moderatoren von
Framing-Effekten: Ein Experiment am Beispiel der Kernenergie 127
Norbert Schöning, Paul W. Thurner und Martin Binder

Die Ministerienaufteilung in Koalitionsregierungen – eine
modelltheoretische Näherung mit Hilfe von Divisor-Verfahren 159
Johannes Raabe

Autorenverzeichnis

Dr. Martin Binder BASF Ludwigshafen, Deutschland

Thomas Kalwitzki Universität Wien, Wien, Österreich

Prof. Dr. Bernhard Kittel Zentrum für Sozialpolitik, Universität Bremen, Bremen, Deutschland

Prof. Dr. Claudia Landwehr Johannes-Gutenberg-Universität Mainz, Mainz, Deutschland

Wolfgang J. Luhan Ruhr-Universität Bochum, Bochum, Deutschland

Prof. Dr. Jane J. Mansbridge Harvard University, Harvard, USA

Dr. Birgit Peuker Technische Universität Dresden, Dresden, Deutschland

Johannes Raabe, M.Sc. Christian-Albrechts-Universität Kiel, Kiel, Deutschland

Dr. Léa Roger TU Kaiserslautern, Kaiserslautern, Deutschland

Norbert Schöningh, M.A. Universität München, München, Deutschland

Prof. Dr. Paul Thurner Universität München, München, Deutschland

Deliberative und nicht-deliberative Verhandlungen

Jane J. Mansbridge

Zusammenfassung

Die klassische deliberative Demokratietheorie betrachtet Deliberation als Gegenteil von Verhandeln. Dieser Artikel dagegen plädiert für eine Kompatibilität von klassischer Deliberation mit verschiedenen Formen des Verhandelns, die als „deliberative Verhandlungen" bezeichnet werden. Diese Formen des Verhandelns beinhalten unvollständig theorisierte Einigungen, integrative Verhandlungen und vollständig kooperative Verhandlungen. Alle diese Formen basieren auf gegenseitigem Begründen und Respekt sowie der Suche nach gerechten Bedingungen und Ergebnissen. Idealerweise wird in keiner dieser Verhandlungen Zwang angewendet. Als nicht-deliberativ werden dagegen „kooperative Gegenspieler-Verhandlungen" taxiert, in denen rein strategisch orientierte Teilnehmende mittels Drohungen und Falschaussagen Zwang ausüben.

Dieser Artikel ist eine Übersetzung des Artikels „Deliberative and non-Deliberative Negotiations", HKS Faculty Research Working Paper Series RWP09010, John F. Kennedy School of Government, Harvard University. Zudem bezieht er sich auf Mansbridge et al. (2010) im *Journal of Political Philosophy*; die darin enthaltende Argumentation wird im vorliegenden Beitrag erweitert. Ich möchte mich bei meinen Co-Autoren dieses Artikels, James Bohman, Simone Chambers, David Estlund, Andreas Follesdal, Archon Fung, Cristina Lafont, Bernard Manin und José Luis Martí sowie den

---

J. J. Mansbridge (✉)
Harvard University, Harvard, USA
E-Mail: Jane_Mansbridge@hks.harvard.edu

© Springer Fachmedien Wiesbaden 2015
A. Bächtiger et al. (Hrsg.), *Jahrbuch für Handlungs- und Entscheidungstheorie*,
Jahrbuch für Handlungs- und Entscheidungstheorie, DOI 10.1007/978-3-658-07583-5_1

1 Einleitung

Die klassische deliberative Demokratietheorie definiert Deliberation als Gegenteil von Verhandeln. Dieser Gegensatz hat aktuell jedoch an Bedeutung verloren; doch ist die Beziehung, in welcher diese ehemals konträren Begriffe zueinander stehen, nicht restlos geklärt. Auf eine Neuinterpretation der regulativen Ideale der deliberativen Demokratie (Mansbridge et al. 2010) stützend, argumentiert dieser Artikel, dass vier Formen der Einigung in Verhandlungen ebenfalls „deliberativ" sein können. Eine klassische Form der deliberativen Einigung ist inhaltliche *Konvergenz*. Die anderen drei – *unvollständig theorisierte Einigungen, integrative Verhandlungen* und *vollständig kooperative Verhandlungen* – sind Formen der *deliberativen Verhandlung*. Das Ziel des vorliegenden Artikels ist es, die regulativen Ideale der deliberativen Demokratie so auszulegen, dass diese Formen von Einigung auch darin inkorporiert werden können.

Das deliberative Ideal als regulatives Ideal besitzt folgende Kriterien: Die Deliberation sollte idealerweise für alle von der Entscheidung Betroffenen offen sein. Jeder an der Deliberation Teilnehmende sollte gleiche Möglichkeiten und Ressourcen haben, den Prozess zu beeinflussen; dabei sollten die jeweiligen Grundrechte gewahrt werden.[1] Beim Begründen ihrer Standpunkte gilt für die Teilnehmenden, sich mit gegenseitigem Respekt zu begegnen. Ferner sollten die Teilnehmenden allgemein nachvollziehbare Argumente darlegen können. Ziel ist, eine Umgebung zu schaffen, in der sie als freie und gleiche Personen miteinander

---

anderen Teilnehmenden des Workshops über die Rolle von Geschäften, Verhandeln, Kompromissen und Abstimmungen, im Speziellen Joshua Cohen, Philip Pettit und Dennis Thompson, für Diskussionen und darauffolgende Kommentare, die diese Arbeit inspiriert und verbessert haben, bedanken. Dieser Artikel profitierte ausserdem von den Kommentaren der Teilnehmenden eines Workshops der Stanford Universität, einem Seminar, das von der University of Pennsylvania und der Temple University organisiert und gefördert wurde, einem Roundtable der American Political Science Association, einem Fakultätsseminar an der Kennedy School und einem von Mark Moore ins Leben gerufenen Workshop im Hauser Center der Kennedy School unter Teilnahme von Jack Donahue, Archon Fung, Linda Kaboolian, Brian Mandel, Barbara Nelson und James Sebenius. Des Weiteren möchte ich Carrie Menkel-Meadow danken, deren *What's Fair* (1990) mich auf die Spur von vielen Artikeln über Verhandlungsethik brachte, die hier referenziert sind. Nicht zuletzt bin ich dem Ash Institute for Democratic Innovation und dem Safra Center for Ethics, beide an der Kennedy School der Harvard Universität ansässig, sehr dankbar für die Unterstützung des Workshops im März 2007, welchen wir in einem innovativen deliberativen Format durchführen durften.

---

[1] Für die Idee der Gleichheit in Deliberation vgl. Knight and Johnson 2008.

kooperieren können. Die Ziele der Teilnehmenden sollten in einem Prozess des gegenseitigen Begründens erreicht werden und nicht, indem sie unter Zwang das Verhalten der anderen zu verändern versuchen.[2]

Demgegenüber stehen nicht-deliberative Verhandlungen, die sich durch Zwang auszeichnen. Viele, wenn nicht sogar die meisten legislativen Verhandlungen gehören dieser Form an, die Raiffa als „kooperative Gegenspieler"-Verhandlungen bezeichnet. In solchen Verhandlungen werden Drohungen, wie etwa das Verlassen der Verhandlungen, als Bestandteile der Interaktion akzeptiert. Auch andere Strategien – beispielsweise die Manipulation von politischen Verfahrensregeln gemäß Roberts' „Rules of Order" mit dem Ziel, den politischen Erfolg sicherzustellen – können hier zur Anwendung kommen. Die legislative Anwendung solcher nicht-deliberativer Formen von Verhandlungen wird von Demokratien vielfach implizit autorisiert – doch wurden die ihnen zugrundeliegenden Normen und Moralitäten bis jetzt nur unzureichend theoretisch aufgearbeitet. In diesem Artikel wird argumentiert, dass Verhandlungen sowohl Aspekte von Deliberation als auch von legitimer Aggregation beinhalten können, und dass beide Aspekte ebenfalls nach normativen Kriterien bewertet werden sollen. Deliberativen Kriterien entsprechend sollten die Verhandlungen offen, fair, respektvoll, auf der Basis von Begründungen und mittels wenig Zwang geführt werden. Bezüglich normativ wünschenswerter Aggregation sollte Machtausübung auf einer gleichmäßigen Machtverteilung beruhen.

Dieser Artikel befasst sich ausführlich mit den Idealen demokratischer Prozesse, welche zu einer bindenden Entscheidung führen. Obwohl Deliberation breit als „Kommunikation, die zu Reflektion über Präferenzen [sowie Werte und Interessen] auf zwangsfreie Weise" definiert werden kann, ist deliberative Demokratie eine Unterkategorie, die eine bindende Entscheidung verlangt.[3] Die Entstehung bindender demokratischer Entscheidungen im Umfeld von Politik, welche unweigerlich Konflikt beinhaltet, bedingt eine Kombination von klassischer Deliberation, Konvergenz, unvollständig theorisierten Einigungen, integrativen Verhandlungen und vollständig kooperativen Verhandlungen. Zusätzlich sind auch nicht-deliberative Elemente einschließlich kooperativer Gegenspieler-Verhandlungen und Aggregation durch Wahlen vonnöten.

---

[2] Gegenseitige Begründung kann als Antonym zu Zwangsanwendung interpretiert werden; das heißt, diese zwei Kategorien könnten das System, in dem Einigungen entstehen, erschöpfend erklären. Ob dies der Fall ist, kann hier nicht geklärt werden. Vgl. Mansbridge et al. (2010) für eine Definition von Zwangsanwendung. Die Aussage, diese Formen der Verhandlung seien deliberativ, ist aber nicht nur an das Kriterium von fehlendem Zwang gebunden – andere Kriterien können auch eine Rolle spielen.

[3] Die Definition von Deliberation wurde von Dryzek (2000, S. 76) übernommen; vgl. Mansbridge et al. (2010) über die Bedingungen für bindende Entscheidungen.

2 Die klassische Antithese

In der politischen Theorie der zweiten Hälfte des 20. Jahrhunderts gab es drei verschiedene deliberative Schulen: Habermasianer, „Republikaner" und Rawlsianer; sie alle stimmten darin überein, dass Deliberation einen Gegensatz zu Verhandlungen bildet.

In seinem frühen Werk *Strukturwandel der Öffentlichkeit* hielt Jürgen Habermas fest, dass die Ausdehnung der „öffentlichen" Sphäre in der Mitte des 19. Jahrhunderts zu einem „Strukturwandel" von gemeinsamen zu konkurrierenden Interessen sowie von Vernunft zu Zwang und „Verhandlungen" führte. Davor war Politik als „politisch fungierende Öffentlichkeit [definiert, die sich] streng am Allgemeininteresse orientierte [und] Interessenskonflikte und bürokratische Dezisionen auf ein Minimum" (1962, S. 159) herabsetzte. In ihrer Blütezeit „gründete Deliberation im berechtigten Vertrauen darauf, dass in der Öffentlichkeit, unter Voraussetzung eines gemeinsamen Klasseninteresses, Freund-Feind-Verhältnisse tatsächlich ausgeschlossen waren" (ibid. S. 160). Dies änderte sich mit dem Strukturwandel der Öffentlichkeit: „Die bislang in die Privatsphäre abgedrängten Konflikte stoßen jetzt in die Öffentlichkeit vor. [...] Gesetze [...] entsprechen mehr oder minder unverhohlen dem Kompromiss konkurrierender Privatinteressen" (S. 160–161). Sobald es den „Massen gelingt, die ökonomischen Antagonismen in politische Konflikte zu übersetzen" (ibid. S. 177), wird „auch der Boden des relativ homogenen Publikums [...] erschüttert. Die Konkurrenz organisierter Privatinteressen" dringt in die politische Sphäre und der „im öffentlichen Räsonnement ermittelte Konsensus weicht dem nicht-öffentlich erstrittenen oder einfach durchgesetzten Kompromiss" (ibid. S. 179). Wie Habermas weiter festhält:

„Sobald hingegen die kollektiv organisierten privaten Interessenpolitische Gestalt anzunehmen begannen, mussten in der Öffentlichkeit nun auch Konflikte ausgetragen werden, die die Struktur des politischen Kompromisses von Grund auf wandelten. Die Öffentlichkeit wurde mit Aufgaben eines Interessenausgleichs belastet, der sich den klassischen Formen parlamentarischer Einigung und Vereinbarung entzieht; ihm sieht man gleichsam die Herkunft aus der Sphäre des Marktes noch an – er muss buchstäblich ‚ausgehandelt', durch Druck und Gegendruck auf Abruf erzeugt werden, unmittelbar nur gestützt durch das labile Gleichgewicht einer Machtkonstellation zwischen Staatsapparat und Interessengruppen. Politische Entscheidungen fallen in den neuen Formen eines „bargaining", das sich neben den älteren Formen des Machtvollzugs, Hierarchie und Demokratie, herausgebildet hat (ibid. S. 1989a)."[4]

---

[4] In diesem Ansatz war sich Habermas mit Carl Schmitt einig, der 1923 feststellte, dass das Weimarer Parlament nicht mehr länger eine Versammlung weiser Männer war, die einander

Seit der Publikation dieses Werkes hat sich Habermas' Auffassung signifikant verändert, nämlich hin zu einer gewissen Akzeptanz „strategischen" Handelns (mit dem Ziel zu gewinnen) – zusätzlich zu dem von ihm bevorzugten „kommunikativen" Handeln (mit dem Ziel zu verstehen) – und, wie im nächsten Abschnitt aufgezeigt wird, auch hin zu einer Neubewertung von Verhandlungen, die er in seine Demokratietheorie einbezieht. Gleichzeitig muss aber darauf hingewiesen werden, dass Habermas sowohl in Bezug auf diese strategischen Handlungsarten als auch auf dem strategischen Handeln beruhenden Verhandlungen nie das Wort „legitim" verwenden würde, da sie das implizite Ziel beinhalten, mehr politische Macht zu erlangen und auszuüben.[5]

Eine andere theoretische Tradition – die zeitgenössische republikanische Theorie, welche auf der Revision und Weiterentwicklung von Ideen der Schriftsteller aus Renaissance-Stadtstaaten und aus dem England des 17. Jahrhunderts beruht – folgt einem ähnlichen Gedankengang. Cass Sunstein kontrastierte bereits 1985 den republikanischen mit dem pluralistischen Standpunkt. Auch seiner Sicht stehen Republikaner für die Idee ein, dass ein Allgemeinwohl erreicht werden kann,

---

mit gemeinwohlorientierten Argumenten in einer öffentlichen Diskussion zu überzeugen versuchten (Schmitt 1923, zitiert nach Habermas 1989, S. 205–206). Schmitt war sich gewiss, er habe den Niedergang einer Tradition der öffentlichen Diskussion und der Vernunft, miterlebt. Diese Tradition war für ihn gleichbedeuten mit Gewalt (wobei er hier Eugene Forçade (1853 zitiert nach Schmitt, [1923] 1988, zitiert nach Habermas 1989, S. 205–206). Die Öffentlichkeit und die Diskussionen, stellt Schmitt fest, waren für das Gerechtigkeitsgefühl einer ganzen historischen Epoche essentiell und unersetzbar. Was dieses Gleichgewicht zwischen Öffentlichkeit und Diskussionen aufrechterhielt und garantierte war nichts Geringeres als die Wahrheit und Gerechtigkeit selbst. Man glaubte an Diskussion und Öffentlichkeit, um die nackte Macht und Gewalt – für die liberale, rechtsstaatliche Räson die Inkorporation des Bösen – zu kontrollieren, damit das Recht über die Macht triumphieren konnte (Schmitt [1923] 1988, S. 103, n. 49). Einige Jahre später hielt er fest: Als Prämisse für eine Diskussion gehört die Bereitschaft, sich überzeugen zu lassen, unabhängig von Parteizugehörigkeit, und eine gewisse Uneigennützigkeit. Zudem führt er aus, dass Diskussion nicht einfach mit „Verhandlung" gleichgesetzt werden kann. Eigeninteressen, wie sie in Verhandlungen konstitutiv sind, mögen auch durch viele Ansprachen und Erklärungen geformt sein, aber sie gehören nicht zu der Kategorie von Diskussionen in einem engeren Sinn (Schmitt [1923] 1988, S. 4–6). Darüber hinaus spricht er Definitionen des Parlamentarismus an, die man zu seiner Zeit erst in angelsächsischen und französischen Schriften finden konnte und die Parlamentarismus als ein „Regieren durch Diskussion" bezeichneten (Schmitt [1923] 1988, S. 7). (Die Phrase „Regieren durch Diskussion", die ursprünglich von Harold Laski stammt, gibt er englischsprachig wieder und wiederholt sie zwei Paragrafe später wieder auf Englisch, was Schmitts Argument, er betrachte diese „Regierungsform" als nicht in der germanischen Tradition stehend, durchaus unterstreicht (Ich danke Isaac Nakhimovsky dafür, dass er mich auf diese sprachliche Feinheit hingewiesen hat).

[5] Vgl. Fußnote 10.

indem sich die Mitglieder einer Gruppe in ihrer Rolle als Bürgerinnen und Bürger mittels Diskussionen von ihrem privaten Interesse hin zu einem Streben nach gemeinsamem Wohl bewegen (1985, S. 31), während Pluralisten Politik als einen Kampf von und zwischen Gruppen mit Eigeninteressen auffassen (ibid. S. 32). Ganz im Gegensatz zu den Pluralisten setzen sich Republikaner gemäß Sunstein für politische Institutionen ein, die Diskussionen und Debatten unter den Bürgerinnen und Bürgern fördern wobei sie gleichzeitig Systeme, die Gesetzgebung als reinen Prozess der Verhandlung oder als „Deals" zwischen eben diesen Gruppen mit Eigeninteressen interpretieren, ablehnen (1988, S. 1539, 1554). Auch in der republikanischen Theorie werden somit Diskussion und Deliberation Konflikt, Kompromiss und Verhandlung gegenübergestellt.

In einer dritten philosophischen Tradition, basierend auf dem Werk von John Rawls, argumentiert Joshua Cohen, dass Deliberation nur dann zu demokratisch legitimen Ergebnissen führt, wenn sie einen rational motivierten Konsens erreicht (1989, S. 23), der auf das Allgemeinwohl abzielt (ibid. S. 24), was wiederum das Verhandlungsobjekt einer vernunftorientierten Vereinbarung von freien und gleichen Bürgern sein sollte (22).[6] Er stellt fest, dass nicht einmal der Idealtyp des pluralistischen Systems, in welchem demokratische Politik aus fairen Verhandlungen zwischen Gruppen, die jeweils ihre eigenen oder sektoralen Interessen vertreten, für eine gerechte Gesellschaft geeignet ist (ibid. S. 18). In späteren Werken stellt auch er explizit eine Trennlinie zwischen Deliberation und Verhandlung auf (Rawls 1996, S. 423).

3 Die Öffnung

Wie eingangs bereits erwähnt, betonen aktuellere Arbeiten die Antithese von Deliberation und Verhandlungen weniger stark.[7] So mutmaßen beispielsweise Amy Gutmann und Dennis Thompson, dass deliberative Demokratie viel Raum für Verhandlungen bietet. Solange alle Parteien in einer politischen Kontroverse moralische Reziprozität (das heißt allgemein akzeptierbare Gründe und auf gegenseitigem Respekt basierendes Entgegenkommen) als Rahmenbedingung für ihr Handeln akzeptieren, sind Verhandlungen ein legitimes Mittel, um politische Konflikte zu lösen. Unter diesen Bedingungen sind Verhandlungen vollständig

---

[6] Das letzte Kriterium ist eher von hypothetischer als von realer Natur. Es dient als Maßstab für Gerechtigkeit.
[7] Vgl. u. a. Bohman 1998, Chambers 1996, Thompson 2008, Mansbridge et al. 2010.

im Einklang mit Deliberation (Gutmann und Thompson 1996, S. 71). Ihrer Meinung nach sollten Verhandlungen nur dann abgelehnt werden, wenn die Verhandlungsparteien die Verdienste der kollektiven Ergebnisse der individuellen Vereinbarungen nicht in Betracht ziehen (ibid. S. 72).

Auch Habermas stellte fest, dass moderne Gesellschaften durch ein Bedürfnis nach Regulierung charakterisiert sind, welches mit gewissen partikulären Interessen in Konflikt gerät. Laut Habermas steht weder die Notwendigkeit dieser Regulierungen zur Diskussion noch ist ein diskursiver Konsens in diesem Fall nötig. Vielmehr sind Kompromisse in diesen speziellen Fällen als ausreichende Lösungen zu betrachten. Habermas betont aber auch, wie wichtig gerade in solchen Situationen moralisch gerechte Prozesse sind, die zu Kompromissen führen (Habermas 1989a, S. 48). Einige Jahre später unterstrich er in seinem Werk *Faktizität und Geltung*, dass Demokratien sich vielfach in Situationen befinden, in denen sich kein „verallgemeinerbares Interesse oder der eindeutige Vorrang eines bestimmten Wertes begründen ließe" (Habermas 1996, S. 205). In diesen Fällen können Bürgerinnen und Bürger deliberativ Möglichkeiten schaffen, um ihre Meinungsverschiedenheiten in einer verhandlungsorientierten Art und Weise zu lösen und selbst entscheiden, wann und wie Verhandlungen adäquat und nötig sind. Seinen Worten zufolge benötigt Demokratie zusätzlich zur Deliberation Verhandlungen, die mit „Drohungen und Versprechungen" operieren, wobei die Macht von materiellen Ressourcen, der Arbeitskraft u. a. abhängt, die aber durch eine „Gleichverteilung zwischen den Parteien diszipliniert" werden kann (ibid. S. 205).[8] Für ihn ist folglich auch „verfahrensregulierte Verhandlungen" ein akzeptierter Teil der „vernünftigen politischen Willensbildung" (ibid. S. 207). Er unterscheidet dabei zwischen Deliberation mit rational motiviertem Einverständnis und Verhandlungen, die „Kooperationsbereitschaft erfolgsorientiert handelnder Parteien" erfordern (ibid. S. 204) auf der Grundlage von zwei Kriterien: Erstens sind die an den Verhandlungen beteiligten Parteien erfolgsorientiert; und zweitens: „Während sich ein rational motiviertes Einverständnis auf Gründe stützt, die alle Parteien *in derselben Weise* überzeugen, kann ein Kompromiss von verschiedenen Parteien aus jeweils *verschiedenen* Gründen akzeptiert werden" (ibid. S. 205, kursiv im Original).

Auch Simone Chambers hat begonnen, Verhandlungen in eine Habermas'sche Struktur von legitimer Demokratie zu integrieren. Sie stellte eine nicht-dichotome Richtlinie auf, die besagt, dass ein rationaler Konsens umso wichtiger wird, je mehr sich das öffentlich diskutierte Problem um grundlegende Fragen der Ge-

---

[8] Hier zitiert Habermas Elster 1991 über Drohungen und Versprechen. Vgl. auch Habermas 1992, S. 108−109, und früher, 1983, S. 72.

rechtigkeit dreht (Chambers 1996, S. 187). Gleichzeitig sind faire Kompromisse legitim, wenn die Bürgerinnen und Bürger den verfahrensrechtlichen Prozessen, denen sie unterstellt sind, Vertrauen schenken (ibid. S. 188). Später definierte sie „legitime politische Ordnung" als eine Ordnung, die für alle, die ihrem Recht unterstellt sind, gerechtfertigt ist (2003, S. 308). Eine solche Rechtfertigung beinhaltet auch die Möglichkeit zu verhandeln, wann immer die Bürgerinnen und Bürger in der Lage sind, sich zu beratschlagen und zu entscheiden, wann und wo Verhandlungen als gerechte und adäquate Methode zur Lösung eines Konflikts dienen können (Chambers 2003, S. 309).[9]

Grundsätzlich kann festgestellt werden, dass viele aktuelle Theoretiker und Theoretikerinnen Verhandlungen durchaus mit Deliberation zu vereinbaren suchen oder zumindest eine produktive Beziehung zwischen beiden erkennen. Dieser Artikel möchte die verschiedenen Arten von Verhandlungen, die unter den Begriff „deliberativ" fallen und ihre Beziehung zu nicht-deliberativen, aber deliberativ autorisierten demokratischen Formen von Entscheidungsfindung, erkunden. Verhandlungen, die idealerweise alle Kriterien der Deliberation erfüllen, sind charakterisiert durch gegenseitige Begründungen, Respekt, Gleichheit und den Willen, fair zu handeln. Die Ausübung von Zwang dagegen gehört nicht zu diesen Charakteristika.

4 Macht als Unterscheidungsmerkmal

In deliberativen Formen der Entscheidungsfindung ist Macht, im Sinne von Zwangsausübung, idealerweise nicht vorhanden.[10] Foucault seinerseits weist darauf hin, dass jedes menschliche Wesen eine Summe von Machtbeziehungen,

---

[9] Den Ursprung dieser Ansicht verortet Chambers bei Habermas (1992) in jenen Passagen, in denen er die „Verrechtlichung des politischen Gebrauchs" als Teil der „vernünftigen politischen Willensbildung" erklärt (1992, S. 207). Andererseits benutzte Habermas das Wort „Legitimität" nie in diesem Kontext. Sein Wortlaut deutet auf den strengen Anspruch hin, dass Gesetze nur legitim sind, wenn sie mit der Zustimmung aller Bürger in einem diskursiven legislativen Prozess, der wiederum rechtlich konstituiert worden ist, geschaffen werden *können* (Habermas [1992] 1996, S. 110).

[10] In Habermas früherer Formulierung verkörpert ideale Deliberation einen „gewaltlosen Kommunikationsfluss" (1962, S. 140). Die öffentliche Sphäre ist „machtneutralisiert" (175), wobei Macht hier im Sinne von Zwang verwendet wird. Dieser Teil des Artikels ist angelehnt an Mansbridge et al. (2010); vgl. auch Mansbridge und Shames 2008. Die deliberativen Formen der Verhandlung können auch nach anderen Kriterien, beispielsweise Reziprozität, von der „kooperativen Gegenspieler"-Variante unterschieden werden.

einschließlich zwanghafter Machtbeziehungen ist und gleichzeitig selbst Gewalt über andere Menschen ausübt. Davon ausgehend ist die totale Abwesenheit von Macht ein regulatives Ideal, das in der Praxis nicht erreichbar ist.[11]

Im Allgemeinen kann Macht als die Verwirklichung der Präferenzen oder Interessen von A verstanden werden, die bei B ein bestimmtes Resultat herbeiführen (oder zumindest dessen Eintrittswahrscheinlichkeit erhöhen). Zwangsausübung würde dann evoziert, wenn die Präferenzen oder Interessen von A unter Androhung von Sanktionen oder der Ausübung von Gewalt B dazu veranlassen (oder zumindest die Wahrscheinlichkeit erhöhen), nicht in seinem eigenen Interesse zu handeln.[12] Wie in diesem Beispiel deutlich wird, ist Zwangsausübung nur dann möglich, wenn die Präferenzen oder Interessen von A und B in Widerspruch zueinander stehen. Von den zwei Formen des Zwangs, der Androhung von Sanktionen und der Gewaltausübung, lässt nur erstere dem Betroffenen eine Wahl. Falls ich jemandem mit Sanktionen drohe („Verlass das Zimmer oder ich erschieße dich"), kann der Angesprochene immer noch die Sanktion akzeptieren und mir das vorenthalten, was ich eigentlich will. Er wählt in diesem Fall die Sanktion, obwohl sie weder seinen Präferenzen noch seinen Interessen entspricht. Gewalt unterscheidet sich grundlegend von der Androhung von Sanktionen dadurch, dass dem Betroffenen keine Handlungsmöglichkeiten gelassen werden. Wenn ich Gewalt anwende, erreiche ich meine Ziele, ohne dass ich dem Betroffenen eine Wahl lasse (ich trage ihn aus dem Zimmer, mag er sich auch noch so weigern). Weil Gewalt gegen die Interessen der Betroffenen wirkt, ohne dieser eine Wahl zu lassen, bietet sie ihm nur Alternativen, die ohnehin ihren Interessen widersprechen.

Macht ist nicht grundsätzlich unvereinbar mit Deliberation, da sie manchmal auch Handlungsmöglichkeiten offen lässt; Zwang hingegen, definiert als die Androhung von Sanktionen oder die Ausübung von Gewalt, die das Handeln gegen

---

[11] Ein Teil der Mystik, die von Foucaults Analyse ausgeht, gründet auf der Synthese von Macht als Kapazität mit Macht als Zwang.

[12] In einer engen Definition wird Macht als die tatsächliche oder potentielle kausale Beziehung zwischen Präferenzen, *oder Interessen* von einem Akteur *oder einer Gruppe von Akteuren* und dem Resultat selbst betrachtet. Diese Definition stellt eine Adaption von Nagels Definition (1975) dar, wobei die kursiven Ausdrücke hinzugefügt wurden. Nagels seinerseits bezieht sich auf Weber und Dahl, schliesst aber noch zusätzlich antizipierte Reaktionen mit ein und macht nicht zur Bedingung, dass eine Absicht dahinter steht. Die Kategorien der Androhung von Sanktionen und Anwendung von Gewalt stammen von Bachrach und Baratz 1963. Die Definition von Zwangsanwendung, die nur möglich ist, wenn die Interessen in Konflikt zueinander stehen, stammt von Lukes (1974); sie ist also nicht anwendbar, wenn jemand überzeugt wird und die Interessen nicht in Konflikt zueinander stehen (vgl. Knight und Johnson 2008).

die Interessen des Betroffenen verändern soll, jedoch schon. Auch Lügen ist eine Form von Zwang. Eine Lüge von A bewegt B ohne dessen Einverständnis und entgegen seiner Interessen zum Handeln. Andere Formen von Manipulation, die auch auf die Auswahl von Alternativen Einfluss nehmen, sind ebenfalls als Zwang zu kategorisieren.

In den vier Formen kommunikativer Einigungen, welche gemäß meiner These mit der klassischen Deliberation vereinbar sind, ist Zwang idealerweise nicht vorhanden. In einer vollständig kooperativen Verhandlung beispielsweise verfolgen Individuen aktiv ihre Eigeninteressen in einem Kontext der Fairness und des gegenseitigen Entgegenkommens, sodass Handlungen, die in einem anderen Kontext als Versprechen oder Drohungen wahrgenommen würden, hier vielmehr Vorschläge für Kompensation oder Voraussagen über negative Konsequenzen implizieren.[13] Die Differenz ist subtil, aber real. Im deliberativen Ideal, das dem einer vollständig kooperativen Verhandlung entspricht, sollte Zwang keinen Einfluss haben. Sogar der Status Quo hat idealerweise keine Bedeutung, außer, dass er als Argument zur Überzeugung verwendet werden kann (z. B. in einer Diskussion, in der konstatiert wird, dass etwas, was bis jetzt funktioniert hat, auch in Zukunft funktionieren wird).

Das Ideal der vollständig abwesenden Macht ist nicht nur unmöglich zu erreichen, es ist auch kaum vorstellbar. Wir sind alle Produkte von Machtbeziehungen und üben durch unsere schiere Existenz in dieser Welt Macht aus. Trotzdem spielen Unterschiede in der Machtverteilung zwischen Teilnehmenden eine mehr oder weniger wichtige Rolle. Das regulative Ideal der abwesenden Macht schreibt vor, dass die Risiken der Androhung von Sanktionen und der Ausübung von Gewalt auf ein Minimum reduziert werden sollen.

Deliberationen über das Allgemeinwohl, die einen Großteil der deliberativen Demokratie ausmachen, sind idealerweise charakterisiert durch gegenseitige Begründungen und die Abwesenheit von Zwang. Dies ist das klassische deliberative Ideal. Zusätzlich gibt es vier weitere Formen der kommunikativen Einigung, wel-

---

[13] Für die Unterscheidung zwischen Angebot/Vorhersage und Versprechen/Drohung vgl. Elster 1995. Der Unterschied kommt zur Geltung, wenn eine Partei in der Verhandlung vorhersagt, wie ihre wahrscheinliche Reaktion auf die Aktion der anderen Partei sein würde und diese nachfragen würde: „Ist das eine Drohung?". Die Frage zielt darauf herauszufinden, ob die erste Partei absichtlich die negativen Konsequenzen hervorzurufen versucht, um die gewünschte Aktion auf der Seite des anderen zu provozieren. Der Unterschied ist in der Praxis meistens nur schwierig zu bestimmen. Wenn die negative Reaktion, die A vorhersagt, ihren Interessen dienen würde, kann es eine Art unpersönliche Macht sein, die für B eine Sanktion bedeutet. So sind auch Vorhersagen und Warnungen dieser Art nicht frei von Macht.

che die deliberativen Kriterien erfüllen, aber traditionell nicht als Formen der Deliberation verstanden wurden. Jeder der vier Prozesse endet in einer Art Konsens, das heißt in einer aufrichtigen Vereinbarung zwischen den Teilnehmenden, die das Resultat als rechtens und gerecht befinden. In jeder Form meiden die Teilnehmenden den Gebrauch von Zwang.

5 Deliberative Verhandlungen

Konvergenz

Konvergenz beinhaltet die Einigung auf der Basis identischer Gründe, ohne dass Meinungsdiversität oder Interessenkonflikte den Prozess begleiten. Dies entspricht dem deliberativen Modell jedoch nur partiell, da dieses von initialen Wert- oder Interessenkonflikten ausgeht. In vielen Fällen von Konvergenz tragen die beteiligten Akteure Fakten und Erkenntnisse aus diversen Informationsquellen zusammen und einigen sich schließlich auf eine Option, welche als die beste angesehen wird. In der demokratischen Praxis gibt es viele Beispiele – seien es Gemeindeversammlungen, nationale Wahlen oder sogar eine Universitätsfakultät, die sich auf einen Kurs einigt – in denen kollektive Entscheidungen diesen relativ konfliktfreien Charakter haben. Die Teilnehmenden mögen divergierende Interessen und Meinungen haben – diese sind jedoch oftmals weder vollständig geformt noch den anderen Teilnehmenden bekannt. Sie müssen folglich die in die Diskussion eingebrachten Informationen in Betracht ziehen und mit Hilfe von Gesprächen und aufmerksamem Zuhören die beste Lösung finden. Sie sollten zusammen herausfinden, welche gemeinsamen Präferenzen, Werte und Interessen sie haben, wobei sie vielleicht feststellen, dass ihr Eigennutzen kompatibel oder ihre Ansichten über das Allgemeinwohl fast deckungsgleich sind (oder beides). Eine Teilnehmerin könnte einen guten Vorschlag darüber machen, wie das gemeinsame Problem zu lösen wäre und Änderungen vorschlagen, bevor die Versammlung zu einer Einigung gelangt. Ein Komitee könnte ein Problem besprechen, auf relevante Informationen stoßen, sich auf Empfehlungen einigen, dies der Versammlung berichten, worauf die ganze Versammlung ihre Zustimmung bekundet.[14] Solche Momente der Konvergenz dienen auch dazu, gegenseitigen Respekt und Vertrauen aufzubauen. Sie zeigen allen Teilnehmenden die Stärken

---

[14] So wird beispielsweise im U.S.-Kongress ein erstaunlich hoher Prozentsatz der Gesetze einstimmig verabschiedet.

und Schwächen der anderen auf, fördern ein Zusammengehörigkeitsgefühl sowie Zufriedenheit und Goodwill. Sie formen Bündnisse auf der Basis von gemeinsamem Handeln, die bei zukünftigen Konflikten konflikthemmend wirken können. Ignoriert man diese Momente als Teil des politischen Prozesses oder der Deliberation, wird die Analyse verfälscht. Ohne diese Momente ist es unmöglich, politische Entscheidungen umfassend zu verstehen.

Unvollständig theorisierte Einigungen

Eine „unvollständig theorisierte Einigung" beschreibt eine Form zwischen Deliberation und Koordination, in der divergierende Meinungen einer Einigung zugeführt werden, wobei im Gegensatz zu Konvergenz die zur Einigung führenden Gründe nicht deckungsgleich sind.[15] Es mag eine Einigkeit in einigen Gründen und auch in den Generalisierungen, die aus diesen Gründen folgen, geben, aber falls dies der Fall ist, sind es in den Worten von Joseph Raz „low or medium level"-Generalisierungen (1986, S. 58).

Das Konzept unvollständig theoretisierter Entscheidungen wurde von Cass Sunstein im Kontext der amerikanischen Justiz begründet. So sind denn auch seine Argumente zur Überlegenheit unvollständig theorisierter Einigungen auf den richterlichen Bereich zu beschränken, wo *Zurückhaltung* beachtliche demokratische und praktischen Akzeptanz findet. Trotzdem zielen viele seiner Argumente auf eine breitere Anwendung in demokratischer Deliberation ab.

Als Beispiel einer nichtgerichtlichen unvollständig theorisierten Einigung zeigt Sunstein, wie die Mitglieder der „United States Sentencing Commission" gemeinsam neue Richtlinien für die Rechtsprechung aufstellen konnten, obwohl sie völlig unterschiedliche theoretische Perspektiven in Bezug auf das Konzept der Bestrafung einnahmen (Vergeltung vs. Abschreckung). Sie kamen zu einer Einigung, indem sie die bisherige Anwendungspraxis als Richtlinie nahmen (Sunstein 1995, S. 1744).

Sunstein betont die Wichtigkeit von unvollständig theorisierten Einigungen, da diese den Bürgern erlauben, ein Zusammengehörigkeitsgefühl zu entwickeln

---

[15] Sunstein 1995; vgl. auch Sunstein 1996, S. 35–61. Bohman (1996, S. 80 ff.) plädiert auch für deliberative Einigung auf der Basis von unterschiedlichen, öffentlich zugänglichen Gründen (83; auch 92). Im Gegensatz dazu bedingt Habermas, dass der Prozess der Erzeugung eines vernünftig motivierten Konsenses ausschliesst, dass die verschiedenen Parteien aus unterschiedlichen Gründen ein Resultat akzeptieren (1992, S. 166). Vgl. auch Pettit 2003.

sowie ein Zusammenleben zu ermöglichen, ohne dass unnötige Spaltungen entstehen (Sunstein 1995, S. 1746). Solche Einigungen ermöglichen den Menschen, sich in hohem Maße Respekt zu zollen, induzieren Höflichkeit auf und fördern Reziprozität. Grundsätzlich argumentiert Sunstein für eine einfache Form des Pluralismus: Menschliche Güter sind plural und verschieden und können nicht auf einer Ordinalskala eingeordnet werden, ohne dass unserem Verständnis der qualitativen Unterschiede zwischen den Gütern Gewalt angetan wird (ibid. S. 1748).

Darüber hinaus sollten unvollständig theorisierte Einigungen gegenüber vollständig theorisierten mehr Raum für zukünftige Entwicklung lassen. Sunstein fordert zudem eine Gleichstellung von Abstraktem und Konkretem. Menschliche Wesen haben nur eine beschränkte Fähigkeit zu begründen, was sie als richtig oder falsch empfinden. Teilnehmende einer Deliberation, schreibt Sunstein, können manchmal etwas wissen, ohne sich der unterliegenden Gründe bewusst zu sein. Beispielsweise kann jemand wissen, dass ein spezifisches Gesicht einer bestimmten Person zuzuordnen ist, ohne sich sicher sein zu können, woher dieses Wissen stammt. Oder man weiß, dass etwas falsch ist, ohne genau zu wissen warum. Umgekehrt ist es möglich zu wissen, dass etwas wahr ist, ohne genau zu wissen, warum es wahr ist (ibid. S. 1755–1756).

Wenn Teilnehmende Wissen mitbringen, das im Volksmund Weisheit, Erkenntnis oder Urteilsvermögen genannt wird, kann es sein, dass sie nicht imstande sind, überzeugende Gründe für ihre Position darzulegen. In einer unvollständig theorisierten Einigung ist die Darlegung solcher unterliegender Gründe auch nicht nötig.

Gewiss, manchmal kann ein vollständigeres Theorisieren in Form einer ausgiebigeren und tieferen Nachforschung der Gründe für ein bestimmtes Urteil durchaus förderlich oder gar notwendig sein, um Inkonsistenz, Voreingenommenheit und Eigeninteresse zu verhindern (ibid. S. 1761). Gerade weil Inkonsistenz ein Problem darstellen kann, sollten moralisch Argumentierende Konsistenz anstreben und sich nicht mit partieller Kohärenz zufrieden geben, wie es sich bei unvollständig theorisierten Einigungen anbietet (ibid.). Ein stärker theorisierter Ansatz, fährt Sunstein fort, könnte hier zu besseren Resultaten führen. Im Großen und Ganzen argumentiert er jedoch für unvollständig theorisierte Einigungen, da diese in einer pluralen Gesellschaft Bescheidenheit und gegenseitigem Respekt fördern und es Teilnehmenden ermöglichen, unnötige Kontroversen über grundsätzliche Haltungen und Empfindungen zu umgehen (ibid. S. 1761).

In der juristischen Sphäre, wo Bescheidenheit aus rollenspezifischen Gründen eine Tugend ist, sollte man laut Sunstein unvollständig theorisierte Einigungen in konkreten Fällen nicht als eine unglückliche oder zweitrangige Lösung abtun (ibid. S. 1768). In der politischen Sphäre hingegen, in der solche rollenspezifischen Gründe für juristische Bescheidenheit nicht gelten, kann eine aufrichtige Einigung, basierend auf vollständig offengelegten Gründen und Prinzipien, einer ebenso aufrichtigen Einigung aufgrund von zufällig deckungsgleichen Zielen überlegen sein. Je offener die Teilnehmenden gegenüber neuen Ideen und Wandel bleiben und je allgemeiner die Prinzipien sind, auf welchen die Gründe basieren, desto größer ist die Wahrscheinlichkeit, dass eine Einigung als eine geeignete und berechenbare Orientierungshilfe für weiteres Handeln dient. Solange sie jedoch in einer deliberativen Art und Weise, das heißt auf der Basis von Begründungen und Respekt, geführt werden, haben unvollständig theorisierte Einigungen dem Ideal der Deliberation entsprechend durchaus eine Daseinsberechtigung in der Politik.

In gewisser Weise kann Gutmanns und Thompsons „Ökonomie der moralischen Uneinigkeit" durchaus eine Affinität zu unvollständig theorisierten Einigungen unterstellt werden. In beiden Situationen einigen sich die Teilnehmenden auf eine Lösung, ohne zwingend die ganze vernunftmäßige Erklärung für dieses Resultat zu teilen. Die Bürgerinnen und Bürger sollten, wenn sie Politiken aufgrund von moralischen Prinzipien zu rechtfertigen versuchen, eine Begründung finden, die eine Ablehnung gegensätzlicher Meinungen minimiert. Darüber hinaus verpflichten sich die Bürgerinnen und Bürger, inhaltliche Uneinigkeiten so tief wie möglich zu halten (Gutmann und Thompson 1996, S. 85). Während die Teilnehmenden von Deliberation also die Verpflichtung haben, grundsätzliche Uneinigkeiten auszudiskutieren, haben sie die zusätzliche Verpflichtung, Gebiete der moralischen Konvergenz ausfindig zu machen und nicht auf ihrem Standpunkt zu beharren, wenn dies zu moralischen Schlussfolgerungen verleitet, welche die anderen Teilnehmer nicht akzeptieren können.

Unvollständig theorisierte Einigungen und die Ökonomie der moralischen Uneinigkeit unterscheiden sich also von der klassischen Deliberation dadurch, dass bei einem Resultat, das durch ähnliche Beweggründe zustande gekommen ist, kein vollständiger Konsens entsteht. Sie passen jedoch gut in einen deliberativen Rahmen des gegenseitigen Begründens, des Respekts, der Gerechtigkeit und des Fehlens von Zwang.

Integrierte Lösungen, integrierte Verhandlung

Was Management-Theoretiker als „win-win"-Lösungen bezeichnen, wird hier unter der Rubrik „integrierte Lösungen" behandelt. Diese beginnen mit einem Konflikt und resultieren in einer Einigung auf eine Lösung, wobei die Beweggründe verschieden sind. Integrierte Lösungen unterscheiden sich von unvollständig theorisierten Lösungen dadurch, dass sie eine explizitere Form der Verhandlung sind und sich öfter mit Unterschieden in materiellen Interessen befassen – wobei wird nicht Wert auf eine Koordinierung der bestehenden Ziele gelegt, sondern auf die Schöpfung von „Mehrwert" gelegt wird. Mary Parker Follet, die Politikwissenschaftlerin und Management-Theoretikerin des frühen 20. Jahrhunderts, wies als erste auf die Möglichkeit von „integrierten" Lösungen von Problemen hin (Follett 1925). Das Konzept von integrierten Verhandlungen erläuterte sie an folgendem Beispiel: Die Situation spielt in einer Bibliothek, in der ein Fenster offen steht. Eine Person möchte Zugluft vermeiden und das Fenster schließen, während eine andere Person es offen lassen möchte, um mehr frische Luft in den Raum zu lassen. Ihre Lösung besteht darin, das Fenster im Nebenzimmer zu öffnen, da so beide Parteien das erhalten, was sie wollen. Niemand hat verloren und eine der beiden Parteien erhält sogar einen Mehrwert. Beide Parteien können von der Lösung, die ihre zugrundeliegenden Wünsche im Gegensatz zur Ausgangssituation erfüllt, profitieren. Um zu dieser Lösung zu kommen, braucht es einen fundierten Denkprozess, der die oberflächlichen Präferenzen („Fenster offen", „Fenster zu") in kongruentere, tiefere Präferenzen („kühler", „ohne Zug") umwandeln kann und davon eine Lösung ableitet, die ursprünglich für keine der Parteien im Vordergrund stand, aber die Präferenzen beider Parteien befriedigt. Um Alternativen zu entwickeln, die allen Parteien einen Mehrwert verschaffen, müssen gute Verhandlungspartner in der Lage sein, sich so weit wie möglich in die Position des anderen hineinzuversetzen. Sie müssen die Perspektive des anderen einnehmen können. Integrierte Lösungen haben zwei Bestandteile: Der erste besteht darin, die möglichen verschiedenen Wertungen der Verhandlungsaspekte zu identifizieren, was ein *sine qua non* für diese Lösungen ist.[16] Mary Parker Follets Beispiel des Bibliothekfensters wäre an einer integrativen Lösung gescheitert, falls beide Parteien unterschiedliche Temperaturen (zwei divergierende Punkte auf einer linearen Skala) anstelle von Frischluft und der Abneigung gegenüber Zugluft (zwei verschiedene, möglicherweise kompatible Präferenzen) vorgezogen hätten. Falls sich beispielsweise Ägypten und Israel über den Verlauf einer Grenze streiten und dies der Ausgangspunkt des Konflikts war, handelt es sich um zwei divergierende Punkte auf ein und derselben Skala – ein offensichtlicher Nullsummen-Konflikt. Falls aber Ägypten nur den Nationalstolz und die

---

[16] Wetlaufer (1996) argumentiert, dass viele Artikel übertreiben, bei wie vielen Problemen sich solche Lösungen anbieten; denn diese kommen nur in Frage kommen, wenn alle Parteien verschiedene Wertehaltungen gegenüber den verschiedenen Aspekten der Verhandlung haben. Er kann diese empirische Behauptung aber nicht belegen. Vgl. Lax und Sebenius (2006), Bazerman, Baron und Shonk (2001) und Thompson (2005) für Beispiele von unterschiedlichen Wertehaltungen in Problemen, für deren Lösung sich eine integrierte Verhandlung anbietet.

Souveränität aufrecht erhalten will, während Israel nach Sicherheit strebt, könnte eine demilitarisierte Zone unter ägyptischer Souveränität beiden Parteien das geben, was sie eigentlich wollen.[17] Um eine integrierte Lösung zu erreichen, müssen sich beide Parteien ihrer Werte bewusst sein und realisieren, dass sie verschiedene Aspekte einer Verhandlung unterschiedlich bewerten.

Der zweite Teil jeder integrierten Lösung beinhaltet die Suche nach einem alternativen Abkommen, das einen Mehrwert schaffen kann. Diese Suche resultiert in Inputs, bei denen mindestens eine Partei ihre Bedürfnisse befriedigt hat, während sie für andere Parteien keine oder tiefe Kosten verursacht. Bei dieser Suche kann auch ein Prozess stattfinden, in dem beide Parteien gemeinsam mögliche Lösungen erkunden.[18] Die Suche beginnt mit der Erkenntnis, dass sich die Verhandlungsteilnehmenden nicht aller Kooperationsmöglichkeiten bewusst sind. Alle verhandelten Einigungen haben also mindestens einen Gewinner zur Folge, aber keine Verlierer, denn das schlechtmöglichste Resultat ist der Status quo. Aber integrierte Verhandlungen leisten viel mehr: Sie zwingen die Teilnehmenden im Verlauf der Verhandlungen zu kooperativen Aktivitäten.

Die Suche nach integrierten Lösungen setzt normalerweise voraus, dass sich die Teilnehmenden bei Verhandlungen nach den Grundregeln der deliberativen Theorie verhalten. Die Verhandlungstheoretiker David Lax und James Sebenius beispielsweise empfehlen Offenheit, klare Kommunikation, das Teilen von Informationen, Kreativität, den grundsätzlichen Willen, das Problem gemeinsam zu lösen und das Kultivieren von gemeinsamen Interessen (Lax und Sebenius 1986, S. 32). Die Teilnehmer müssen auch gewillt sein, ihre Minimalbedingungen für eine Lösung wahrheitsgemäß wiederzugeben. Die Verhandlungsteilnehmenden müssen, um Mehrwert zu kreieren, die Interessen und Präferenzen der anderen Parteien kennenlernen und ihnen gleichzeitig helfen, die ihrigen zu verstehen (ibid. S. 113). Diese Eigenschaften unterscheiden sich nicht von den zentralen deliberativen Grundhaltungen wie gegenseitigem Respekt, Empathie und dem Streben nach Verständnis.

Vollständig kooperative Verhandlungen

In allen bis jetzt vorgestellten Formen der gemeinsamen Diskussionen, die zu einer Einigung führen, muss sich keiner der Partizipierenden mit weniger zufrieden geben als er oder sie für gut befindet, sei es bezüglich des Allgemeinwohls

---

[17] Fisher et al. 1991, S. 41–42.
[18] Lax und Sebenius 1986, S. 113.

oder seiner individuellen Interessen. In einer vollständig integrativen Lösung, wie dem Öffnen des Fensters im Nebenraum, muss keine Partei einen Kompromiss eingehen. Eine Einigung, in der alle Parteien zufriedener sind als im Status quo, kann aber auch aus Kompromissen und Geschäften resultieren, die wiederum ein Resultat von *verteilenden* oder Nullsummen-Verhandlungen sind.[19] In einer verteilenden Verhandlung kommen die Parteien zu einer Einigung, welche für alle besser als der Status quo und die sich bietenden Alternativen ist; zugleich aber müssen alle einen Teil ihrer Präferenzen aufgeben, um zu dieser Einigung zu gelangen. Der Unterschied zu integrativen Verhandlungen besteht in den Kompromissen, die dazu notwendig sind, während integrative Verhandlungen ohne Kompromisse auskommen.

Im Folgenden werden solche Verhandlungen als „vollständig kooperative Verhandlungen" bezeichnet. Dieser Begriff wird von Howard Raiffa (1982) übernommen. Gemäß Raiffa wollen die Teilnehmenden in vollständig kooperativen Verhandlungen nicht nur das Richtige für alle Beteiligten erreichen; wenn ihr materielles oder ein anderes Interesse mit einer vorgeschlagenen Lösung unvereinbar ist, wollen sie auch das erzielen, was für sie individuell richtig ist. Wenn sie dann verhandeln, gibt es keine normativen Hindernisse, die das Erkennen ihrer individuellen Interessen verhindern würde. Dies gibt ihnen die Möglichkeit, die verteilende- und Nullsummen-Qualität der Interaktion zu verstehen und wahrzunehmen, dass sie als Partner in einer harten und kompetitiven Suche nach einer Einigung streben, die allen zum Vorteil dient (Fisher et al.1991).[20]

Ein weiterer Aspekt von vollständig kooperativen Verhandlungen ist die Motivation beider Seiten, gerechte Bedingungen für die Kooperation zu bestimmen, wie es Gutmann und Thompson über Deliberation im Generellen sagen würden (1996, S. 78). Die Parteien wollen nicht nur einen gerechten Prozess, sondern auch einen gerechten Ausgang. Ein schwerwiegendes Problem ist hier der Begriff der Gerechtigkeit, der in der Realität viele Formen annehmen kann. Fisher et al. stellen fest (1991, S. 153), dass in den meisten Verhandlungen niemand „am meisten ‚Recht'" oder die „gerechteste" Antwort auf eine Frage hat; die Teilnehmenden werden verschiedene Standards zur Hilfe nehmen, um abzuschätzen, was

---

[19] Ich benutze den Terminus „Nullsumme" umgangssprachlich – er schliesst sowohl, was Spieltheoretiker „konstante Summen" nennen, als auch „Nullsummen" ein. In beiden Varianten bedingt ein Gewinn von mir einen Verlust meines Mitspielers. (Mein Dank gebührt Joseph Mazor, der mich auf diesen Punkt hingewiesen hat.).

[20] Für die Legitimität von Eigeninteresse in Deliberation vgl. Mansbridge et al. 2010.

gerecht ist.[21] Sie sehen dies aber nicht als unüberwindbares Problem an, da Standards immer weiter verfeinert werden, bis zu einem Punkt, an dem es schwierig wird zu entscheiden, welcher Standard in welcher Situation besser anwendbar ist. An diesem Punkt kann die Verhandlung wieder in die Richtung gehen, in der man Kompromisse finden oder mittels gerechter Prozeduren Auswege suchen kann, um die übrigbleibenden Differenzen beizulegen.[22]

Wie es mit vielen Idealen auch generell der Fall ist, sind Ehrlichkeit und Gerechtigkeit als regulative Ideale zu verstehen. Selbstdienliche Voreingenommenheit und andere kognitive oder emotionale Schemata verhindern die ungetrübte und ehrliche Sicht auf die eigene Position, ganz zu schweigen vom ehrlichen Wiedergeben dieser Position ohne eigennützige Absichten. Ähnlich verhält es sich mit der Konzeption von Gerechtigkeit: Man fühlt sich automatisch zu einer Konzeption hingezogen, von der man implizit profitiert. Nichtsdestotrotz können Menschen versuchen, ihre Karten offen auf den Tisch zu legen und ehrlich zu sein.

Das regulative Ideal ist erfüllt, wenn eine vollständig kooperativ verhandelnde Person komplett ehrlich ist und ihre Absichten und Interessen offen legt. Wenn das Allgemeinwohl mit dem ihrer Partner vereinbar ist, verfolgt sie dieses Allgemeinwohl; wenn Konflikte nicht mit integrativen Einigungen gelöst werden können, versucht sie es mit gerechtem Verteilen. In den Verhandlungen gibt sie den Interessen der anderen das gleiche Gewicht wie den ihren, aber auch nicht mehr.[23]

---

[21] Viele Verhandlungstheoretiker würden in diesem Punkt zustimmen, z. B. Raiffa 1982, Lax und Sebenius 1986.

[22] Fisher et al. (1991, S. 153–154) argumentieren für eine gerechte Verteilung, sogar wenn es um Probleme geht, die erst durch verschiedene Wahrnehmungen der Gerechtigkeit entstanden sind. Carlos Nino präsentiert ein nützliches Beispiel zur Demonstration von verschiedenen Konzeptionen von Gerechtigkeit. Der Kontext ist ein Apartment-Gebäude mit Eigentumswohnungen, in dem der Lift nicht mehr funktioniert. Die Eigentümer in den unteren Stockwerken werden denken: „Da wir nicht vom Lift profitieren, müssen wir nicht für die Reparatur aufkommen", während diejenigen in den oberen Stockwerken räsonieren: „Wir leben hier in einer Kooperation, in der jedes Mitglied für das Gesamtpaket bezahlt, ob nun alles genutzt wird oder nicht" (1996, S. 123). Mit dieser Situation konfrontiert würden die vollständig kooperierenden Verhandelnden unter anderem die Differenzen aufteilen (eine gerechte Aufteilung zwischen den sich gegenüberstehenden Meinungen machen), indem sie eine der folgenden Entscheidung treffen: Alle müssen einen gewissen Betrag bezahlen, aber diejenigen, die am meisten davon profitieren, müssen einen größeren Teil übernehmen; man versucht einen oder mehrere Präzedenzfälle zu suchen; es wird eine Analogie zu anderen geteilten Ressourcen im Appartement-Gebäude gezogen.

[23] Dieses Kriterium bedeutet nicht dasselbe wie die Interessen der anderen zu den eigenen zu machen. Würden alle Teilnehmenden die Interessen der anderen zu ihren eigenen machen, könnte man sie am Ende nicht mehr unterscheiden.

Wie beim klassisch deliberativen Ideal, kann es auch hier eine Annäherung an das Ideal einer vollständig kooperativen Verhandlung geben; komplett erreicht werden kann sie jedoch nicht. Bei Interessenskonflikten sollte jedoch versucht werden, den Konflikt zu erkennen und beim Verhandeln Respekt und Empathie zu zeigen. Steht das eigene Interesse damit in Konflikt, sollte man diesen Konflikt erkennen und die anderen mit Respekt behandeln, indem man den Konflikt mit ihnen verhandelt – idealerweise mit gleich viel Aufmerksamkeit für die eigenen Interessen wie für die Interessen der anderen. Die Verhandelnden sollten sich darüber bewusst sein, dass Freunde und andere nahestehende Individuen, die einander vertrauen und das Richtige für alle Beteiligten erreichen wollen, oftmals ihre eigenen Interessen nicht verwirklichen und von den möglichen Gewinnen einer Verhandlung nicht profitieren können. Da ihr Interesse an der bestehenden Beziehung zu groß ist, wird auf die Durchsetzung individueller Interessen verzichtet, um so einen potentiellen Konflikt, welcher dem Beziehungsverhältnis schaden könnte, zu vermeiden (vgl. z. B. Thompson 2005, S. 143).

6 Wie vollständig kooperative Verhandlungen das Verhandlungsdilemma lösen

1986 befassen sich Lax und Sebenius mit dem Verhandlungsdilemma, das Scharpf (1997, S. 124) wie folgt beschreibt:

> The successful joint search for better overall solutions requires creativity, effective communication, and mutual trust, whereas success in the distributive battle depends on strategic, and even opportunistic, communication and withholding of available information – and a good deal of distrust against potential misinformation.

Die meisten Verhandlungen haben sowohl integrative als auch verteilende Aspekte. Die integrative Seite hat zum Ziel, zusammen gemeinsam neue Alternativen zu finden, die für beide Seiten einen Mehrnutzen kreieren. Die verteilende Seite, auf welcher die eine Partei auf Kosten der anderen Gewinne erzielt, hat nun den Auftrag, diesen Wert zwischen den Parteien zu verteilen. In einem nicht-deliberativen Kontext, den Raiffa „kooperative Gegenspieler"-Verhandlungen nennt, ist gerade der Aspekt, dass man in einer ersten integrativen Verhandlungsphase alle Informationen preisgibt und Vertrauen in die gemeinsame Wertschöpfung legt, potentiell problematisch, da sie den Verhandelnden in einer zweiten, verteilenden Phase angreifbar und Ausbeutung wahrscheinlich macht.

Eine Verpflichtung zu vollständig kooperativen Verhandlungen löst dieses Problem. Wenn sich die Parteien zu vollständig kooperativen Verhandlungen verpflichten lassen, denen das intrinsisch motivierte Ziel, ein gerechtes Ergebnis zu erreichen zugrunde liegt, können sie nach Belieben zwischen integrativem Problem-Lösungs-Modus und dem verteilenden Modus wechseln – jeder und jede mit dem Wissen im Hinterkopf, dass die anderen in verteilenden Verhandlungen keinen Vorteil aus den Schwächen ziehen.

Wenn vollständig kooperative Verhandlungen erreicht werden können, sind sie effizient. Gesellschaften, die nach Effizienz streben, werden darum Institutionen und Normen schaffen, die vollständig kooperative Verhandlungen möglich machen.

Die Logik des Zielkonflikts zwischen strategischen Falschangaben und kompletter Offenlegung ist simpel: Die vollständige Offenlegung beider Seiten erhöht die Chancen, dass Informationen erkannt werden, die zu einer kreativen Lösung beitragen. Dies schafft einen zusätzlichen Wert, von dem schlussendlich alle profitieren. Eine Nicht-Offenlegung schafft dagegen nur einen strategischen Vorteil für eine Partei, jedoch keinen zusätzlichen Wert.[24] Ehrlichkeit in Verhandlungen nimmt deshalb die Form eines typischen Problems des kollektiven Handelns an (Cramton und Dees 1993): Es führt zu einem optimalen Resultat, wenn alle ehrlich sind, aber es zahlt sich für jedes Individuum mehr aus, unehrlich zu sein, wenn die anderen ehrlich sind. Wie bei allen Problemen des kollektiven Handels werden die Parteien oder die Gesellschaft als Ganzes im Kollektiv profitieren,

---

[24] Carrie Menkel-Meadow analysiert diese Problematik folgendermaßen: Übertreibungen und das Zurückhalten von Informationen führen nicht zu effizienten Lösungen. In diesen Fällen ist das Produkt oftmals eine ökonomische und soziale Verschwendung, voll von unvollständigen Informationen, falsch dargelegten Präferenzen und schlechten Kompromissen (2004, S. xxviii). Ferner wären ihrer Meinung nach Verhandlungen viel effizienter, wenn Klienten und Verhandlungsführer sagen würden, was sie wirklich wollen, brauchen oder erwarten. Dies geschehe ja schon in Verhandlungen mit Personen, denen man vertraut (Ehepartner, Kollege, Partner, Freunde, Kinder, einige Verwandte, einige Geschäftspartner, ja sogar einige ‚Intimfeinde', wie etwa vertraute Vorgesetzte oder langfristige vertragliche Partnerschaften, oder mit Personen, mit denen man fast ehrlich und offen sein muss – Treuhänder, Steuerberater – oder Personen, mit denen man so viel Umgang hat, dass sie wissen, wenn man lügt (Wiederholungstäter) oder von denen wir Hilfe benötigen (Ärzte)). Diese Argumentation ist aber mit Vorbehalt zu geniessen. Auf der normativen Seite findet Donald Moon, dass eine wirklich freie und zwangslose Einigung die Auswahl bedingt, ob der Verhandelnde alles offenlegen will oder nicht (2010, S. 95). Auf Seite der Effizienz argumentieren viele, dass Verhandlungsparteien auch in der Lage sein sollten, Informationen zurückzuhalten, die sie unter großem Ressourcenaufwand gesammelt haben. Hätten sie dieses Recht nicht, wäre der Anreiz nicht mehr so groß, sie zu sammeln – analog zum Prinzip des Patents (Posner 2007, S. 111; Langevoort 1999, S. 398).

wenn sie einen Weg finden, Kooperation zu ermöglichen. Dies kann durch interne (Moral) oder externe Sanktionen (soziale oder institutionelle Belohnungen oder Bestrafungen) geschehen, indem man die individuelle Belohnungsstruktur ändert und so Unehrlichkeit weniger attraktiv macht.

Eine wichtige Form der externen Sanktion, die es in der Realität erlaubt, gegen ‚Abtrünnige' vorzugehen, ist Reputation; eine andere Form ist „signalling", wobei jemand als unehrlich taxiert wird.[25]

Reputation kann den Verhandelnden zu einem vollständig kooperativen Zustand verhelfen. François de Callières (1716), ein französischer Diplomat des 18. Jahrhunderts, stellte schon 1716 fest, dass es ein weit verbreiteter, kapitaler Denkfehler ist, dass ein Verhandlungsführer ein Meister der Täuschungskunst sein müsse. Der Verhandlungsführer werde im Hinterkopf haben, dass er sein ganzes Leben lang mit Diplomatie zu tun haben werde und es sei deshalb in seinem besten Interesse, sich von Anfang an eine Reputation des offenen und gerechten Handelns aufzubauen, welche ihm in künftigen Verhandlungen von großem Vorteil sein würde (zitiert in Lax und Sebenius 1986, S. 147).

Adam Smith proklamierte 1759, der vorsichtige Mensch sei immer ehrlich und erstarre schon nur im Gedanken an die Schande, die auf ein Aufdecken von irgendwelcher einer Falschheit Unwahrheit folgen würde (1759, S. 350, zitiert von Cramton und Dees 1993, S. 369). Diese Aussage sehen Cramton und Dees als übertrieben an. In ihren Augen spielt Täuschung in nicht-deliberativen Verhandlungen sehr wohl eine Rolle, vor allem in Verhandlungen, die folgende Charakteristika tragen: Die Asymmetrie ist stark; Verifikation ist schwierig; die Absicht zu täuschen ist schwer zu erkennen; es gibt wenig Interaktion zwischen den Parteien; es gibt keine, nur unzuverlässige oder sehr teure Informationen über die Reputation oder diese Informationen sind unzuverlässig oder sehr teuer; die Umstände lassen keine Erwartungen für zukünftiges Verhalten zu; eine Partei hat mit dem Einsatz von Täuschung viel zu gewinnen oder zu verlieren (ebd.). Alle diese Charakteristika begrenzen die Effektivität von Sanktionen wie Reputation und „signalling".

Die Effektivität von Reputation hängt auch mit der Größe der Gemeinschaft zusammen. So stimmt James White, bekannt für seine Befürwortung von Täu-

---

[25] Gauthier (1986) hat begonnen, eine Logik zu entwickeln, wie sich die Kooperierenden in solchen Dilemmas des kollektiven Handels auswählen und die ‚Abtrünnigen' beiseitelassen. Frank (1988) hat als Erster die Konsequenzen einer klaren Kennzeichnung in optionalen Dilemmas des kollektiven Handels aufgezeigt. Die praktischen Vorteile von moralischem Handeln lassen eine ökologische Nische entstehen, die das intrinsisch motivierte moralische Handeln vor dem Aussterben bewahren könnte (Mansbridge 1990).

schungen in Verhandlungen, der Aussage zu, dass die Kosten der Konformität in kleinen Gemeinschaften tiefer sind (1980, S. 921). In einer kleinen Gemeinschaft wissen die meisten Mitgliederinnen und Mitglieder über die Reputation der anderen Bescheid; vom „Hörensagen" erfahren sie, wer sich konform zu den Gemeinschaftsstandards verhält und wer nicht. So können sie sich auch schützen, indem sie schlicht Transaktionen mit Mitgliedern verweigern, die sich nicht an die Spielregeln halten. Hinzu kommt, dass in kleinen Gemeinschaften neben der Verweigerung der Transaktion auch andere soziale Sanktionen zum Tragen kommen.[26]

In größeren, weniger persönlichen Gemeinschaften sind folglich soziale Sanktionen weniger effektiv und es ist schwieriger, Reputation auf informeller Ebene herzustellen. In diesen Gemeinschaften muss das Dilemma des kollektiven Handels mit formalen Institutionen angegangen werden. Cramton und Dees (1993) weisen beispielhaft auf Institutionen hin, die in Bezug auf Reputation relevante Informationen bereitstellen. Dazu gehören etwa „Better Business Bureaus" – eine Institutionen, die Vertrauen in der Marktwirtschaft fördern sollen – oder Credit-Rating-Agenturen, unabhängige Rating-Agenturen und Evaluationsdienste (z. B. Consumer Reports, Standard and Poors Ratings oder das Gütesiegel von Good Housekeeping) sowie professionelle Verbände oder Industrieverbände, die Fähigkeitszertifikate ausstellen (z. B. zertifizierter Wirtschaftsprüfer). Solche Institutionen bewirken einen Wechsel in der Anreizstruktur, indem es nämlich mehr kostet zu lügen als die Wahrheit zu sagen. Im selben Maßstab sind größere Gesellschaften in der Lage, Institutionen ins Leben zu rufen, die kostengünstig Information über Reputation in einer „large scale of strangers" generieren können. Durch die Schaffung von solchen Institutionen werden sie im Verhältnis zu anderen großen Gesellschaften effizienter und erfolgreicher.

---

[26] Lewicki und Robinson fanden signifikante Unterschiede zwischen dem, was MBA-Studenten in den Vereinigten Staaten in Verhandlungen angebracht finden und was nicht. Die MBAs der Ohio States University hatten einen signifikant geringeren Anteil an Studenten, die der Meinung waren, dass verschieden Formen strategisch falscher Auslegung von Informationen in Verhandlungen angebracht seien – verglichen mit Studenten aus den USA, Europa, Asien, Lateinamerika und dem mittleren Osten. Personen, die ihre Persönlichkeit als aggressiv einstuften, Harvard MBAs (im Gegensatz zu den Ohio State University MBAs) sowie Männer waren durchschnittlich eher damit einverstanden, dass man falsche Auslegungen akzeptieren muss (1998, S. 675). Sozialisierung kann diese Normen beeinflussen. In einer klassischen Studie zeigten Wirtschaftsstudierende im Laufe eines Semesters die Tendenz zu einer größeren Akzeptanz unehrlichen Handelns im Vergleich zu Studenten, die nicht Wirtschaft studierten. Und zwischen zwei Klassen zeigte diejenige, welche sich mehr auf Spieltheorien konzentrierte, eine stärkere Tendenz zu solchen Handlungsmustern (Frank et al. 1993).

Natürlich laden institutionalisierte Regeln und Strafen die Teilnehmenden auch dazu ein, diejenigen Blindstellen auszunutzen, in denen die formalen Regeln nicht greifen. Hierbei dient das amerikanische Betrugsrecht als Beispiel. Die aktuelle Gesetzgebung besagt, dass ein Verhandlungsschritt betrügerisch und damit illegal ist, wenn der Sprecher eine 1) bewusste 2) Falschaussage zu einem 3) materiellen 4) Fakt macht, 5) auf die sich das Opfer verlässt und 6) Schaden anrichtet (Shell 2006, S. 201). Unter dieser Gesetzgebung kann es sogar illegal sein zu schweigen, wenn ein Verhandelnder eine Information nur partiell wiedergibt und diese im Gesamtbild aller Informationen irreführend wirkt oder wenn er entscheidende Informationen über die Transaktion besitzt, welche der Gegenseite nicht zur Verfügung stehen (Shell 2006, S. 203–204).

Das Betrugsrecht scheint somit alle Verhaltensformen zu verbieten, die einfach überwacht und dokumentiert werden können. Es versucht aber nicht, Unehrlichkeit über interne Zustände zu regulieren. Obwohl die Gesetzgeber in Bezug auf Ehrlichkeit in der Praxis vielfach so weit wie möglich gegangen sind, kann das Gesetz vollständig kooperative Verhandlungen bei weitem nicht garantieren.

In seinem Buch *Code of Negotiation Practices for Lawyers* geht Roger Fisher viel weiter, als ein Gesetz je gehen kann: Er propagiert eine informelle Institution, die in die nicht überwachbaren Gebiete des menschlichen Verstands vordringt. Er schlägt vor, dass Rechtsanwälte freiwillig einen Kodex unterschreiben, der auf folgender Maxime beruht: „Verhalte dich denen gegenüber, mit denen du verhandelst, auf eine Art und Weise, die den höchsten moralischen Standards der Zivilisation entspricht" (Fisher 1985, S. 25). Obwohl Fisher diesen Schluss nicht zieht, könnte die öffentliche Bekenntnis zu einem solchen Kodex ermöglichen, nur mit solchen Personen zu verhandeln, die diesen Kodex anerkannt haben. Dies ist bis jetzt jedoch nicht geschehen.

7 Kooperative Gegenspieler-Verhandlungen

Das Konzept

Im Gegensatz zu vollständig kooperativen Verhandlungen sind viele klassische Verhandlungen mit Macht verknüpft. Raiffa (1982) kreierte für diese Interaktionen den Terminus Verhandlungen zwischen „kooperativen Gegenspielern". Er beschreibt sie wie folgt:

Such disputants recognize that they have differences of interests; they would like to find a compromise, but they fully expect that all parties will be primarily worried about their own interests. They do not have malevolent intentions, but neither are they altruistically inclined. They are slightly distrustful of one another; each expects the others to try to make a good case for their own side and to indulge in strategic posturing. They are not confident that the others will be truthful, but they would like to be truthful themselves, within bounds. They expect that power will be used gracefully, that all parties will abide by the law, and that all joint agreements will be honored.

Raiffas Konzepte von strategischem Positionieren, beschränkter Aufrichtigkeit und dem sorgfältigen Gebrauch von Macht zeigen uns jedoch schnell und deutlich, dass wir uns nicht mehr im Territorium der idealen Deliberation befinden, wo Macht in dieser Weise nicht vorhanden ist und gegenseitiger Respekt herrschen sollte. Um die Unterschiede zwischen vollständig kooperativen- und kooperativen Gegenspieler-Verhandlungen deutlicher aufzuzeigen, lohnt es sich, einen Abschnitt von Raiffas „Strategic Misrepresentations" genauer zu betrachten:

> Let's say that in the course of negotiations, Mr. A demands in no uncertain terms that Commissioner Daniels be dismissed. Ms. C protests equally strenuously that her side will never agree to such a move. This is a strategic misrepresentation: [C's client actually] wants to get rid of Daniels, but [A's client] doesn't know it. Ms. C later „reluctantly" backs down... and gets Mr. A to make some concessions.... What behavior is appropriate in such a situation? I am not a cynical person, but I suspect that in the real world most [where does it go?] negotiators [in Mrs. C's position] could exact a price from [A] for getting rid of Daniels. ... [Some suggest that] although it would be inappropriate for Ms. C to say that she wants to keep Daniels, it would be all right for her to *intimate* that she wants to keep him.... Is this sort of misrepresentation any more acceptable? I myself would not feel comfortable engaging in such deceptions, either by direct statement or by intimation; but I might do so in a real-world context if the cause I was representing were important enough.

Raiffa macht in dieser Passage erstens klar, dass er strategische Falschauslegungen als problematisch taxiert. Zweitens verweist er auf Moralität, die für Raiffa (wie auch für die meisten von) ein Luxusgut darstellt, eines, das wir gerne beanspruchen, wenn wir dafür nicht einen zu hohen moralischen oder materiellen Wert bezahlen müssen. Drittens scheint er davon auszugehen, dass es bestimmte Kontexte gibt, in denen eine spezifische „Rollenmoral" hervorrufen wird, die weniger stringent bindend aber immer noch akzeptabel oder in diesem spezifischen Kontext sogar als bewundernswert angesehen wird.[27] So werden im Kontext von Ver-

---

[27] Durch das ganze Buch hindurch beschäftigt sich Raiffa mit den Problemen der Verheimlichung, Täuschung, strategischen Falschaussagen und unumwundenen Lügen, von denen

handlungen strategische Falschaussagen sogar explizit erwartet. Allerdings genügt dies deliberativen Kriterien nicht. Strategische Positionierung und beschränkte Aufrichtigkeit sind beides Formen der Falschaussage, welche wiederum eine Form von Zwang ist, die das gegenseitige Vertrauen stark untergräbt. Das Problem der Macht, egal wie sorgfältig Macht ausgeübt wird, führt zwangsläufig dazu, dass diese Arten von Verhandlungen als nicht deliberativ taxiert werden müssen.

Verhandlungen und Bargaining, deliberieren und argumentieren

Sowohl im Alltagsgebrauch als auch in Lehrbüchern über Verhandlungen wird zwischen deliberativen und kooperativen Gegenspieler-Verhandlungen unterschieden. Der *Oxford English Dictionary* (O. E. D.) definiert das Verb „to negotiate" als „to communicate or confer (with another or others) for the purpose of arranging some matter by mutual agreement; to discuss a matter with a view to some compromise or settlement". Cramton und Dees definieren Verhandlung als jede Situation, in der zwei oder mehr Parteien zusammen kommunizieren unter der Prämisse der Erreichung eines Zieles, das die Verteilung von Gewinn, Lasten, Rollen oder Verantwortungen sein kann (1993, S. 362). Keine dieser Definitionen spricht Interessenskonflikte zwischen Parteien an. Lax und Sebenius betonen Konflikt und damit implizit die egozentrischen Beweggründe der Parteien. Sie definieren Verhandlung als Prozess mit potentiell opportunistischer Interaktion, bei der zwei oder mehr Parteien in einem offenkundigen Konflikt versuchen, mit gemeinsam beschlossenen Handlungen Verbesserungen zu erreichen (1986, S. 11). Ihr „offenkundiger Konflikt" beinhaltet aber auch unvollständig theorisierte Argumente und Lösungen, die einen Konflikt umgehen.

Im Gegensatz dazu definiert der *O. E. D.* das Verb „to bargain" als „to try to secure the best possible terms; to haggle over terms," und definiert „to haggle" (feilschen) als „to cavil, wrangle, dispute as to terms; esp. to make difficulties in coming to terms [...]....".[28] Hier sind die Elemente des Konflikts

---

er einige in Verhandlungen akzeptiert, andere aber nicht. Diese Kompromisse scheinen ihm sehr fundiert und in einem vernünftigen Maß moralisch akzeptabel und offensichtlich auch natürlich. Seine eigenen moralischen Kriterien hinterfragt er hingegen nicht.

[28] To bargain: "To treat with any one as to the terms which one party is to give, and the other to accept, in a transaction between them; to try to secure the best possible terms; to haggle over terms." To haggle: "To cavil, wrangle, dispute as to terms; esp. to make difficulties in coming to terms or in settling a bargain; to stickle" (*Oxford English Dictionary*, Zweite Ausgabe).

offenkundig: Jede Seite versucht das für sich beste Resultat zu erreichen. Das Wort „haggle" im Speziellen konnotiert einen Disput, der impliziert, dass jede Partei der anderen Schwierigkeiten bereitet. Im alltäglichen Gebrauch meint „bargaining" eine Nullsummen-Interaktion mit fixen Präferenzen. Im Vergleich zur Verhandlung ist „bargaining" eine einfachere Form der Interaktion, da sie weniger (wahrscheinlich nur ein oder zwei) Probleme und nur (wenn überhaupt) eine beschränkte Suche nach Alternativen beinhaltet. Wir könnten „bargaining" als Unterkategorie der kooperativen Gegenspieler-Verhandlungen, das heißt eines Nullsummen-Kompromisses interpretieren, der durch Angebote erreicht wird, in denen die Möglichkeit einer potentiellen Einigung eine entscheidende Rolle spielt. Dabei macht eine Partei ein Angebot, die andere nimmt dieses an oder macht ein Gegenangebot, welches die erste Partei dann erneut annehmen kann oder ablehnt – bis beide eine Einigung erreichen.[29] Der Bargain, der dabei zustande kommt, ist die am wenigsten deliberative Form aller Verhandlungen.

Sogar in einem klassischen Bargain, veranschaulicht am Beispiel des Feilschens auf einem Basar, erhält jede Partei etwas, das sie dem *Status quo ante* gegenüber bevorzugt; wenn nicht, wird der Bargain nicht vollendet. Parteien haben im „bargaining" immer noch eine gemeinsame Handlung als Zielsetzung (Goodin und Brennan 2001, S. 267). In einigen Fällen kann ein Bargain auch zu einem besseren Verständnis von sich selbst und vom Gegenüber führen, da jedes Sondieren und Gegensondieren die relative Intensität des Wunsches prüft. Selbst im Prozess des Feilschens können mein Gegenüber und ich verstehen lernen, wie sehr wir das wollen, was wir wollen und wie viel uns dieser Wunsch kostet, was wiederum abhängig von den Wünschen des anderen ist. In der Praxis können Bargains zwischen kooperativen Gegenspielern manchmal auch zu einer Form von Solidarität führen, basierend auf dem gegenseitigen Respekt von Individuen, die wissen, dass ihr Gegenüber sie und ihre Situation realistisch verstehen.

Eine Verhandlung kann einen oder mehrere Bargains beinhalten, ist jedoch auch eine komplettere kommunikative Interaktion, die mit einem wahrgenommenen Konflikt beginnt und auf eine Einigung abzielt. Dabei erfüllt sie idealerweise einige Eigenschaften von deliberativen Verhandlungen, insbesondere den integrativen Ansatz mit dem Ziel, die initialen Präferenzen der Verhandlungsparteien zu übersteigen, da so Aspekte ihrer Präferenzen zum Vorschein kommen können, die über ein Nullsummenspiel hinausgehen.

---

[29] Mein Dank hierfür gilt Phillip Pettit.

8 Mischformen

In vielen Demokratien überlagern sich die verschiedenen Formen von Deliberation, Verhandlungen und Bargaining. Klassische Deliberation, Konvergenz und die drei Formen von deliberativen Verhandlungen funktionieren gut zusammen, was den Wechsel von einen zum anderen vereinfacht. Schwieriger, aber nicht unmöglich, ist, klassische Deliberation, Bargaining und kooperative Gegenspieler-Verhandlungen zu integrieren.

Verflechtung zwischen Formen deliberativer Verhandlungen

Vollständig kooperativen Partnern, die ein gerechtes Resultat als Ziel verfolgen, fällt es leicht, zwischen integrativen Verhandlungen und verteilenden Verhandlungen zu wechseln, da sie wissen, dass ihre Partner bestrebt sind, Informationen und Vertrauen nicht zu ihrem Vorteil auszunutzen. Die Kapazität für Wechsel zwischen Verhandlungsformen charakterisiert alle Formen von deliberativen Verhandlungen.

Manchmal überlagern sich diese Formen während des Deliberationsprozesses derart, dass es schwierig ist, sie klar voneinander zu trennen. Die Einigung der „United States Sentencing Comission", welche die vergangene Praxis als Basis ihrer Richtlinien der Rechtsprechung verwendet (Sunstein 1995, S. 1744), kann als Beispiel für eine solche Überlagerung dienen. Der Prozess an sich produzierte mit Sicherheit viele Resultate, die von einigen Mitgliedern als falsch angesehen wurden, die diese aber trotzdem akzeptierten, da die Summe der Entscheidungen als Verbesserung gegenüber dem Status Quo wahrgenommen wurde. In diesen Fällen war das Resultat keine unvollständig theorisierte Einigung (keine Verluste, kein Nullsummenspiel), sondern ein (relativ) vollständig kooperativer Kompromiss (jeder verliert etwas, Nullsummenspiel). Eine Vermischung von unvollständig theorisierter Einigung und einer vollständig (oder eben relativ vollständig) kooperativen Verhandlung scheint in diesem Fall fast sicher.

Verflechtung von deliberativen und kooperativen Gegenspieler-Verhandlungen

Bedeutend schwieriger ist es, deliberative und kooperative Gegenspieler-Verhandlungen zu verflechten. Diese Integration kann auf zwei Arten erfolgen: sequentiell oder vermischt.

a. Sequentielle Integration

Verhandlungstheoretiker schlagen eine Variante der sequentiellen Integration vor, in der eine erste Phase die Problemlösung oder die Suche nach gemeinsamen Gewinnen (Deliberation oder deliberative Verhandlung) und eine zweite Phase das verteilende Verhandeln (kooperative Gegenspieler-Verhandlung) mit dem Ziel, den Mehrwert aufzuteilen, beinhaltet.[30] Manche schlagen sogar vor, dass verschiedene Verhandlungspartner die verschiedenen Aspekte separat bearbeiten (Risse 2000, S. 21) und dabei die Problemlösung zusammen angehen, bis keine gemeinsamen Gewinne mehr geschaffen werden können. In diesem Moment kann bewusst und eindeutig zu einem kompetitiveren Interaktionsmodus gewechselt werden.

In einer anderen Art der sequentiellen Verhandlung ist die erste Phase deutlicher deliberativ und generiert eine Einigung betreffend Prinzipien, Normen und Regeln, welche die Struktur der zweiten Phase schaffen (Scharpf 1997). Die Deliberation strukturiert die Verhandlung, indem sie beispielsweise Optionen ausschließt, die Situation definiert, die Partner für die Verhandlung auswählt und die Spielregeln festlegt (vgl. Risse 2000). Diese Deliberation kann das Verständnis von fairem Verhandeln für die zweite Phase vorgeben. Die zweite Phase ist wiederum eine verteilende kooperative Gegenspielerverhandlung.[31]

b. Vermischte Integration

Bezüglich vermischter Integration geht Katharina Holzinger davon aus, dass reine Interessenskonflikte (frei von faktischen oder normativen Meinungsdifferenzen) theoretisch mit reinem Bargaining (kooperative Gegenspieler-Verhandlungen) gelöst werden könnten. Da Interessenskonflikte jedoch nur selten frei von faktischen

---

[30] Lax und Sebenius 1986.

[31] Habermas hat einen etwas anderen zweistufigen Prozess vorgeschlagen. In einem ersten Schritt werden hier die Normen begründet und in einem zweiten angewandt (1991, S. 36). Auf der Stufe der Begründung befasst sich die Polis mit verallgemeinerbaren Interessen bei geltendem Universalisierungsgrundsatz und die jeweils Betroffenen entscheiden in einer offenen und freien Diskussion unter Gleichen, wobei alle die innere Perspektive der anderen Betroffenen einnehmen sollen. Dies ist ein Problemlösungsansatz, der auf Überzeugung basiert und nicht auf kollektiven Entscheidungen (1990, S. 158). Auf dem Anwendungslevel befasst sich die Polis mit praktischen Interessen, wo das Angemessenheitsgesetz gilt und Richter oder ähnliche Parteien fällen eine Entscheidung, die auf begründeten Normen basiert. Dieser Schritt hat Entscheidungen zur Folge.

oder normativen Meinungsdifferenzen sind, ist klassische Deliberation über die jeweiligen Vor- und Nachteile vonnöten.[32]

Auch in der internationalen Politik spielen „Wahrheitsfindungs-Erörterungen" (*truth-seeking arguing*) (Risse 2000) in vordergründig kooperativen Gegenspieler-Verhandlungen eine wichtige Rolle.[33] Als Beispiel kann hier Michail Gorbatschow dienen, der 1990 in Verhandlungen mit James Baker eintrat, um dem Eintritt der DDR in die NATO entschlossen entgegenzutreten. Im Verlaufe der Verhandlungen gelang es Baker, Gorbatschow davon zu überzeugen, dass ein vereintes Deutschland eine kleinere Gefahr für Russland darstellen würde, wenn es Teil der NATO wäre (Risse 2000, S. 26). Diese Einigung war Teil einer größeren Verhandlung, in der sich die Partner wie kooperative Gegenspieler verhielten: Baker gab Gorbatschow Sicherheiten, wie etwa das Versprechen, dass keine ausländischen Truppen in der DDR stationiert würden (Goldgeier 1999, S. 16).

Gemischte Verhandlungen kommen vor allem vor, wenn es um Wertfragen und materielles Eigeninteresse geht. In Deutschland beispielsweise wurde eine Kontroverse über die embryonische Stammzellenforschung vom Gesetzgeber gelöst, indem den Forscherinnen und Forschern erlaubt wurde, bereits existierende Stammzellenlinien weiter zu verwenden (um die Forscher einigermaßen zufriedenzustellen), während die Nutzung von neuen Stammzellenlinien verboten wurde (und so diejenigen zufriedenzustellen, die sich gegen den Gebrauch von Embryos in der Forschung aussprachen).[34] Für die meisten Teilnehmenden war das Resultat wahrscheinlich ein Kompromiss zwischen kooperativen Gegenspielern. Wenn wir anhand des Kriteriums, ob die Teilnehmenden bereit sind, ihre Überzeugungen aufzugeben und ein besseres Argument zu akzeptieren, zwischen rhetorischen Begründungen und Deliberation unterscheiden (Risse 2000), so ist

---

[32] Holzinger (2004, S. 200) zeigt differenziert die Mischung von deliberativen Formen und „bargaining" anhand eines Beispiels von einer kooperativen Gegenspieler-Verhandlung auf. Diese Verhandlung über eine Kehrichtverbrennungsanlage scheint einige durchaus deliberative Momente zu haben, obwohl sie grundsätzlich eine kooperative Gegenspieler-Verhandlung ist. Da es eine von der Regierung gesponserte Mediation war, hatte sie mehr Sprechakte als wirkliches "bargaining". Beobachtbar war eine unbedeutende Menge an "bargaining"-Sprechakten, kodiert als Drohungen. Darüber hinaus gaben 30 % der Beteiligten an, sie hätten einige ihrer Meinungen über wichtige sachbezogene Themen geändert (obwohl niemand die Position grundlegend veränderte). Vgl. auch Elster 1995 über Gemischte Akte.

[33] Vgl. auch Risse-Kappen (1996, S. 268) über Normen bezüg von Gewalt und Zwang in internationaler Kooperation zwischen Demokratien.

[34] Holzinger 2005; vgl. auch Goodin und Brennan 2001 zu Bargaining über Überzeugungen. Der deutsche Kompromiss über Stammzellen war derselbe, der von Präsident George W. Bush in den USA getroffen wurde.

die Wahrscheinlichkeit eines Überzeugungswechsels von Parlamentarierinnen und Parlamentarier in diesem Kontext unwahrscheinlich (das heißt, nur wenige hätten ihre Meinung gewechselt).[35]

Ironischerweise führen Verhandlungen (sogar kooperative Gegenspieler-Verhandlungen) in Demokratien, die auf bindende Entscheidungen hin arbeiten, zu mehr Selbsterkenntnis und gegenseitigem Verständnis als Prozesse der klassischen Deliberation, die auf einen Konsens bezüglich des Allgemeinwohls abzielen. Ein wichtiges Merkmal der klassischen Deliberation ist Zuhören, Verstehen und sich in die Lage des Gegenübers zu versetzen. Um in der Praxis auf diese Art und Weise offen zu sein, bedarf es einer moralischen und wohlwollenden Natur. Es ist die Pflicht eines jeden Teilnehmenden, den anderen mit der Absicht anzuhören, zu verstehen und aus der Erkenntnis ein für alle akzeptierbares Allgemeinwohl schaffen zu wollen.[36] In der Praxis sind diese moralischen und psychologischen Anreize jedoch oft nicht ausreichend, um das notwendige Verhalten herbeizuführen. Im Gegensatz dazu gibt es sowohl in deliberativen als auch in kooperativen Gegenspieler-Verhandlungen für alle Parteien Anreize, mindestens die Motive, Präferenzen und Interessen einer Gegenpartei zu verstehen, da erst dieses Verständnis zu einer Lösung führt, die ihre Bedürfnisse befriedigt. Die kognitive Annäherung an die Perspektive des Anderen bedingt, dass man über die Interessen des Gegenübers nachdenkt, was zu mehr gemeinsamem Nutzen zu führen scheint als emotionale Empathie.[37] In Bargains und anderen koopera-

---

[35] Holzinger berichtet über die Stammzellen betreffende Plenumsdebatte im Parlament, dass 1775 Sprechakte als „Argumentieren" und nur 8 als „bargaining" gewertet wurden. Die Argumentations-Sprechakte beinhalteten nur wenige Begründungen, wie man zu der Position kam (2005, S. 250). In diesem Kontext wäre es ein Fehler, das Argumentieren als einen deliberativen Akt anzusehen. Da die Problematik am Ende in einer Mehrheitsabstimmung beschlossen wurde und die Debatte öffentlich war, diente sie vornehmlich zur Präsentation der verschiedenen Standpunkte gegenüber der Öffentlichkeit; folglich würde man mehr rhetorisches Begründen erwarten als die Bereitschaft, seine Meinung zu ändern. Vgl. Elster 1995, 1998 und Chambers 2004 und auch die empirische Arbeit von Ulbert und Risse 1996 über den Anteil der Öffentlichkeit in der Positionierung und Effekthascherei im Kontrast zu aktivem Zuhören und dem Versuch, eine Lösung zu finden, die zur Befriedigung unterschiedlicher Bedürfnisse beiträgt.

[36] Vgl. Baier 1987 und Blum 1982 für Gründe, warum die Kantsche Pflichtmoral mit einer emotionaleren und charakterbasierteren Moral ergänzt werden muss. Vgl. Krause (2008), Hall (2007) und Morrell (2010) für die positive Rolle von Emotionen in Deliberation.

[37] In Studien, in denen zwei Typen von Perspektiveinnahmen gefördert wurden – die kognitive („Versuchen Sie zu verstehen, was die denken") und die emotionale („Stellen Sie sich vor, wie es sich anfühlen würde") – schnitten die Teilnehmenden mit der kognitiven Perspektive in einer Serie von verschiedenen Verhandlungen (potentiell integrative, poten-

tiven Gegenspieler-Verhandlungen haben beide Parteien zumindest eigennützige Anreize zuzuhören, um zu erfahren, was die anderen wollen und brauchen.

9 Normative Kriterien zur Bewertung von kooperativen Gegenspieler-Interaktionen

Aus der Perspektive der deliberativen Demokratie sind kooperative Gegenspieler-Verhandlungen umso legitimer, je näher sie den Bedingungen von idealen deliberativen Verhandlungen sind: kein Zwang, gegenseitiger Respekt, Freiheit und eine Ebenbürtigkeit zwischen den Partnern. Wenn sich der Kontext von gemeinsamen Interessen hin zu sich widersprechenden Interessen verändert, müssen Demokratietheorien eine andere Art finden, um diesen Konflikt zu legitimieren. Zwei mögliche Instrumente dazu wären einerseits der Versuch, die Macht gleichmäßig zu verteilen und andererseits die Legitimierung einer konfliktspezifischen Rollenmoral.

Gleichmäßige Machtverteilung

Kooperative Gegenspieler-Verhandlungen können als Verlängerung der Wahllogik wahrgenommen werden, das heißt als eine im kompetitiven demokratischen Kampf legitimierte gleichmäßige Machtausübung. Statt die Minderheit einfach zu überstimmen, verhandelt die Mehrheit mit der Minderheit. Dabei dienen als Ausgangspunkt die Positionen der relativen Stärke (idealerweise basierend auf der Summe ihrer individuellen Stimmen) mit dem Ziel, ein Resultat zu erwirken, das für beide Positionen akzeptabel erscheint.

Trotzdem ist es nicht einfach herauszufinden, wie man eine gleichmäßige Machtverteilung in einer kooperativen Gegenspieler-Verhandlung erreichen kann. Demokratietheoretiker scheinen sich im Abstrakten über das regulative Ideal von gleicher Macht zwischen Verhandlungspartnern einig zu sein, ob dies nun Versammlungen, Gesetzgebungsprozesse oder legislativ genehmigte außerparlamentarische Tagungen betrifft. In Habermas' Worten brauchen Demokratien, zusätzlich zur Deliberation, Verhandlungen, die mit „Drohungen und Versprechungen" operieren, wobei die Macht von materiellen Ressourcen, der Arbeitskraft usw.

---

tiell gemischt integrative und verteilende-, oder Nullsummen-Verhandlungen) besser ab als die Kontrollgruppe; diejenigen mit einer emotionalen Perspektive schnitten zum Teil sogar schlechter ab als die Kontrollgruppe (Galinsky et al. 2008).

stammt, die aber durch eine „Gleichverteilung zwischen den Parteien diszipliniert" sein sollte (1992, S. 205).[38] Habermas spricht sich auch für eine gerechte Form dieser Verhandlungen aus, deren Methoden alle Parteien mit der gleichen Möglichkeit zur Ausübung von Druck ausstatten sollte, das heißt mit der gleichen Eventualität, den jeweils anderen zu beeinflussen, sodass alle betroffenen Interessen eine Rolle spielen und die Chance erhalten, sich durchzusetzen (ibid.).

Eine gleichmäßige Machtverteilung ist jedoch in Verhandlungen und im Bargaining schwieriger umzusetzen als in Wahlen. Alle Eigenschaften, welche die Kosten betreffen, die Verhandlung zu verlassen oder gar nicht erst darauf einzugehen, haben einen Einfluss auf die Verhandlungsmacht. Einen Einfluss haben auch die Effekte des Status Quo auf die eigene Position, der Besitz von Informationen und Ressourcen, um Informationen zu bekommen, die Dringlichkeit einer Lösungsfindung für eine Partei und viele andere Faktoren. Darüber hinaus kann eine gleichmäßige Machtverteilung auf zwei Arten definiert werden: auf individueller Ebene oder auf Kontextebene. Ein Akteur kann individuell gleich viel Macht wie alle anderen Individuen besitzen, aber wenn er in einer Minderheit ist, vor allem in einer permanenten Minderheit, kann in Habermas' Worten keine Rede sein von einer gleichen Möglichkeit der Druckausübung. Mit einer gleichmäßigen individuellen Machtverteilung, aber ohne genügend Verbündete in einem spezifischen Kontext, kann es sein, dass den Interessen eines Akteurs verschwindend geringe oder gar keine Aufmerksamkeit geschenkt wird.

Umgekehrt kann gleichmäßig verteilte Macht bei einer gleichen Anzahl an Verbündeten zu einem Umfeld führen, das es ermöglicht, dass sich beide Seiten respektieren und in der Folge einen Kompromiss ausarbeiten, der die wichtigsten Werte beider Seiten würdigt (wie in der Stammzellen-Entscheidung in Deutschland). Insgesamt resultiert gleichmäßige Machtverteilung zwischen mehreren Parteien oft in sehr unterschiedlichen Ergebnissen. Die Frage der Bedingungen, unter denen kooperative Gegenspieler-Interaktionen in deliberativen Varianten integriert werden können, bleibt für zukünftige Forschung offen.

10 Rollenmoral

Menschliche Interaktionen können auf einer spezifischen Rollenmoral beruhen, die auf „Spielregeln" ausgerichtet ist, die geläufigen Moralvorstellungen zuwiderläuft. Die geläufigste Analogie dafür ist das Pokerspiel, wo strategische Falschan-

---

[38] Zukünftige Forschung kann diese empirische Lücke hoffentlich noch schliessen und aufzeigen, wie „bargaining" zu mehr Respektäusserungen und Verständnis für die Position des Anderen führen können.

gaben akzeptierter Teil des Spiels sind. James J. White beispielsweise behauptet, Verhandlungen seien wie ein Pokerspiel: die Essenz des Verhandelns liege darin, seine wahre Position zu verschleiern und die Opponenten über die wahren Absichten im Dunkeln zu lassen.[39] Ein Handbuch zu Geschäftsverhandlungen hält fest, dass ein Individuum, das nicht zwischen privater Ethik und Wirtschaftsmoral unterscheiden könne, beim Verhandeln nicht effektiv sei. Ein Verhandelnder sollte demnach lernen, seinen persönlichen Sinn für Ethik dem Zweck, das bestmögliche Resultat für seinen Klienten zu erreichen, unterzuordnen (Beckmann 1977, zitiert in Lax und Sebenius 1986, S. 146).[40]

Anhänger dieser Rollenmoral-Schule insistieren, dass Verhandlungen nur an einer amoralischen Eigenschaft des Marktes teilhaben, sich dabei aber, wie der Markt auch, an das Gesetz halten sollten (auch an das Betrugsrecht). Cramton und Dees zitieren Anacharsis, der schon 600 v. Chr. schrieb: „Der Markt ist ein Platz, an dem Männer einander täuschen" (1993, S. 360). Im alten Griechenland war Hermes, der seinem Bruder das Vieh gestohlen hatte und dies durch eine Lüge verschleierte, der Schutzpatron der Händler (ibid.). In Märkten, die auf sich wiederholende Interaktionen beruhen, sind jedoch Täuschung und Diebstahl in einer marginalen Rolle, da sie sehr ineffiziente Märkte generieren, genauso wie sie zu ineffizienten Verhandlungen führen. Größere Firmen sind zu einem Teil effizient, da sie sich wiederholende Interaktionen institutionalisieren und mit formellen und informellen Sanktionen gegen Täuschungen vorgehen können. Aber weil es in gewissen, nur einmal stattfindenden Transaktionen sowohl legal als auch sozial schwierig ist, subtileren Formen von Täuschung Einhalt zu gebieten, hat sie sich in diesen Kontexten Täuschung und Falschaussage als Teil des Spiels etabliert.

Viele angelsächsische Rechtswissenschaftler sind der Auffassung, in ihrem kontradiktorischen Rechtssystem (*adversary legal system*) seien strategische Täuschungen akzeptierte Teile des Spiels.[41] Eine abgeschwächte Version dieser Theorie scheint auch für das Verhalten der Legislative in den USA zu gelten. Bestimmte Formen von strategischem Handeln, wie etwa parlamentarisches Manövrieren, sind nicht nur erlaubt, sondern fast eine bewunderte Fertigkeit.

---

[39] Habermas (1992, S. 205) zitiert hier Elster über Drohungen und Versprechen. Der Gebrauch von Drohungen als auch Versprechen weist darauf hin, dass Habermas' Verhandlungspartner nicht vollständig kooperativ sind, sondern eher zur Kategorie der kooperativen Gegenspieler gehören.

[40] White 1980, S. 928; auch Carr (1968, S. 145), der listige Täuschungen und Verheimlichungen als zulässig taxiert.

[41] Gleiches gilt in der Politik. Schon Machiavelli dachte, große Dinge würden von Individuen erreicht, die wenig Achtung für den guten Glauben haben (Machiavelli 2008, Kap. 18, 2. Satz).

Arthur Applbaum (1998) argumentiert, dass bestimmte Kriterien erfüllt sein müssen, um Rollenmoral durch „Spielregeln" zu rechtfertigen, die erlauben, was andernfalls moralisch verboten wäre. Diese Bedingungen sind bindend und mit großer Wahrscheinlichkeit außerhalb von einigen Spielen nicht vorzufinden. Er meint, dass es einem Spieler eines Strategiespiels nur dann moralisch erlaubt sei, gegen bestimmte moralische Ziele zu verstoßen, wenn: 1) die Spielregeln ein solches Handeln zulassen, 2) die Regeln über dieses Handeln für den Erfolg oder die andauernde Stabilität im Spiel nötig sind, 3) das Spiel eine Unternehmung zum gemeinsamen Vorteil ist, wenn man alle Vorteile und Lasten in Betracht zieht, einschließend der Möglichkeit, dass es kein Spiel gäbe 4) das Spiel Vorteile und Lasten gerecht unter den Spielern verteilt, und zwar in einem generelleren Rahmen, in dem es keine ungerechten externen Auswirkungen auf Nichtspieler hat, und 5) das Spiels in einem ungezwungen und informierten Rahmen abläuft.[42]

Man kann sich vorstellen, dass Applbaums Kriterien auch einer deliberativ autorisierten Praxis entsprechen. Ein Kernkriterium ist die Erwartung von Vorteilen für alle Spieler – verglichen mit ihrer Möglichkeit, gar nicht erst am Spiel teilzunehmen. Befürworter des kontradiktorischen Systems argumentieren, dass mit den Richtlinien des Systems und den Anwälten beider Seiten, die ihre Fähigkeiten einsetzen, um die Interessen ihres jeweiligen Klienten bis zum Äußersten zu verteidigen, ein gerechteres Resultat entsteht und die individuelle Freiheit besser gewahrt wird als in anderen Rechtssystemen.

Das Hauptargument für die Befürwortung strategischer Falschangaben in einem kontradiktorischen System und im marktwirtschaftlichen Kontext ist der Verweis auf die Unmöglichkeit, alle Absichten oder die jeweiligen privaten Informationen zu überwachen. Wenn man Verhalten verbietet, das nicht überwacht werden kann, fördert man nur die Ausnutzung von ethisch korrekt handelnden Individuen. So wäre es besser, jene Verhaltensweisen, die man nicht überwachen kann, offen zu akzeptieren, damit alle Individuen eine Rollenmoral annehmen könnten, die zu diesem spezifischen Kontext passen und man auf diese Weise ein gerechtes, wenn auch unethisches Spiel erhält.[43] White stellt fest, dass die erlaubte Rollenmoral in diesen Fällen vielleicht aus der Erkenntnis stammt, dass das Recht nicht unendliche Macht hat, um das Verhalten der Menschen zu beeinflussen. Durch das Tolerieren von Übertreibungen und Aufbauschungen in Verkaufstransaktionen und durch die Ablehnung einer falschen Angabe über die

---

[42] Beispielsweise meint Curtis, die Losgelöstheit von der Aufrichtigkeit sei eine der wichtigsten Vorzüge des Anwaltberufs. Eine jener Kernfunktionen eines Anwalts sei folglich, für seinen Klienten zu lügen (1951, S. 9).

[43] Applbaum 1998, S. 123. Vgl. auch Lax und Sebenius 1986.

eigenen Absichten, habe das Gesetz vielleicht einfach seine beschränkte Kontrolle über die Menschen erkannt (White 1980, S. 934).

Allerdings sind strategische Falschaussagen grundsätzlich ineffizient. Auch sind die individuellen Spieler nicht zufriedener, wenn ihre Autonomie und ihr Handlungsspielraum durch Täuschungen untergraben werden. Wiederkehrende Interaktionen führen deswegen wie immer zu einem Set von Regeln, die Falschangaben für illegal erklären. Aber Schlupflöcher für strategisches Manövrieren bleiben. Die resultierenden Abweichungen von vollständig kooperativen Verhandlungen scheinen Applebaums Kriterien für eine Zulässigkeit von Rollenmoral denn auch nicht zu erfüllen. Einerseits bieten sie nicht allen Teilnehmenden Vorteile, andererseits verstoßen sie auch markant gegen deliberative Ideale. Freie und gleiche Gesprächspartner würden diese kooperativen Gegenspieler-Verhandlungen nur dann autorisieren, wenn die moralischen Kosten eines Verbots dieser Praktiken geringer wären als die Kosten einer Zulassung. Allerdings könnte dies in der realen Welt durchaus öfter der Fall sein.

11 Fazit

Dieser Artikel spricht sich für eine Kompatibilität von klassischer Deliberation mit verschiedenen Formen des Verhandelns aus, die hier als „deliberative Verhandlungen" bezeichnet werden. Diese Formen beinhalten unvollständig theorisierte Einigungen, integrative Verhandlungen und vollständig kooperative Verhandlungen. Alle diese Formen basieren auf gegenseitigem Begründen und Respekt sowie der Suche nach gerechten Bedingungen und Ergebnissen. Idealerweise wird in keiner dieser Verhandlungen Zwang angewendet. Diese deliberativen Formen von Verhandlungen stehen in Konflikt mit kooperativen Gegenspieler-Verhandlungen, in denen die erfolgsorientierten Teilnehmenden, beispielsweise durch den Gebrauch von strategischen Falschaussagen, Zwang anwenden; die verschiedenen Verhandlungsformen können in der Praxis aber koexistieren.

Deliberative Formen von Verhandlungen können sich nicht nur an die deliberativen Kriterien der Legitimität annähern, sie sind auch effizient. Das gegenseitige Offenlegen von Informationen und die gemeinsame Suche nach Fakten und Möglichkeiten führt dazu, dass diese Verhandlungen für die Beteiligten meist Vorteile schaffen. Im Kontrast dazu erfüllen kooperative Gegenspieler-Verhandlungen die deliberativen Kriterien nicht und sind relativ ineffizient. Sie konzentrieren sich darauf, einen in der Größe unveränderbaren Kuchen zu verteilen und fördern dabei Anreize und Motivationen, die deliberativen Verhandlungen hinderlich sind.

Aus diesen Gründen würden in einer idealen Welt freie und gleiche Bürger, die einen demokratischen Prozess der Entscheidungsfindung entwerfen, kooperative Gegenspieler-Verhandlungen ablehnen. Aber in einer Welt, in der einige Bürgerinnen und Bürger ihre Ressourcen in Verhandlungen einsetzen und nicht immer auf der Basis von gegenseitigem Begründen, Respekt und der Suche nach gerechten Bedingungen für Interaktionen und Ergebnissen handeln, könnte es gut sein, dass diese Bürgerinnen und Bürger kooperative Gegenspieler-Verhandlungen autorisieren – dies aber mit Hilfe starker institutioneller Schranken, welche Macht gleichmäßig verteilen sowie Gesetzen, die zu gerechtem Handeln und Ehrlichkeit verpflichten.

In Analogie zum Rechtssystem könnte es aber auch sein, dass Vetternwirtschaft, oder Versuche, mit unethischen Spielregeln zu gewinnen genau zu Organisation und Schutz jener Ideen führen würden, die eine lebendige Deliberation braucht.[44] Ist dies der Fall, so würden kooperative Gegenspieler-Verhandlungen demokratische Werte positiv beeinflussen, anstatt nur einen „Kompromiss" mit der Realität darzustellen.

Literatur

Applbaum, Arthur I. 1998. *Ethics for adversaries. The morality of roles in public and professional life*. Princeton: Princeton University Press.
Bachrach, Peter, und Morton, Baratz. 1963. Decisions and non-decisions. An analytical framework. *American Political Science Review* 57:632–642.
Baier, Annette C. 1987. Hume, the woman's moral theorist? In *Women and moral theory*, Hrsg. Eva Kittay und Diana Meyers. Totowa: Rowman & Littlefield.
Bazerman, Max H., Jonathan, Baron, und Katherine, Shonk. 2001. *You can't enlarge the pie. Six barriers to effective government*. Cambridge.
Blum, Laurence A. 1982. Kant und Hegel's moral rationalism. A feminist perspective. *Canadian Journal of Philosophy* 12:287–302.
Bohman, James. 1996. *Public deliberation. Pluralism, complexity, and democracy*. Cambridge: MIT Press.
Bohman, James. 1998. Survey article. The coming of age of deliberative democracy. *Journal of Political Philosophy* 6 (4): 400–425.
Carr, Albert Z. 1968. Is business bluffing ethical? *Harvard Business Review* 143–153.

---

[44] Vgl. Lipsey und Lancaster (1956/1957) und späteren Autoren über das Problem des „second best": Wenn andere unmoralisch handeln, kann das zu einer Verpflichtung führen, von dem Idealverhalten abzuweichen, das zum besten Resultat hätte führen können, wenn sich alle daran gehalten hätten (Elster 1986, S. 119).

Chambers, Simone. 1996. *Reasonable democracy. Jürgen Habermas und the Politics of Discourse* 60 (1): 274–276 (Ithaca).
Chambers, Simone. 2003. Deliberative democratic theory. *Annual Review of Political Science* 6:307–326.
Chambers, Simone. 2004. Behind closed doors. Publicity, secrecy, and the quality of deliberation. *Journal of Political Philosophy* 12 (4): 389–410.
Cohen, Joshua. 1989. Deliberation and democratic legitimacy. In *The good polity*, Hrsg. Alain Hamlin und Philip Pettit, 17–34. Oxford: Basil Blackwell.
Cramton, Peter C., und Gregory J., Dees. 1993. Promoting honesty in negotiation. An exercise in practical ethics. *Business Ethics Quarterly* 3:359–394.
Curtis, Charles P. 1951. The ethics of advocacy. *Stanford Law Review* 4:3–23.
Dryzek, John S. 2000. *Deliberative democracy und beyond. Liberals, critics, contestations.* Oxford: Oxford University Press.
Elster, Jon. 1986. The market and the forum. Three varieties of political theory. In *Foundations of social choice theory*, Hrsg. Jon Elster und Aanund Hylland, 103–133. Cambridge: Cambridge University Press.
Elster, Jon. 1995. Strategic uses of argument. In *Barriers to conflict resolution*, Hrsg. Arrow et al., 236–257. New York: W. W. Norton & Company.
Elster, Jon. 1998. Deliberation and constitution making. In *Deliberative democracy*, Hrsg. Jon Elster. Cambridge: Cambridge University Press.
Fisher, Roger. 1985. A code of negotiation practices for lawyers. In *What's fair? Ethics for negotiators*, Hrsg. Carrie Menkel-Meadow und Michael Wheeler, 105–110. San Francisco: Wiley.
Fisher, Roger, William Ury, und Bruce Patton. 1991. *Getting to Yes. Negotiating agreement without giving in.* New York: Penguin Books.
Follett, Mary Parker. 1942 [1925]. Constructive conflict. In *Dynamic administration. The collected papers of mary parker follett*, Hrsg. Henry C. Metcalf und Lyndall Urwick. New York: Routledge.
Frank, Robert H. 1988. *Passions within reason.* New York: W. W. Norton & Company.
Frank, Robert H., Thomas Gilovich, und Dennis Regan. 1993. Does studying economics inhibit cooperation? *Journal of Economic Perspectives* 7 (2): 159–171
Galinsky, Adam D., William W, Maddux, Debra Gilin, und Judith B. White. 2008. Why it pays to get inside the head of your opponent. The differential effects of perspective-taking und empathy in negotiations. *Psychological Science* 19 (4): 378–384.
Gauthier, David P. 1986. *Morals by agreement.* Oxford: Oxford University Press.
Goldgeier, James M. 1999. *Not whether but when. The U.S. decision to enlarge NATO.* Washington D.C.: Brookings Institution Press.
Goodin, Robert E., und Geoffrey, Brennan. 2001. Bargaining over beliefs. *Ethics* 111 (2): 256–277.
Gutmann, Amy, und Dennis, Thompson. 1996. *Democracy and disagreement.* Cambridge: Belknap.
Habermas, Jürgen. 1989a[1962]. *The structural transformation of the public sphere. An inquiry into a category of bourgeois society.* Cambridge: MIT Press.
Habermas, Jürgen. 1989b. Morality und ethical life. Does Hegel's critique of Kant apply to discourse ethics? *Northwestern University Law Review* 83 (1): 38–53.
Habermas, Jürgen. 1990[1983]. *Moral consciousness und communicative action.* Cambridge: MIT Press.

Habermas, Jürgen. 1993[1990]. Morality, society, and ethics. An interview with torben Hviid Nielsen. In *Justification and application. Remarks on discourse ethics*, Hrsg. Jürgen Habermas, 147–177. Cambridge: MIT Press.Habermas, Jürgen. 1993[1991]. Remarks on discourse ethics. In *Justification and application. Remarks on discourse ethics*, Hrsg. Jürgen Habermas, 19–113. Cambridge: MIT Press.

Habermas, Jürgen. 1996[1992]. *Between facts and norms. Contributions to a discourse theory of law und democracy*. Cambridge: MIT Press.

Hall, Cheryl. 2007. Recognizing the passion in deliberation. Toward a more democratic theory of deliberative democracy. *Hypatia* 22 (4): 81–95.

Holzinger, Katharina. 2004. Bargaining through arguing. An empirical analysis based on speech act theory. *Political Communication* 21 (2): 195–222.

Holzinger, Katharina. 2005. Context or conflict types. Which determines the selection of communication mode? *Acta Politica* 40:239–254.

Knight, Jack, und James Johnson. 1997. What sort of political equality does democratic deliberation require? In *Deliberative democracy. Essays on reason and politics*, Hrsg. James Bohman und William Rehg, 279–321. Cambridge: MIT Press.

Krause, Sharon R. 2008. *Civil passions. Moral sentiment und democratic deliberation*. Princeton.

Langevoort, Donald C. 1999. Half-truths. Protecting mistaken inferences by investors and others. *Stanford Law Review* 52:88–125.

Lax, David A., und James K., Sebenius. 1986. *The manager as negotiator*. New York: Free Press.

Lax, David A., und James K., Sebenius. 2006. *3-d negotiation. Powerful tools to change the game in your most important deals*. Boston: Harvard Business Review Press.

Lewicki, Roy J., und Robert J., Robinson. 1998. Ethical and unethical bargaining tactics. An empirical study. *Journal of Business Ethics* 17:665–682.

Lipsey, R. G., und Kelvin, Lancaster. 1956/1957. The general theory of second best. *The Review of Economic Studies* 24 (1): 11–32.

Lukes, Steven. 1974. *Power. A radical view*. London: Palgrave Macmillan.

CR45 Machiavelli, Niccolò. 2005[1513]. *The Prince*. Oxford: Hackett Publishing Co.

Mansbridge, Jane, und Shauna L., Shames. 2008. Toward a theory of Backlash. Dynamic resistance und the central role of power. *Politics & Gender* (4):1–11.

Mansbridge, Jane, James, Bohman, Simone, Chambers, David, Estlund, Andreas, Follesdal, Archon, Fung, Cristina, Lafont, Bernard, Manin, und José L. Martí. 2010. The place of self-interest and the role of power in deliberative democracy. *The Journal of Political Philosophy* 18 (1): 64–100.

Menkel-Meadow, Carrie. 1990. Lying to clients for economic gain or paternalistic judgment. A proposal for a golden rule of Candor. *University of Pennsylvania Law Review* 138 (3): 761–783.

Menkel-Meadow, Carrie. 2004. Introduction. What's fair in negotiation? What is ethics in negotiation? In *What's fair? Ethics for negotiators*, Hrsg. Carrie Menkel-Meadow und Michael Wheeler. San Francisco: Wiley.

Moon, Donald. 1993. *Constructing community. Moral pluralism and tragic conflicts*. Princeton: Princeton University Press.

Morrell, Michael E. 2010. *Empathy and democracy: Feeling, thinking und deliberation*. Pennsylvania: Penn University Press.

Nagel, Jack H. 1975. *The descriptive analysis of power*. New Haven: Yale University Press.
Nino, Carlos S. 1996. *The constitution of deliberative democracy*. New Haven: Yale University Press.
Pettit, Philip. 2003. Deliberative democracy, the discursive dilemma, and republican theory. In *Debating deliberative democracy*, Hrsg. James Fishkin und Peter Laslett, 138–162. Malden: Wiley–Blackwell.
Posner, Richard A. 2007. *Economic analysis of law*. New York: Aspen Publishers.
Raiffa, Howard. 1982. *The art and science of negotiation*. Cambridge: Belknap.
Rawls, John. 1996. *Political liberalism*. New York: Columbia University Press.
Raz, Joseph. 1986. *The morality of freedom*. Oxford: Oxford University Press.
Risse, Thomas. 2000. ‚Let's Argue¡, communicative action in world politics. *International Organization* 54 (1): 1–39.
Risse-Kappen, Thomas. 1996. Collective Identity in a democratic community. The case of NATO. In *The culture of national security*, Hrsg. Peter Katzenstein, 357–399. New York: Columbia University Press.
Scharpf, Fritz W. 1997. *Games real actors play. Actor-centered institutionalism in policy research*. Boulder: Westview.
Schmitt, Carl. 1988[1923]. *The crisis of parliamentary democracy*. Cambridge: MIT Press.
Shell, Richard G. 2006. *Bargaining for advantage*. New York: Penguin Books.
Sunstein, Cass R. 1985. Interest groups in american law. *Stanford Law Review* 38:29–87.
Sunstein, Cass R. 1988. Beyond the republican revival. *Yale Law Journal* 97 (8): 1539–1590.
Sunstein, Cass R. 1995. Incompletely theorized agreements. *Harvard Law Review* 108 (7): 1733–1772.
Sunstein, Cass R. 1996. *Legal reasoning und political conflict*. New York: Oxford University Press.
Thompson, Leigh L. 2005. *The mind and heart of the negotiator*. Upper Saddle River: Prentice Hall.
Thompson, Dennis F. 2008. Deliberative democratic theory und empirical political science. *Annual Review of Political Science* 11:497–520.
Ulbert, Cornlia, und Thomas, Risse. 2005. Deliberately changing the discourse. What does make arguing effective? *Acta Politica* 40:351–367.
Wetlaufer, Gerald B. 1996. The limits of integrative bargaining. *Georgetown Law Journal* 85:369.
White, James J. 1980. Machiavelli and the bar. Ethical limitations on lying in negotiation. *American Bar Foundation Research Journal* 4:926–938.

Prof. Dr. Jane J. Mansbridge Adams Professor of Political Leadership and Democratic Values, Harvard University

Deliberation, Aggregation und epistemischer Fortschritt

Claudia Landwehr

Zusammenfassung

Der vorliegende Aufsatz stellt zwei unterschiedliche Versionen epistemischer Demokratietheorie heraus – eine aggregative und eine deliberative – welche in jüngerer Zeit häufig miteinander kombiniert wurden. Hinter der Zusammenführung der beiden Versionen steht die Idee, dass Deliberation und Aggregation substituierbar sein können. Die Grundlage der aggregativer epistemischer Demokratiekonzeptionen basiert auf der Anwendung von Condorcets Jury-Theorem auf den Prozess politischer Entscheidungsfindung. Diese Anwendbarkeit des Jury-Theorems auf demokratische Entscheidungen möchte ich mit einer genaueren Betrachtung der drei zentralen Prämissen des Theorems aus deliberativer Perspektive in Frage stellen. Hierbei geht es um die Unabhängigkeit individueller Urteile, die Kompetenz der Wähler und die Idee, dass die zentrale Funktion des Mehrheitsprinzips darin besteht, sich der Wahrheit anzunähern. Mein zentrales Argument lautet, dass sich epistemische Hoffnungen auf jene diskursiven Prozesse konzentrieren sollten, die einem Mehrheitsentscheid vorangehen, und dass Abstimmung und Deliberation sich komplementär verhalten und nicht wechselseitig substituierbar sind.

C. Landwehr (✉)
Johannes-Gutenberg-Universität Mainz, Mainz, Deutschland
E-Mail: landwehr@politik.uni-mainz.de

1 Einleitung

Epistemische Demokratietheorien stützen sich auf die Annahme, dass politische Partizipation Wahrheit befördert. Während ‚liberale' oder ‚realistische' Demokratietheorien, beispielsweise in der Tradition Schumpeters, die mangelnde Wählerkompetenz hervorheben und zur Rechtfertigung eines minimalen Staates und minimaler Partizipation darauf hinweisen, dass eine sinnvolle Aggregation von Stimmen unmöglich ist, bestehen Vertreter partizipativer Demokratietheorien (nach William Riker ‚Populisten') auf den Vorteilen aktiver und umfassender Bürgerbeteiligung in der Politik. Epistemische Demokratietheoretiker bilden eine besondere Untergruppe innerhalb der partizipativen Demokratietheorien. Sie befürworten Partizipation nicht aus Gründen prozeduraler Gerechtigkeit oder als Verwirklichung individueller Autonomie, sondern sind davon überzeugt, dass Partizipation generell zu – gemessen an einem unabhängigen Standard – erstrebenswerten Ergebnissen führt. Jean-Jacques Rousseau wird als klassischer Vertreter dieser Strömung epistemischer partizipatorischer Demokratie angesehen. Wenn jeder Mensch im Hinblick auf das Allgemeinwohl und nicht aus Eigeninteresse wähle, so Rousseau, würde das Ergebnis den ‚Gemeinwillen' des Volkes widerspiegeln. Rousseau definiert den ‚Gemeinwillen' als ein Konstrukt, das bereits zeitlich vor und unabhängig von dem Verfahren existiert, durch das es gebildet wird. Der ‚Gemeinwille' kann daher sowohl korrekt als auch inkorrekt dargestellt werden (Rousseau 2004 [1762]).

Im Hinblick auf moderne partizipative epistemische Demokratietheorien können zwei Varianten unterschieden werden, auf die ich mich im Folgenden als ‚aggregative epistemische Demokratietheorie' und ‚deliberative epistemische Demokratietheorie' beziehen möchte. Auch wenn beide Varianten einige Annahmen teilen, unterscheiden sie sich doch wesentlich hinsichtlich der Prozesse, denen sie epistemischen Wert zuschreiben. Innerhalb der aggregativen epistemischen Demokratietheorie wird dem Prozess der Aggregation selbst epistemisches Potenzial zugeschrieben, was unter Rückgriff auf das Condorcet-Jury-Theorem gerechtfertigt wird.[1] Im Gegensatz dazu betrachten Vertreter einer deliberativen epistemischen Demokratietheorie den politischen Diskurs, der jeglichen politischen Entscheidungen vorausgeht, sie begleitet und ihnen folgt, als den Basis von Konfliktlösung und epistemischem Fortschritt.

---

[1] Aggregation soll sich hier ausschließlich auf Verfahren der Mehrheitswahl beziehen, nicht auf andere Verfahren wie Verhandlungen, die ebenfalls als Formen der Aggregation angesehen werden können.

Deliberation, Aggregation und epistemischer Fortschritt 43

Aggregation und Deliberation wurden häufig als konkurrierende Verfahren aufgefasst: Deliberative Demokratietheoretiker hadern offenbar mit der Notwendigkeit, Entscheidungen zu treffen, bevor Konsens möglich ist, und damit, das Mehrheitsprinzip als notwendiges Übel zu akzeptieren. Rousseau selbst dagegen war, der gängigen Interpretation zufolge, aus Angst vor Manipulation und Hegemonie, der öffentlichen Debatte gegenüber skeptisch eingestellt und wollte Partizipation auf die Teilnahme an Mehrheitsentscheidungen beschränken. In jüngerer Zeit haben Befürworter der deliberativen epistemischen Demokratietheorie, die bei weitem die einflussreichere der beiden Strömungen darstellt, jedoch versucht, die Erkenntnisse der aggregativen Strömung mit dem eigenen Ansatz zu versöhnen. Die Motivation hinter diesen Verbindungsversuchen scheint das Ziel zu sein, den Konflikt zwischen Deliberation und Mehrheitsregel beizulegen und den beiden Grundelementen demokratischer Politik gleichermaßen epistemischen Wert beizumessen.

Im folgenden Abschnitt möchte ich kurz die gemeinsamen Merkmale von deliberativer und aggregativer epistemischer Demokratietheorie erläutern. Darauf aufbauend werde ich die Annahmen der aggregativen epistemischen Demokratietheorie etwas detaillierter darstellen. Dabei konzentriere ich mich insbesondere auf Versuche, die Schlussfolgerung zu vermeiden, dass Kommunikation zu einer Verletzung der Unabhängigkeitsbedingung des Condorcet Jury Theorems (CJT) führe und dass Deliberation und epistemische Aggregation daher nicht vereinbar seien: David Estlunds (1994) Modell der Meinungsführer und Robert E. Goodins Bayesianische Erweiterung des CJT (2003), die das Jury Theorem mit Annahmen zu interaktiver Meinungsbildung verbindet. Im dritten Abschnitt sollen dann die drei Bedingungen diskutiert werden, die erfüllt sein müssen, damit das CJT zu einem tragfähigen Argument für die Demokratie wird. Ich behaupte, dass eine diskursive, begründete Meinungsbildung tendenziell dazu führt, dass individuelle Wahlentscheidungen voneinander abhängig sind, so dass es schwierig ist, die Unabhängigkeitsbedingung des Jury-Theorems aufrecht zu erhalten. Darüber hinaus sollte die Kompetenz der Wähler weder als gegeben noch als nicht gegeben vorausgesetzt, sondern vielmehr als abhängig von Charakteristika des Diskurses betrachtet werden. Zentral aber ist, dass politische Entscheidungen nicht verifizierbare Prämissen, sondern Handlungsoptionen zu thematisieren haben: Politische Entscheidungen lösen praktische und keine epistemischen Streitigkeiten (Gaus 1996, S. 186). AB: aber Praxis und Handlungsoptionen haben epistemische Dimensionen. Auch wenn es durchaus lohnenswert sein mag, die Beziehung zwischen Präferenzbildung in deliberativen Diskursen und Präferenzaggregation in Mehrheitsentscheiden zu untersuchen, sollten Vertreter der deliberativen Demokratie sich davor hüten, statt dem Prozess kommunikativer Interaktion der Aggregation epistemischen Wert zuzuschreiben. In der Deliberation kann es darum gehen, welche Prämissen als „korrekt" vorauszusetzen sind und welche Handlungsoptionen „gut" oder „richtig" sind. Das Mehrheitsprinzip dagegen hat die Funktion, durchaus dezisionistisch Entscheidungen darüber zu treffen, was kollektiv getan wird (und nicht: „zu tun ist"). Aggregation und Deliberation sind gleichermaßen konstitutiv für die Demokratie, aber sie sind Komplemente und nicht Alternativen.

2 Modelle epistemischer Demokratie

Aggregative und deliberative epistemische Demokratie

In vielfacher Hinsicht sind die Theorie der deliberativen Demokratie und die, nach meiner Terminologie, Theorie der ‚aggregativen epistemischen Demokratie' verschiedene Strömungen einer epistemischen Demokratietheorie. Beide Theorien gehen in gleicher Weise davon aus, dass informierte Urteile im Sinne des Gemeinwohls und nicht von Partikularinteressen geleitete Überlegungen den Input demokratischer politischer Prozesse bilden sollten. Darüber hinaus gehen beide davon aus, dass sich in sinnvoller Weise von einem ‚Gemeinwohl' sprechen lässt, und dass politische Entscheidungsprozess in einer Demokratie dazu beitragen sollen, dieses zu befördern. Ob konkrete Entscheidungen das Gemeinwohl tatsächlich befördern, wird in beiden Ansätzen als Funktion der politischen Partizipation angesehen. Beide versuchen also, eine Verbindung zwischen Partizipation und Erkenntnis herzustellen: Je mehr Partizipation, desto mehr nähert man sich die demokratische Entscheidung der Wahrheit an.

Der erste Fürsprecher einer positiven Beziehung zwischen Partizipation und Erkenntnis war Jean-Jacques Rousseau. Auch wenn seine Arbeiten äußerst komplex sind und Raum für widersprüchliche Interpretationen lassen (vgl. Estlund et al. 1989, S. 1322), herrscht weitestgehend Konsens bezüglich seiner Forderung, dass die Menschen auf der Grundlage von rationalen Urteilen statt auf der partikularer Interessen wählen sollten, und dass Demokratie – wenn sie entsprechend ausgelegt wird – dazu beitragen kann, das Gemeinwohl zu fördern. In dieser Hinsicht lassen sich die Modelle ‚deliberativer' und ‚aggregativer' epistemischer Demokratie beide einer gemeinsamen Opposition gegen ‚libertäre' oder ‚realistische' Auffassungen von Demokratie zuordnen wie sie prominent etwa von William H. Riker (1982) befürwortet werden. Riker knüpft an Kenneth Arrows Erkenntnis über die Unmöglichkeit einer sinnvollen Aggregation von

Wählerstimmen, die als eine Bekundung von Präferenzen statt als Ausdruck rationaler Urteile verstanden werden, an. Ein Beispiel für die Unzulänglichkeit von Stimmenaggregation ist das Auftreten zyklischer Mehrheiten (Arrow 1963 [1951]).

In den letzten 20 Jahren haben die Theorien deliberativer Demokratie so sehr an Bedeutung gewonnen, dass sie heute als dominante Denkschule innerhalb der Demokratietheorie gelten können und dementsprechend weitaus mehr Einfluss ausüben als alternative Konzeptionen wie Rikers Entwurf. Nicht alle Anhänger der Deliberation bauen ihre Argumentation auf einem epistemischen Demokratieverständnis auf. Der Großteil geht jedoch mehr oder weniger explizit davon aus, dass Deliberation zu überlegenen Ergebnissen führt. Aggregative Modelle epistemischer Demokratie sind im Gegensatz dazu innerhalb der Demokratietheorie eher dünn gesät. Sie stellen keine eigenständige, kohärente Theorie dar, sondern lassen sich auf wenige Argumente, die hier und da in Debatten angeführt werden, reduzieren. Mit Versuchen, Condorcets Jury Theorem als Argument für die deliberative Demokratie fruchtbar zu machen und dadurch Aggregation und Deliberation miteinander zu versöhnen, hat eine aggregativ-epistemische Konzeption von Demokratie jedoch in jüngerer Zeit an Popularität gewonnen.[2]

Von ‚der' Theorie deliberativer Demokratie lässt sich kaum sprechen. Die große Zahl komplexer und in vielerlei Hinsicht heterogener Ansätze teilt jedoch eine theoretische Basis, deren grundlegende Elemente weithin bekannt sind. Aus diesem Grund werde ich die deliberativen Demokratietheorien an dieser Stelle nicht im Detail diskutieren.[3] Stattdessen werde ich die Ideen der aggregativen epistemischen Demokratiekonzeption genauer vorstellen und sowohl auf die verschiedenen Strategien eingehen, dieses Demokratiekonzept mit deliberativen Modellen in Bezug zu bringen, als auch auf die Probleme, die aus einer solchen Zusammenführung resultieren.

---

[2] Theoretiker, die sich epistemischen Vorteil sowohl von Deliberation als auch von Aggregation versprechen: David Estlund und Jeremy Waldron (Estlund et al. 1989), Henry S. Richarson (2002), Robert E. Goodin (2003), weniger explizit: Pettit (2003) or Bovens und Rabinowicz (2003).

[3] Deliberative Demokratiekonzeptionen finden sich etwa bei Gutman und Thompson 1996, Bohman 1996 or Dryzek 2000. Siehe auch Sammelbände von Bohman und Rehg (1997), Elster (1998), Macedo (1999) und Fishkin und Laslett (2003). Ein Überblick über deliberative Demokratietheorien findet sich bei Landwehr 2011.

Das Condorcet Jury Theorem

Das Konzept aggregativer epistemischer Demokratie geht, genau wie das an die Social Choice-Theorie anknüpfende Demokratieverständnis Rikers, auf Erkenntnisse des Marquis de Condorcet zurück. Condorcet hat als erster auf die Probleme hingewiesen, die bei der Aggregation von Wählerstimmen auftreten können, etwa zyklische Mehrheiten. Kenneth Arrow erweiterte Condorcets Ergebnisse später zu seinem Unmöglichkeitstheorem (Arrow 1963).

Während diese Weiterentwicklung von Condorcets Arbeit ganz offensichtlich negative Implikationen für die Demokratie mit sich bringt, ergibt das ‚Jury-Theorem' ein positiveres Bild. Der Grund für diese konträren Beurteilungen der Mehrheitsregel und damit auch der Demokratie liegt laut David Estlund in der Tatsache begründet, dass das Paradox der zyklischen Mehrheiten auf einer ‚Präferenzkonzeption' von Demokratie beruht, während das Jury-Theorem auf einer ‚epistemischen Demokratiekonzeption' aufbaut (Estlund et al. 1989, S. 1317). Estlund argumentiert, dass Wählerstimmen, wenn sie sinnvoll aggregierbar (und damit möglicher Input zu demokratischen Entscheidungen) sein sollen, als Antworten auf dieselbe Frage aufzufassen sein müssen (Estlund 1990).

Da sowohl Fragen zu individuellen Präferenzen, Wünschen und Interessen („Was wünschen Sie sich für sich selbst?"), als auch die Antworten darauf immer indexikalische Ausdrücke beinhalten („Sie", „Ich", „mein"), beziehen sie sich genau genommen auf verschiedene Sachverhalte: Was sich A für A wünscht, was sich B für B wünscht, und so weiter. Estlund bekräftigt daher, dass ausschließlich Antworten auf die Frage „Was dient dem Gemeinwohl?" dieses Problem der Indexikalität umgehen können, weil nur diese Antworten sich wirklich jeweils auf die ein und dieselbe Frage beziehen und daher aggregiert werden können. Wenn Abstimmungen als Antworten auf dieselbe Frage konzipiert sind, ist es außerdem unwahrscheinlicher, dass man auf Präferenzordnungen stößt, die zu zyklischen Mehrheiten führen könnten, was Aggregation zusätzlich begünstigt.[4]

Wenn gewährleistet ist, dass alle abgegebenen Stimmen Antworten auf dieselbe Frage darstellen, so das Jury Theorem, ist eine sinnvolle Aggregation nicht nur möglich, sondern befördert darüber hinaus auch eine Annäherung an die Wahr-

---

[4] Antworten auf dieselbe Frage lassen sich in der Regel entlang einer Dimension bzw. eines Kontinuums anordnen. Präferenzen innerhalb einer solchen Dimension sind in der Regel eingipflig, d. h., wenn die rechte von drei Optionen die erste Präferenz eines Akteurs ist, dann ist die linke die am wenigsten präferierte Option. Wenn die Präferenzen einer Mehrheit der Wähler eingipflig sind, können keine zyklischen Mehrheiten auftreten (siehe Grofman und Feld 1989: 1330/1, List 2002).

heit. Das Theorem basiert auf drei Prämissen. Zuallererst muss gewährleistet sein, dass ein „independent standard of correct decisions" existiert, und dass „voting expresses beliefs about what the correct policies are according to the independent standard" (Cohen 1986, S. 34). In seiner Originalfassung nimmt das Jury Theorem an, dass eine Jury zwischen zwei Optionen wählen kann. Estlund weist darauf hin, dass es bei einer solchen Wahl nicht notwendigerweise um eine Entscheidung zwischen wahr und falsch gehen muss (1997, S. 173/4). Im Kontext der Demokratietheorie ist die epistemische Interpretation (oder Korrektheitsinterpretation) jedoch die häufigste und plausibelste Interpretation, da es neben der Wahrheit keinen unabhängigen Standard zu geben scheint. Zweitens muss vorausgesetzt werden, dass die Wähler im Durchschnitt häufiger richtige als falsche Entscheidungen treffen. Und die dritte Prämisse besagt, dass individuelle Einschätzungen unabhängig voneinander sein müssen, denn statistische Interdependenz verringert die effektive Anzahl der Stimmen.

Das CJT zeigt, dass wenn jedes Mitglied der Jury überzufällig (> 0,5) häufig richtig statt falsch entscheidet, die Mehrheit erstens generell eher richtig als falsch entscheiden wird, und, zweitens, gemäß dem Gesetz der großen Zahl, mit einer höheren Wahrscheinlichkeit die richtige Entscheidung trifft als jedes einzelne Mitglied der Jury für sich genommen. Je größer die Gruppe der Wahlberechtigten, desto höher ist somit die Wahrscheinlichkeit, dass die Mehrheit die ‚richtige' Entscheidung trifft. Für Elektorate in der Größe moderner Demokratien nähert sich die Wahrscheinlichkeit, die richtige Entscheidung zu treffen, damit einer absoluten Trefferquote (1,0) an. Dieses Ergebnis behält auch dann seine Gültigkeit, wenn verschiedene Wähler mit abweichender Wahrscheinlichkeit richtig entscheiden, so lange der Wert im Durchschnitt größer ist als 0,5. List und Goodin (2001) zeigen, dass das Jury-Theorem auch auf Fälle mit mehr als zwei Wahloptionen ausgeweitet werden kann. Die einzige Bedingung dabei ist, dass die korrekte Option mit einer durchschnittlich höheren Wahrscheinlichkeit ausgewählt wird als die übrigen Optionen.

Wenn die durchschnittliche Wahrscheinlichkeit, eine der falschen Optionen zu wählen, jedoch höher ist als die, die korrekte Option zu wählen, die Wähler also nicht kompetent sind, so wird das korrespondierende negative Ergebnis eintreten: mit der Größe des Elektorats nähert sich die Wahrscheinlichkeit einer falschen Entscheidung 1,0 an. Das Versprechen des Condorcet-Jury-Theorems an die Demokratie hängt daher von den Antworten auf folgende Fragen ab: Entscheiden sich die Wähler überzufällig häufig für die richtige oder die falsche Option? Bilden die Wähler ihre Urteile unabhängig voneinander? Gibt es Wahrheiten, denen sich politische Entscheidungen annähern können?

Einer der Gründe dafür, dass aggregative epistemische Demokratiekonzeptionen wenig Unterstützung als unabhängige Demokratietheorie gefunden haben, liegt allem Anschein nach darin, dass Theoretiker, die das Condorcet Jury-Theorem als Argument für die Demokratie ins Spiel bringen, sich zugleich sträuben, den epistemischen Optimismus an den Tag zu legen, der notwendig zu scheint, um Aggregation als „truth-tracker" zu befürworten (Goodin 2003, Kap. 5). David Estlund, der Grofman und Felds frühe Ansätze auf dem Gebiet aggregativer epistemischer Demokratie befürwortete (Estlund et al. 1989), hat unlängst die Einschätzung geäußert, das CJT sei für die Demokratietheorie schlicht „irrelevant" (Estlund 2008, Kap. 12).

List und Goodin (2001) äußern sich nicht explizit zu dieser Frage, sondern präsentieren ihre Erweiterung des Jury-Theorems stattdessen im „given that"-Stil mit der Schlussfolgerung, dass „[a]ssuming that there are any truths to found through politics, democracy has great epistemic merits, in any of its many forms" (ibid. 295). Henry Richardson ist optimistisch, dass die Kompetenz der entsprechenden Repräsentanten höher sein wird als die durchschnittliche Wählerkompetenz (> 0,5), weist aber darauf hin, dass „[b]ecause there is no way of telling for *which issues* a fair majoritarian process decides the truth about what we ought to do, accepting its normative fruitfulness does not disturb our regarding it as fallible" (2002, S. 211/2, Hervorhebung hinzugefügt).

Goodin und Estlund (2004) präsentieren die Frage nach dem epistemischen Potenzial der Aggregation von der entgegen gesetzten Seite: Statt die Wahrscheinlichkeit eines korrekten Ergebnisses davon abzuleiten, mit welcher Wahrscheinlichkeit jeder einzelne Wähler sich richtig entscheidet, nutzen sie das Ergebnis dazu, mögliche Schlussfolgerungen über individuelle Wahrscheinlichkeiten darzustellen. Wenn beispielsweise bei einer binären Ja-nein-Entscheidung 40 % der Wähler für eine Option stimmen und 60 % für die andere, impliziert das Ergebnis, dass die Wähler entweder mit einer Wahrscheinlich von 60 % falsch oder mit einer Wahrscheinlichkeit von 60 % richtig liegen. Diese Umformulierung der Frage lässt die Annahme, dass die Mehrheit richtig liegt, nahe liegender erscheinen, insbesondere bei erdrutschartigen Siegen. Trotzdem will sich offenbar keiner dieser Autoren explizit zu der Annahme bekennen, dass es wahrscheinlicher ist, dass die Mehrheit richtig entscheidet als dass sie falsch entscheidet – womöglich auf Grund der autoritären Konnotationen einer solchen Behauptung (vgl. Estlund 1993).

Kommunikation und Interdependenz

Die Beziehung zwischen aggregativer und deliberativer epistemischer Demokratie ist durchaus mit Problemen behaftet. Wenn Condorcets Jury-Theorem und die davon abgeleitete Demokratiekonzeption als eine Formalisierung von Rousseaus Gemeinwohl verstanden werden (Grofman und Feld 1988), muss eine Kombination von aggregativer und deliberativer Demokratie die Probleme thematisieren, die Rousseau im Hinblick auf öffentliche Deliberation gesehen hat. Rousseau wird häufig derart interpretiert, dass er davon ausging, dass öffentliche Diskussionen mit Manipulation einhergehen, und dass Deliberation daher nicht zwischen Individuen stattfinden sollte, sondern nur im Kopf des einzelnen Wählers (Grofman und Feld 1988, S. 569).

Die Anforderung, dass Meinungsbildung unabhängig erfolgen muss, ist zentral für das Ergebnis, dass mit der Größe der Wählerschaft auch die Wahrscheinlichkeit steigt, dass die Mehrheit im Recht ist. Wenn die Wähler ihre Einschätzungen vor einem Mehrheitsentscheid der gesamten Wählerschaft bereits in kleineren Gruppen aggregieren, sinkt die tatsächliche Anzahl eigenständiger Urteile, die in die Entscheidung eingehen. Dementsprechend reduziert sich auch die Auswirkung des Gesetzes der großen Zahl, was im schlimmsten Fall die Kompetenz der Mehrheit auf die Kompetenz eines Einzelnen reduziert (Grofman/Feld in Estlund et al. 1989, S. 1331–1333). Die Unabhängigkeitsbedingung im CJT verlangt daher, dass individuelle Wahlentscheidungen unabhängig voneinander getroffen werden müssen, und Urteile nur auf der Wahrnehmung ‚realer' empirischer Sachverhalte basieren dürfen.

Estlund (1994) hat jedoch gezeigt, dass die Bedingung der Unabhängigkeit so weit gelockert werden kann, dass der Einfluss von Meinungsführern gestattet ist. Sein Argument stützt sich dabei auf die Feststellung, dass die Urteile zweier Individuen i1 und i2 zwar beide durch die Einschätzung eines Meinungsführer (Opinion Leader, OL) beeinflusst werden können und dennoch voneinander unabhängig bleiben (Abb. 1).

Unter einigen anspruchsvollen, aber nicht vollkommen unrealistischen Bedingungen bewahrt das CJT damit seine positiven Implikationen für die Demokratie, auch wenn die Einflussnahme von Meinungsführern vorausgesetzt wird. Ein zentrales Merkmal dieser Einflussnahme ist jedoch ihre Einseitigkeit: Die Urteile der Individuen i_1 und i_2 dürfen nicht im Gegenzug auch die Einschätzung des Meinungsführers beeinflussen, damit es nicht bereits vor der Stimmenaggregation selbst schon zu einer Aggregation von Meinungen kommt. Würden sich i1 und OL gegenseitig beeinflussen, wäre das Urteil von i2 abhängig von dem Urteil von i1 (und dem des Meinungsführers OL). Würden i1 und i2 miteinander kom-

Abb. 1 (Estlund 1994)

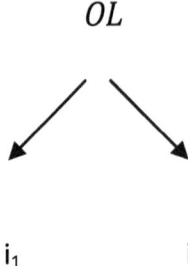

munizieren und sich dadurch in ihrem Urteil gegenseitig beeinflussen, würden ihre Wahlentscheidungen sich wechselseitig bedingen. Dort, wo Abstimmungen nicht mehr ausschließlich auf gemeinsamen Ursachen beruhen (äußere Sachverhalte, Meinungsführer), ist die Bedingung der Unabhängigkeit gefährdet. Estlund (1994) schlägt damit im Wesentlichen vor, die Urteile von Meinungsführern im Rahmen der individuellen Meinungsbildung wie Tatsachen zu behandeln.

Dietrich und List (2005) haben argumentiert, dass das ursprüngliche Modell des Jury-Theorems die Tatsache außer Acht lässt, dass Meinungen häufig nicht direkt durch Weltzustände hervorgerufen werden. Vielmehr sollten sie als Funktion der verfügbaren Informationen angesehen werden. Dietrich und List fordern daher, die Indizienlage als intervenierenden Faktor zwischen ‚realem Weltzustand' und individuellen Meinungen in das Modell einzufügen (Abb. 2).

Ihr Modell deutet die Stimme jedes Jurymitglieds als „a signal, not primarily about the state of the world, but about the body of evidence, which in turn is a signal about the state of the world" (ibid. 242).

Abb. 2 (cf. Dietrich und List 2005, S. 241)

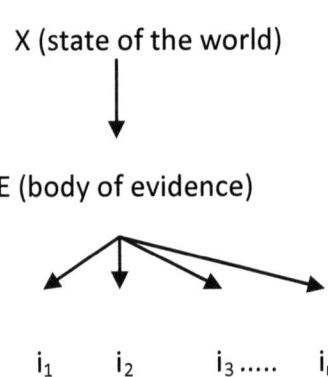

Wenn individuelle Wahlentscheidungen Signale hinsichtlich der Gesamtheit verfügbarer Informationen darstellen, haben sie damit selbst die Qualität von Informationen. Dies ist die Idee hinter der von Goodin vorgeschlagenen Bayes'schen Erweiterung des CJT, die darauf abzielt, Aggregation und Deliberation miteinander in Einklang zu bringen (2003, Kap. 6). Wenn man davon ausgeht, dass die einzelnen Abstimmungen Auskunft über die Beobachtungen und Erfahrungen eines Wählers geben, so Goodin, dann sollten die Wähler die Auskünfte anderer zum Anlass nehmen, ihre eigenen Erfahrungen zu bestätigen oder aber zu überdenken. Sofern die Wähler ihre Urteile gemäß der Bayes'schen Formel überdenken, wenn sie mit neuen Informationen konfrontiert werden, kann die Mehrheitsmeinung als überzeugender Indikator einer rationalen Einschätzung gelten (ibid. 109/110).

Das Bayesianische Modell der Urteilsbildung geht davon aus, dass Menschen einen Prozess der Urteilsbildung damit beginnen, dass sie der betroffenen Behauptung eine Ausgangswahrscheinlichkeit zuweisen, die mit einem Wert zwischen 0,0 und 1,0 beschreibt, mit welcher Wahrscheinlichkeit die Aussage für wahr gehalten wird. In Fällen, in denen zuvor keine Hinweise für oder gegen die Wahrheit einer Behauptung in Erwägung gezogen wurden, kann 0,5 als sinnvoller Ausgangswert angesehen werden, wobei es keine Rolle spielt, ob die Ausgangswahrscheinlichkeiten zwischen verschiedenen Personen variieren. Werden die Menschen schließlich durch eigene Wahrnehmung und Erfahrung oder Berichte anderer mit neuen Hinweisen konfrontiert, korrigieren sie ihre Wahrscheinlichkeitseinschätzung gemäß der Bayes'schen Formel[5] im Sinne der neuen Informationen. Vorausgesetzt, alle Menschen sind denselben Informationen ausgesetzt, korrigieren sie ihre Urteile in dieselbe Richtung, was am Ende zu einer Vereinheitlichung ihrer Urteile führt.

Menschen können, so Goodin, neuen Indizien für oder gegen die Wahrheit einer Präposition entweder durch direkte Kommunikation oder durch die Anerkennung einer Mehrheitsmeinung ausgesetzt sein. Öffentliche Deliberation scheine daher der perfekte Weg zu sein, individuelle Urteile im Sinne kollektiv verfügbarer Informationen einander anzupassen. Wenn Menschen nur die Möglichkeit hätten, lange genug zu deliberieren, sollten sie am Ende alle dieselbe, korrekte Meinung zu einer vorgegebenen Streitfrage haben. Da die Zeit, die für das Deliberieren zur Verfügung stehe, jedoch für gewöhnlich eine knappe Ressource sei, könne Aggregation dennoch notwendig sein, bevor jeder Einzelne seine

---

[5] $p\emptyset/x = [(px/\emptyset)(p\emptyset)]/[(px/\emptyset)(p\emptyset) + (px/\neg\emptyset)(p\neg\emptyset)]$. $p\emptyset$ ist die Ausgangswahrscheinlichkeit, $px/\emptyset$ ist die bedingte Wahrscheinlichkeit von x gegeben das $\emptyset$ wahr ist und $p\emptyset/x$ die angepasste Wahrscheinlichkeitseinschätzung (cf. Goodin 2003, S. 113).

Einstellungen vollkommen angepasst habe: manche Mitglieder der Gemeinschaft könnten von einer unverhältnismäßig hohen oder niedrigen Ausgangswahrscheinlichkeit ausgegangen oder nicht im selben Umfang mit Informationen konfrontiert worden sein wie Andere. In solchen Fällen könne Aggregation als nützlicher Ersatz für weitere Deliberation dienen und zuverlässig der Wahrheitsfindung dienen, solange die unterschiedlichen Einzelurteile durch einen Prozess der Deliberation ausreichend korrigiert würden und die durchschnittliche Wahrscheinlichkeit einer korrekten Antwort über 0,5 liege. Die Unterschiede zwischen den individuellen Verläufen der Urteilsbildung würden immer noch ein Mindestmaß an Unabhängigkeit garantieren. Nach einem Mehrheitsentscheid müsste die Minderheit das Abstimmungsergebnis daher als besonders starken Hinweis darauf interpretieren, dass die eigene Entscheidung falsch war, und ihr Urteil daraufhin korrigieren. Goodins Darstellung zufolge stehen Deliberation und Aggregation in keiner Weise miteinander im Konflikt, sondern ergänzen sich wechselseitig im Prozess der kollektiven Wahrheitssuche. Zusätzlich eingeführt und begründet werden muss dabei aber die Annahme, dass Wähler ehrlich antworten und auf Manipulationsversuche verzichten.

Wenn Meinungen von der verfügbaren Evidenz abhängen, wie Dietrich und List betonen, dann wird die Wahrscheinlichkeit, mit der es der Mehrheit gelingt, die Wahrheit zu erfassen (vorausgesetzt, die Kompetenz liegt über 0,5), auf die Wahrscheinlichkeit reduziert, mit der die verfügbaren Indizien nicht irreführend sind (2005, S. 187). Wenn die Informationen jedoch irreführend, unzureichend oder im Hinblick auf die Realität (oder einzelne Tatsachen) bewusst verdreht sind, kann dieses Problem nicht dadurch umgangen werden, dass man noch mehr Juroren zulässt und ihre Urteile aggregiert. Solange man jedoch davon ausgeht, dass die an der Deliberation beteiligten Personen ihre Einschätzungen authentisch und nicht strategisch mit anderen teilen, scheint epistemischer Optimismus durchaus angebracht, solange es um reine Sachfragen geht.

Anders sieht es aus, wenn es nicht darum geht, der Wahrheit einer Aussage nachzugehen, sondern über praktische oder moralische Fragen zu entscheiden. Welche Informationen kann man als Belege dafür ansehen, was getan werden „müsste" oder „könnte"? Ist ein überzeugendes Argument für eine bestimmte Handlungsoption ein Beleg dafür, dass diese Handlung „gut" oder „richtig" ist? Oder ist bereits die Tatsache, dass eine Person eine moralische Position vertritt, schon ein Hinweis auf die „moralische Wahrheit" dieser Position? Goodin bleibt skeptisch hinsichtlich einer solchen moralischen Epistemologie, weshalb er den Anwendungsraum des Bayes'schen Modells auf Sachfragen begrenzt und für normative Fragen ein alternatives Modell vorschlägt. Auch wenn er einräumt, dass es oftmals schwierig sei, Werturteile und Sachverhalte klar zu trennen, besteht er offenbar dennoch darauf, dass es bei politischen Entscheidungsprozessen, zumindest teilweise und manchmal, darum geht, die Wahrheit einer Behauptung zu ermitteln, und dass in diesen Fällen das CJT eine zusätzliche Rechtfertigung für das Mehrheitsprinzip liefert.

Im folgenden Abschnitt werde ich mich auf Habermas' Theorie des kommunikativen Handelns und Robert Brandoms normative Pragmatik beziehen, um zu argumentieren, dass Kommunikation bei praktischen und moralischen Fragen eine Form von gegenseitiger Abhängigkeit zwischen Abstimmungen befördert, die mit hoher Wahrscheinlichkeit nicht kompatibel mit dem CJT ist. Des Weiteren plädiere ich für eine klare Trennung zwischen praktischer und theoretischer Rationalität und ich behaupte, dass politische Entscheidungen als Fragen darüber interpretiert werden sollten, was zu tun ist – als praktische, nicht doxastische Fragen.

3 Deliberation und Wählen

Deliberation und Interdependenz von Urteilen

In seiner Theorie des kommunikativen Handelns hat Jürgen Habermas deliberative Diskurse als ein Spiel, bei dem Begründungen erfragt und gegeben werden, beschrieben.[6] Habermas bedient sich hier der Sprechakttheorie in der Tradition Austin und Searles. Dieser Ansatz wurde von Robert B. Brandom aufgegriffen, der eine umfassende Theorie diskursiver Praxis und der aus ihr resultierenden Bindungen – *commitments* – entwickelt (Brandom 1994).

Brandom hebt hervor, dass Menschen Verpflichtungen eingehen, wenn sie Behauptungen aufstellen (in Habermas Terminologie: Geltungsansprüche). Wenn Sprecher in der Lage sind, eine Behauptung zu rechtfertigen, indem sie diese begründen, erwerben sie eine Berechtigung (*entitlement*), die betreffende Behauptung zu erheben. Wenn Sprecher daran scheitern, ihrer Begründungspflicht durch die Nennung von Gründen nachzukommen, wird ihnen in der diskursiven Praxis ein solches *entitlement* verwehrt. Die diskursive Funktion von Behauptungen besteht darin, Sätze in Form von Prämissen verfügbar zu machen, die dann von dem Sprecher selbst oder von anderen Sprechern in Schlussfolgerungen herangezogen werden können. Wenn die Berechtigung zu einer Behauptung durch

---

[6] Habermas 1984 [1982], Bd. 1; Habermas 1994 [1992].

ihre Rechtfertigung nachgewiesen werden konnte, kann dieser Anspruch auf andere Sprecher übertragen werden. Durch eine solche ‚Vererbung' von *entitlements* muss nicht jede Behauptung, die von einem Sprecher begründet wurde, von den darauf folgenden Sprechern nochmals verteidigt werden muss:

> The communicative function of assertions is to license others who hear the claim to reassert it. The significance of this license is that it makes available to those who rely on it and reassert the original claim a special way of discharging their responsibility to demonstrate their entitlement to it. ... B's responsibility can be discharged by the invocation of A's authority, upon which B exercised the right to rely. (Brandom 1994, S. 174/5)

Eine Situation, in der jemand eine Behauptung aufstellt, ohne in der Lage zu sein, sie angemessen zu rechtfertigen, stellt in diesem diskursiven Spiel einen unangebrachten Spielzug dar und wird mit Sanktionen bestraft. Das Beispiel der Übertragung von *entitlements* zeigt jedoch, dass die Frage, was angemessen oder unangemessen ist, auf welche Behauptungen Sprecher Anspruch haben und auf welche nicht, von dem ‚Spielstand' abhängt, der wiederum ein Resultat linguistischer Interaktion ist. Eine Aussage, die zum Zeitpunkt t0 unangemessen ist, weil der Sprecher daran scheitert, sie ausreichend zu begründen, kann zum Zeitpunkt t1 angemessen sein, wenn derselbe oder aber ein anderer Sprecher seinen Anspruch darauf verteidigt hat. Angemessen begründete Behauptungen werden dabei sehr wahrscheinlich mit solchen Meinungen korrespondieren, die – aus einer subjektiven Perspektive – rational fundiert sind. Beide hängen von dem bestehenden Punktestand des Diskurses ab, innerhalb dessen die Aussagen, auf die die Sprecher Anspruch erheben, logisch in wechselseitiger Beziehung stehen.

Während Habermas dazu neigt, das Problem eines Regresses inferentieller Begründung offen zu lassen, hebt Brandom hier die Bedeutung von Beobachtungen hervor. Beobachtungen liefern nicht nur die Basis für empirisches Wissen, sondern fungieren auch als „regress stopper" für individuelle und öffentliche Begründungen (Brandom 1994, S. 222). Angesichts der gegebenen Vielfalt von Erfahrungen und Beobachtungen können Individuen sich entweder ausschließlich auf der Grundlage eigener Beobachtungen ein Urteil bilden, oder aber in einen Prozess der diskursiven Anpassung und Korrektur von Überzeugungen einzutreten wie er etwa von Goodin beschrieben wird. Beide Optionen sind mit dem CJT kompatibel. Sie sind jedoch nur bei sehr einfachen Sachfragen anwendbar. Sobald Inferenz, Kausalität und Aussagen über Wahrscheinlichkeit ins Spiel kommen, ist es sehr wahrscheinlich, dass die von Brandom und Habermas beschriebene diskursive Interaktion individuelle Beurteilungen in ein wechselsei-

Deliberation, Aggregation und epistemischer Fortschritt

tiges Abhängigkeitsverhältnis überführt, das nicht mehr mit dem Jury-Theorem zu vereinbaren ist.

Der Grund, weshalb komplexere Fragen nicht in einem Baysianischen Anpassungsmodell erfassbar sind und das CJT auf sie somit nicht anwendbar ist, ist dass sie grundlegende praktische und normative Fragen berühren: Wann ist eine Schlussfolgerung valide? Wie kann man Kausalität feststellen? Welche Schlüsse können aus einer probabilistischen Prämisse gezogen werden? Brandoms besonderer Fokus liegt auf der Frage, wie Überleitungen zwischen Behauptungen normativ reguliert werden. Gleiches gilt, wenn auch weniger explizit, für die deliberative Demokratie. Die Beiträge zu einem Diskurs werden nicht in erster Linie als Beobachtungsberichte angesehen, sondern als ein Prozess des Benennens, Erfragens und Hinterfragens von Begründungen, mit dem Ziel, faktische oder normative Aussagen als wahr oder Handlungen als gerechtfertigt anzuerkennen. Schlussfolgernde Beziehungen zwischen solchen Akten der Zustimmung (wegen p, q) werden im Rahmen eines Diskurses ausgewertet (Ist p ein guter Grund, ein schwacher Grund oder überhaupt kein Grund?), aber sie können nicht in eine Bayesianische Updating-Funktion integriert werden.

Der normative Charakter von Regeln, die Bedingungen formulieren, unter denen Schlussfolgerungen valide sind, ist dann besonders hervorzuheben, wenn es um die Übergänge zwischen einer Aussagenlogik und einer deontischen Logik (von „ist" zu „sollte") geht. Der deliberativen Demokratietheorie geht es um politische Entscheidungen und daher um die Koordination von Handlungsplänen und nicht um die kollektive Wahrheitssuche. Wenn politische Entscheidungen, die Normen begründen, grundsätzlicher normativer Natur sind, verlieren Beobachtungsberichte jedoch ihre zentrale Rolle. Sie können bei normativen oder moralischen Fragen weder als Wissensgrundlage noch als Endpunkt eines Begründungsregresses angesehen werden.

Auch wenn empirische Behauptungen zur Begründung normativer Behauptungen verwendet werden können, wird die Validität der Überleitungen von „Ist" zu „Soll" in diskursiven Interaktionsprozessen beurteilt und festgesetzt. Wenn eine normative Behauptung auf der Basis der Angabe von Gründen einmal erfolgreich verteidigt wurde, sind alle an dieser Interaktion beteiligten Sprecher – zumindest sozial – daran gebunden. Diskursive Bindungen an und *entitlements* zu Behauptungen sind dabei nicht gradueller, sondern kategorischer Natur. Welche Behauptungen sich als Prämissen für die weitere Deliberation und weitere Handlungen durchsetzen, und die Sprecher damit binden, hängt von Verlauf und von Eigenschaften des Diskurses ab, der sie hervorgebracht hat. In einem Diskurs entstandene Verbindlichkeiten müssen daher als pfadabhängiges Ergebnis sozialer Interaktion angesehen werden, das die Urteile und resultierenden Entscheidungen einzelner Personen notwendigerweise in ein wechselseitiges Abhängigkeitsverhältnis überführt.

Deliberation und Wählerkompetenz

Die Urteile, die aus einer diskursiven Interaktion resultieren, sind denen, die in sie eingehen, nicht zwangsläufig epistemisch überlegen. Die epistemische Qualität von Urteilen scheint viel mehr von den Eigenschaften des jeweiligen Diskurses abhängig zu sein. Brandom zeigt einen entsprechenden Zusammenhang auf: Häufig wird Gesprächspartnern quasi per default eine Berechtigung zu ihren Behauptungen zugesprochen (Brandom 1994, S. 177). Behauptungen müssen in der Praxis nur dann begründet werden, wenn nach Gründen verlangt wurde, was für gewöhnlich nicht der Fall ist (ibid. 178). Linguistische Interaktion, in deren Rahmen jede einzelne Behauptung hinterfragt wird, ist für die Teilnehmer in der Tat eine schwierige Aufgabe: Die standardmäßige Anerkennung von Behauptungen des Gesprächspartners ist Ausdruck einer kooperativen oder auch schlicht höflichen Grundhaltung, die möglicherweise nötig ist, um die Kommunikation am Laufen zu halten. Das Ziel deliberativer Interaktion besteht jedoch darin, genau mit diesen Automatismen zu brechen.

Habermas unterscheidet zwischen Kommunikation als einem Mittel zur Koordination von Handlungsplänen und Kommunikation als Selbstzweck. Kommunikation als Selbstzweck, von Habermas als ‚Konversation' bezeichnet, mag notwendig sein, um Kommunikation zu ermöglichen und zu stabilisieren, aber es handelt sich dabei nicht um die Art kommunikativer Interaktion, der er epistemischen Nutzen zuschreibt (Habermas 1984, S. 327). Um Behauptungen zu bewerten, müssen sie hinterfragt und verteidigt werden. Es ist also die diskursive Prüfung von Behauptungen, die epistemischen Fortschritt ermöglicht. In Habermas Idealvorstellung eines ‚herrschaftsfreien Diskurses' werden Validitätsansprüche unabhängig von ihren Urhebern kritisch geprüft. In Brandoms Worten heißt das, dass die Entscheidung, ob die Berechtigung (*entitlement*) zu einer Behauptung erteilt wird, unabhängig von dem Sprecher getroffen werden sollte, der sie erhebt. Um zu gewährleisten, dass der Diskurs tatsächlich ausschließlich von dem ‚Zwang des besseren Argumentes' bestimmt wird, darf die ungleiche Verteilung von Ressourcen und sozialem Status keinen Einfluss haben. Alle möglichen Sprecher sollten die gleichen Beteiligungsmöglichkeiten haben und das Wort jedes Sprechers gleich viel zählen wie das jedes anderen Sprechers.

Es leuchtet ein, dass bestimmte Interaktionsbedingungen das epistemische Potenzial der Interaktion und somit auch die Kompetenz der Abstimmenden beeinträchtigen können. Den Behauptungen eines einflussreichen oder prominenten Gesprächspartners, eines vermeintlichen Experten oder Meinungsführers dürfte automatisch eine Berechtigung zugeschrieben werden, während ein solche Berechtigung einem weniger respektierten Gesprächspartner standardmäßig verweigert wird. Darüber hinaus sind die Möglichkeiten, überhaupt zu Wort zu kommen, knapp und ungleich verteilt: Die Behauptungen mancher Sprecher werden, auch wenn sie zu rechtfertigen wären, nicht zum Diskurs zugelassen und können daher nicht als Prämissen für die weitere Argumentation dienen. Cass Sunsteins Arbeit zur Polarisierung von Meinungen in Gruppen (Sunstein 2003) zeigt auf, wie ‚Enklavendeliberation' bei der die Teilnehmer ihre Argumente aus einem Pool voreingenommener, verzerrter Argumente speisen, die Dynamik der Interaktion so beeinflussen kann, dass sich Meinungen weniger der Wahrheit als vielmehr den jeweils extremsten Positionen, die innerhalb einer Gruppe vertreten werden, annähern (wobei diese natürlich theoretisch auch der Wahrheit entsprechen können). Die Lösung bestünde in diesem Fall nicht darin, die Anzahl der Teilnehmer zu erhöhen, sondern die Heterogenität der Ansichten und Argumente, die zum Diskurs zugelassen werden.

Iris Marion Young (2001) und Lynn M. Sanders (1997) haben darauf hingewiesen, dass bestimmte Interessen und Meinungen in ‚deliberativen' Foren systematisch unterrepräsentiert sind und sich der Aufmerksamkeit der Deliberierenden entziehen. Insbesondere Frauen, ethnische Minderheiten und Personen ohne höhere Bildung sind weniger erfolgreich darin, Themen, die ihnen wichtig sind, auf die Tagesordnung zu setzen und ihre nehmen in Foren dagegen typischerweise Führungspositionen ein und entscheiden somit darüber, wem das Wort erteilt wird und wem nicht. Zudem fungieren sie in der Regel als Meinungsführer: Ihnen wird mehr Autorität zugesprochen als anderen Personen, unabhängig davon, ob der Glaube an ihre überlegenen Fähigkeiten gerechtfertigt ist oder nicht (Sanders 1997, S. 363–369). Habermas hat diese Phänomene als ‚systematisch verzerrte Kommunikation' bezeichnet (Habermas 1985, Siehe auch Bohman 1996, Kap. 3).

Während kommunikative Interaktion im Allgemeinen dazu tendiert, die Urteile Einzelner in ein wechselseitiges Abhängigkeitsverhältnis zu überführen, können soziale Dynamiken und Machtstrukturen in dieser Hinsicht denselben Effekt haben wie der ‚zwanglose Zwang des besseren Arguments'. Die Qualität von Urteilen die sich in einem Diskurs herausbilden hängt sowohl von der Freiheit und Fairness dieses Diskurses als auch von einem ausreichenden Maß an Partizipation und Heterogenität ab. Wie Sanders feststellt: „one cannot counter a pernicious group dynamic with a good reason" (1997, S. 354). Aus diesen Gründen empfiehlt es sich, den Blick statt auf die individuelle Kompetenz der Wähler auf die Umstände, unter denen sie deliberieren und Entscheidungen treffen, zu richten.

Wahrheit und Entscheidung

Während die Tatsache, dass bei normativen oder praktischen Fragen zu einer hochgradigen Interdependenz von Meinungen und Entscheidungen kommt, die Unabhängigkeitsbedingung des CJT verletzt, betrifft ein weiteres, verwandtes Problem die dritte Prämisse des CJT. Eine Interpretation des CJT als positives Argument für die Demokratie erfordert die Annahme, dass es einen unabhängigen Standard gibt, nach dem Entscheidungen entweder korrekt oder inkorrekt sein können. Wie bereits erwähnt ist der naheliegende Kandidat für einen solchen Standard die Wahrheit. Bei der Frage, ob dieser Standard auf politische Entscheidungen angewandt werden kann, sind jedoch Zweifel angebracht.

Politische Entscheidungen betreffen kollektives Handeln, das kollektiv bindende Normen festsetzt. Auch wenn wahre Prämissen einer rationalen Entscheidung dienlich sind, können sie die Entscheidung selbst nicht ersetzen. Die theoretische Vernunft, die sich auf die Rationalität von Überzeugungen bezieht, kann die praktische Vernunft, der es um die Rationalität von Handlungen geht, informieren. Es gibt jedoch kein überzeugendes Argument dafür, dass sich praktische auf theoretische Vernunft reduzieren lässt. Der praktischen Vernunft aber fehlt ein unabhängiger Standard wie er für die theoretische Vernunft in der Wahrheit liegt. Während wir halbwegs plausibel darüber urteilen können, was (unter gegebenen Informationen) eine rationale Überzeugung darstellt, ist ein Urteil darüber, was für den einzelnen vernünftige Ziele oder Werte wären, heikler.

Zu Rousseaus Zeiten, als kollektive Entscheidungen in erster Linie reine öffentliche Güter wie die innere und äußere Sicherheit betrafen, war es vielleicht eher möglich, ein gemeinsames Ziel für ein bestimmtes Wahlvolk vorauszusetzen. Heute haben fast alle politischen Entscheidungen (auch) Verteilungseffekte, weshalb es angemessener erscheint, politische Prozesse als einen Ausgleich konfligierender Interessen denn als das Verfolgen gemeinsamer Ziele zu beschreiben. Wenn politische Entscheidungen auf kollektives Handeln zielen, ein geteiltes Ziel (wie eine gemeinsame Vorstellung vom ‚Gemeinwohl') aber fehlt, dann muss der Input demokratischer Aggregationsprozesse aber in Präferenzen statt in rationalen Urteilen bestehen. Trotzdem kann man normativ und empirisch gesehen davon ausgehen, dass eine diskursive Urteilsbildung auch zur Veränderung von Präferenzen über alternative Handlungsoptionen führt. Überzeugungen, oder doxastische *commitments*, fungieren als Prämissen für praktische *commitments* und somit für Präferenzen. Auch wenn man an der Präferenzinterpretation demokratischer Wahlen, also daran, dass in Wahlen Präferenzen und nicht rationale Urteile aggregiert werden, festhält, muss man einen moralischen und epistemischen Nutzen von Deliberation somit keinesfalls ausschließen. Man vermeidet aber die überaus problematische Verschmelzung praktischer und theoretischer Vernunft.

Neben der kategorialen Unterscheidung zwischen praktischer und theoretischer Vernunft gibt es weitere Gründe, an einer nicht-epistemischen Interpretation des Mehrheitsprinzips festzuhalten. Interpretiert man den Akt des Wählens nicht als Ausdruck eines rationalen Urteils (wofür Estlund 1989 vehement argumentierte), sondern als Ausdruck rational motivierter Präferenzen, kann man Rousseaus gefährlichen Schritt der Einschränkung individueller Freiheit und Autonomie zu Gunsten kollektiver Freiheit und Autonomie vermeiden. In folgendem bekannten Zitat zieht Rousseau einen Schluss, der das liberale Fundament der Demokratie zu bedrohen scheint:

[E]ach by giving his vote gives his opinion on this question, and the counting of votes yields a declaration of the general will. When, therefore, the opinion contrary to mine prevails, this proves only that I have made a mistake, and that what I believed to be the general will was not so. If my particular opinion had prevailed against the general will, I should have done something other than what I had willed, and then I should not have been free. (Rousseau 2004, S. 127)

Goodin betont, dass die Anerkennung und Rationalisierung beharrlicher Opposition eine zentrale Herausforderung sowohl für die normative Demokratietheorie als auch für liberale demokratische Gesellschaften darstellt (2003, S. 146). Eine solche Rationalisierung scheint aber sowohl unter Rousseaus Bedingungen als auch in Goodins Bayesianischem Updating-Modell unmöglich zu sein: Jemand, der sich nicht dem Urteil der Mehrheit beugt, wird sich unter diesen Annahmen zwangsläufig unklug verhalten. Aus diesem Grund behält Goodin sein Modell ausschließlich reinen Sachfragen vor und schlägt für normative Fragen ein anderes Modell vor.

In einem epistemischen Demokratiemodell können die Annahmen individueller Rationalität und Autonomie also nur dann bewahrt und paternalistische Schlüsse nur dann vermieden werden, wenn es auf die zusätzliche Rechtfertigung über das Condorcet Jury Theorem verzichtet. Habermas hebt hervor, dass eine Mehrheitsentscheidung von der Minderheit eine eingeschränkte Zustimmung zu einer konkreten Vorgehensweise verlangt, nicht aber das Eingeständnis eines Fehlers (Habermas 1994, S. 614). Wenn Wähler in ihrer Wahlentscheidung ihre Präferenzen über kollektive Handlungsoptionen statt ihre Urteile über diese äußern, dann üben sie im Wahlakt auch ihre individuelle Autonomie aus. Während die Akzeptanz von Sachverhalten beziehungsweise von Prämissen über solche bis zu einem gewissen Grad im Diskurs erzwungen wird (auch wenn es jedem frei steht, sich dem Diskurs und der Hinterfragung seiner Annahmen zu entziehen), lässt der Schritt vom Urteil zur Präferenz Raum für persönliche Freiheit und eine freiwillige Entscheidung.

Zugleich muss man die Hoffnung darauf, dass Deliberation ‚bessere' (wahrere, gerechtfertigtere) Urteile hervorbringt, die angemessene Prämissen für die Präferenzbildung darstellen und bessere oder fairere Entscheidungen ermöglichen, nicht aufgeben. Wenn man die Rolle und Funktion von Deliberation und Aggregation getrennt hält, bleibt der epistemische Fokus auf den Prozessen, die den Entscheidungen vorausgehen, während die Entscheidung selbst Raum für die Ausübung individueller Autonomie schafft. Christopher McMahon (1994, S. 148) betont: „[a]lthough democratic deliberation could have epistemic virtues, improving the judgments of a group's members, the argument for voting must be the same as that which justifies it when votes merely express preferences".

Das impliziert jedoch nicht, dass die deliberative Demokratietheorie die Bedeutung der Mehrheitsregel in der Demokratie außer Acht lassen könnte oder sollte. Ihre Anhänger haben die Tatsache, dass Entscheidungen in der Regel notwendig sind, bevor ein Konsens erzielt werden kann, immer diskutiert. Da Zeit ein knappes Gut ist und eine ausbleibende Entscheidung meist eine Entscheidung für den Status quo bedeutet, was in manchen Fällen die am wenigsten wünschenswerte Option darstellt, bleiben Mehrheitsentscheidungen unerlässlich. Dryzek und List (2003) haben gezeigt, dass Deliberation Mehrheitsentscheide nicht ersetzen, sondern eine Grundvoraussetzung für solche darstellen könnte, indem sie eine sinnvolle Aggregation von Stimmen ermöglicht. Sie widerlegen die gängige Behauptung, dass Präferenzen, anders als Urteile, grundsätzlich nicht sinnvoll aggregiert werden können und zeigen, dass die Koordination (und damit Interdependenz) von Urteilen durch Deliberation einer sinnvollen Aggregation von Präferenzen zu Gute kommt. Hiermit liefern sie einen weiteren Grund, Deliberation und Aggregation durch Wahlen als sich ergänzende, komplementäre, statt als alternative, potenziell substitutive, Verfahren anzusehen.

4 Schluss

Ich habe zwei Versionen epistemischer Demokratietheorien unterschieden, eine deliberative und eine aggregative Version, und argumentiert, dass diese Versionen, auch wenn sie viele Annahmen teilen, nicht ohne weiteres kompatibel sind.

Die wichtigste Gemeinsamkeit der deliberativen und der aggregativen Version ist die Hoffnung, dass demokratische Beteiligung in irgendeiner Form die Qualität politischer Entscheidungen verbessern wird. Allerdings unterscheiden sich die Ansätze grundlegend im Hinblick auf die demokratischen Prozesse, denen sie epistemisches Potenzial zuschreiben.

Aufbauend auf Condorcets Jury-Theorem sieht die aggregative epistemische Demokratietheorie Vorteile in der Aggregation an sich, während die deliberative Demokratie einem deliberativen Diskurs, in dem Geltungsansprüche erhoben und hinterfragt werden, epistemisches Potenzial zuschreibt. In jüngerer Zeit gab es vermehrt Versuche, Condorcets Jury Theorem für die deliberative Demokratietheorie fruchtbar zu machen und somit die epistemischen Vorteile der Aggregation mit jenen der Deliberation zu verbinden. Der Konflikt zwischen kommunikativer Interaktion und der Unabhängigkeitsbedingung des CJT kann jedoch nicht so ohne weiteres ausgeräumt werden wie es Modelle von Estlund (1994) und Goodin (2003) vermuten lassen. Versteht man Deliberation als einen Prozess, in dem Begründungen erfragt und erteilt werden, dann muss mit ihr eine Form wechselseitiger Abhängigkeit von Überzeugungen und Urteilen einhergehen, die mit dem CJT offensichtlich unvereinbar ist.

In mehrfacher Hinsicht problematisch ist aber auch die Verschmelzung theoretischer und praktischer Rationalität, die eine epistemische Interpretation des Wählens mit sich bringt. Ich habe argumentiert, dass eine Demokratietheorie, für die die Idee individueller Autonomie von zentraler Bedeutung ist, sich sowohl vor einer derartigen Verschmelzung als auch vor der damit verbundenen Interpretation, dass der Akt des Wählens Urteile und nicht Präferenzen zum Ausdruck bringt, hüten sollte. Wenn der epistemische Fokus auf den politischen Diskursen liegt, die den Entscheidungen vorangehen, und weniger auf der Aggregation von Stimmen, lassen sich Fragen nach der individuellen Kompetenz und Information der Wähler konditional beantworten: Ob individuelle Urteile, die aus einem Diskurs hervorgehen, denjenigen, die in ihn eingehen, tatsächlich in irgendeiner Form überlegen sind, würde hängt von Charakteristika des Diskurses und dem institutionellen Kontext, in dem der Diskurs stattfindet, ab. Die Verlagerung der epistemischen Hoffnungen vom Diskurs und auf die Aggregation von Wählerstimmen schwächt dagegen das kritische Potenzial der deliberativen Demokratie. Die bloße Affirmation dessen, was in der Praxis vergleichsweise einfach zu verwirklichen ist (Mehrheitswahl), sollte eine kritische Fokussierung auf die komplexen Prozesse, innerhalb derer sich politische Meinungen, Programme und Strategien formen, nicht ersetzen.

Literatur

Arrow, Kenneth. 1963 [1951]. *Social choice and individual values*. New York: Yale University Press.
Bohman, James. 1996. *Public deliberation. Pluralism, complexity, and democracy*. Cambridge: Cambridge University Press.
Bohman, James, und William Rehg, Hrsg. 1997. *Deliberative democracy*. Cambridge: Cambridge University Press.
Bovens, Luc, und Wlodek Rabinowicz. 2003. Complex collective decisions. An epistemic perspective. *Associations* 7 (1): 37–50.
Brandom, Robert B. 1994. *Making it explicit. Reasoning, representing, and discursive commitment*. Cambridge.
Cohen, Joshua. 1986. An epistemic conception of democracy. *Ethics* 97:26–38.
Dietrich, Franz, und Christian List. 2005. A model of jury decisions where all jurors have the same evidence. *Synthese* 142 (Issue on Knowledge, Rationality and Action): 175–202.
Dryzek, John S. 2000. *Deliberative democracy and beyond*. Oxford: Oxford University Press.
Dryzek, John, und Christian List. 2003. Social choice theory and deliberative democracy: A reconciliation. *British Journal of Political Science* 33 (1): 1–28.
Elster, Jon. 1995. Strategic uses of argument. In *Barriers to conflict resolution*, Hrsg. K. Arrow, et al., 236–257. New York: WW Norton & Company.
Elster, Jon, Hrsg. 1998. *Deliberative democracy*. Cambridge.
Estlund, David M. 1989. The persistent puzzle of the minority democrat. *American Philosophical Quarterly* 26 (2): 143–150.
Estlund, David M. 1990. Democracy without preference. *The Philosophical Review* 99 (3): 376–424.
Estlund, David M. 1993. Making truth safe for democracy. In *The idea of democracy*, Hrsg. David Copp, Jean Hampton, und John E. Roemer, 71–100. Cambridge: Cambridge University Press.
Estlund, David M. 1994. Opinion leaders, independence, and condorcet's jury theorem, *Theory and Decision* 36:131–162.
Estlund, David M. 1997. Beyond fairness and deliberation. In *Deliberative democracy*, Hrsg. James Bohman und William Rehg, 173–204. Cambridge: Cambridge University Press.
Estlund, David M. 2008. *Democratic accountability. A philosophical framework*. Princeton: Princeton University Press.
Estlund David M, Jeremy Waldron, Bernard Grofman, und Scott L. Feld. 1989. Democratic theory and the public interest: Condorcet and Rousseau revisited, *American political science review* 83 (4): 1317–1340.
Fishkin, James S., und Peter Laslett, Hrsg. 2003. *Debating deliberative democracy*. Malden.
Gaus, Gerald F. 1996. *Justificatory liberalism*. Oxford: Oxford University Press.
Goodin, Robert E. 2003. *Reflective democracy*. Oxford: Oxford University Press.
Goodin, Robert E., und David M. Estlund. 2004. The persuasiveness of democratic majorities. *Politics, Philosophy & Economics* 3 (2): 131–142.

Grofman, Bernar, und Scott L. Feld. 1988. Rousseau's general will: A condorcetian perspective. *American Political Science Review* 82 (2): 567–576.
Gutmann, Amy, und Dennis Thompson. 1996. *Democracy and disagreement*. Cambridge.
Habermas, Jürgen. 1984 [1981]. *The theory of communicative action*. 2 vols. Boston.
Habermas, Jürgen. 1985. *Vorstudien und Ergänzungen zur Theorie des kommunikativen Handelns*. Frankfurt a. M.: Suhrkamp.
Habermas, Jürgen. 1994 [1992]. *Between facts and norms*. Cambridge: Blackwell.
Landwehr, Claudia. 2011. Rechtfertigung und Verständigung im Konflikt – die Theorie deliberativer Demokratie. In *Zeitgenössische normative Demokratietheorien*, Hrsg. Oliver Lembcke, Claudia Ritzi, und Gary S. Schaal. Wiesbaden: VS Verlag für Sozialwissenschaften.
Lehrer, Keith. 1997. *Self-trust. A study of reason, knowledge, and autonomy*. Oxford: Clarendon Press.
Lehrer, Keith, und Carl Wagner. 1981. *Rational consensus in science and society*. Dordrecht: Reidel.
List, Christian. 2002. Intradimensional single-peakedness and the multidimensional arrow problem. *Theory and Decision* 52 (3): 287–301.
List, Christian, und Robert E Goodin. 2001. Epistemic democracy: Generalizing the condorcet jury theorem. *The Journal of Political Philosophy* 9 (3): 277–306.
Macedo, Stephen, Hrsg. 1999. *Deliberative politics. Essays on ‚democracy and disagreement'*. Oxford: Oxford University Press.
McMahon, Christopher. 1994. *Authority and democracy. A general theory of government and management*. Princeton: Princeton University Press.
Pettit, Philip. 2003. Deliberative democracy, the discursive dilemma, and republican theory. In *Debating deliberative democracy*, Hrsg. James Fishkin und Peter Laslett, 138–162. Malden: Blackwell.
Richardson, Henry S. 2002. *Democratic autonomy. Public reasoning about the ends of policy*. Oxford: Oxford University Press.
Riker, William H. 1982. *Liberalism against populism*. San Francisco: Freeman.
Rousseau, Jean-Jaques 2004 [1762]. *The social contract*. Trans. Maurice Cranston. London: Penguin Books.
Sanders, Lynn M. 1997. Against deliberation. *Political Theory* 52 (3): 347–376.
Sunstein, Cass R. 2003. The law of group polarization. In *Debating deliberative democracy*, Hrsg. James Fishkin und Peter Laslett, 80–101. Malden: Blackwell.
Young Iris Marion. 2001. Activist challenges to deliberative democracy. *Political Theory* 29 (5): 670–690.

Claudia Landwehr Professorin für Politikwissenschaft im Bereich Politik und Wirtschaft an der Johannes-Guttenberg-Universität Mainz.

Strategische Wort-Wahl in der Politik: Ein qualitativer Ansatz zur Analyse experimenteller Gremienwahlen

Thomas Kalwitzki, Bernhard Kittel, Wolfgang J. Luhan und Birgit Peuker

Zusammenfassung

Eine große Anzahl von Labor-Experimenten in Ökonomie, Politikwissenschaft und Soziologie beschäftigt sich nicht mehr nur mit Individualverhalten, sondern mit dem (sozialen) Verhalten von Gruppen in Entscheidungssituationen. Hierbei zeigt sich immer wieder, dass, entgegen einfacher spieltheoretischer Annahmen, eben diese individuelle oder kollektive Natur des Entscheidungsträgers elementaren Einfluss auf die Entscheidungen selber hat. Da allerdings die meisten Untersuchungen auf die Betrachtung genau dieser letztendlichen Entscheidungen begrenzt sind, werden weitergehende Erklärungen ihres Zustandekommens bisher noch vernachlässigt.

T. Kalwitzki (✉)
Zentrum für Sozialpolitik, Universität Bremen, Bremen, Deutschland
E-Mail: thomas.kalwitzki@zes.uni-bremen.de

B. Kittel
Institut für Wirtschaftssoziologie, Universität Wien, Wien, Österreich
E-Mail: bernhard.kittel@univie.ac.at

W. J. Luhan
Lehrstuhl für Makroökonomie, Ruhr-Universität Bochum, Bochum, Deutschland
E-Mail: wolfgang.luhan@rub.de

B. Peuker
Katastrophenforschungsstelle, Freie Universität Berlin, Berlin, Deutschland
E-Mail: birgit.peuker@fu-berlin.de

Zu einer entsprechenden Erweiterung der Analysemöglichkeiten stellen wir eine prozessbezogene Individualanalyse des Entscheidungsverhaltens in Gruppen vor. Hierzu nutzen wir die Kommunikationstranskripte eines Mehrparteien-Wahlexperimentes als Datengrundlage. In Anlehnung an die qualitative Inhaltsanalyse verdichten wir diese Daten zu individuums- und interaktionsbezogenen Entscheidungshistorien, die spezifische Veränderungen im Zeitverlauf beinhalten. In ihrer Interpretation lassen sich Einflussnahmen und Begründungszusammenhänge aufzeigen, die eine Ergänzung und teilweise Neubewertung der quantitativen Experimentalergebnisse ermöglichen.

1 Einleitung[1]

Eine steigende Zahl sozialwissenschaftlicher Labor-Experimente untersucht das Verhalten von Gruppen als Entscheidungsträger. Die theoretischen Modelle gehen dabei üblicherweise von einem einzigen, homogenen kollektiven Akteur aus, dessen Verhalten sich in einer einzigen getroffenen Entscheidung äußert. Obwohl Abweichungen zur Standard-Spieltheorie bisher weitgehend vernachlässigt werden, zeigt sich regelmäßig in empirischen Studien, dass die Natur des Entscheidungsträgers, also Individuen oder Gruppen, einen entscheidenden Einfluss auf die getroffenen Entscheidungen hat. In den meisten Gruppenexperimenten wird irgendeine Form der Interaktion ermöglicht und auch aufgezeichnet. Trotzdem ist die Forschung bisher fast ausschließlich auf die Analyse der letzlichen Entscheidungen beschränkt. Für ein tiefergehendes Verständnis der Gruppenentscheidungen und ihres Zustandekommens sind allerdings weitergehende Analysen des Entscheidungsprozesses und der Binnenstrukturen der Gruppe erforderlich.

Die vorherrschende Art der Analyse von Probandenverhalten in Labor-Experimenten beschränkt sich auf die Auswertung der beobachtbaren Handlungen, in Entscheidungsexperimenten also üblicherweise der numerisch erfassten Endergebnisse. Dies hat zwei methodologische Gründe: Erstens ist die Analyse weitestgehend auf die Überprüfung von theoretischen Voraussagen konzentriert. Hierbei sind die kommunikativen Prozesse, die zu den Ergebnissen geführt haben,

---

[1] Dieser Aufsatz entstand während einer gemeinsamen Tätigkeit an der Universität Oldenburg. Wir danken Rebecca Morton für Kommentare. Das Land Niedersachsen hat diese Forschung durch eine Förderung im Rahmen des Niedersachsen-Vorab möglich gemacht und das Hanse Wissenschaftskolleg, Delmenhorst, hat mit der Einladung von Rebecca Morton die Grundlage des Projektes gelegt.

allerdings grundsätzlich von der Betrachtung ausgeschlossen. Zweitens ist die Entstehung individueller Entscheidungen, bedingt durch ihren intraindividuellen Ursprung, innerhalb der Sozialwissenschaften (noch) nicht zuverlässig beobachtbar und somit kein Gegenstand der Analyse. Der interindividuelle Kommunikationsprozess während der Entscheidung von Gruppen gleicht demgegenüber allerdings einer „black box", die durch ergänzende Analyseansätze sehr wohl geöffnet werden kann.

Auch wenn Labor-Experimente in höchstem Maße von außen kontrollierte, künstlich geschaffene Situationen darstellen, sind sie dennoch auch real existierende soziale Situationen. Real bezeichnet dabei nicht das reale Auftreten solcher Situationen im alltäglichen Leben im Sinne ökologischer Validität. Vielmehr ist in diesem Kontext gemeint, dass im Moment des experimentellen Entscheidens das Labor, die jeweilige Gruppe und die Experimentbedingungen als sozialer Rahmen dienen, wodurch die Situation selber real ist. In der experimentellen Versuchsanordnung ist zwar die Kommunikation auf speziell angebotene Kanäle beschränkt, dennoch werden reale Entscheidungen getroffen. Die Aufzeichnung der Interaktionen innerhalb der Gruppe bietet in dieser Perspektive vollständige, verlässliche und valide Daten über alle interpersonellen, kommunikativen Akte der Teilnehmer, die wiederum zur Ausbildung realer Individual- und Gruppenentscheidungen führen. Hierdurch wird es möglich, die quantitative Analyse der Ergebnisse durch eine qualitative Analyse des Kommunikationsprozesses zu ergänzen, indem man die qualitative Inhaltsanalyse nach Mayring (2007a, b), auf die Kommunikationstranskripte anwendet. In einer ersten beispielhaften Anwendung betrachten wir den Entscheidungsprozess in einem Mehrparteien-Wahlexperiment.

Obwohl die meisten theoriegestützten Vorhersagen den Ausgangspunkt von Entscheidungsveränderungen in einem Gruppenkontext in der Beeinflussungen oder Überredung durch Interaktionspartner sehen, zeigen unsere Ergebnisse, dass nur ein kleiner Teil der Wähler letztlich durch den Einfluss anderer Teilnehmer überzeugt wurde. Es zeigt sich vielmehr, dass der Kommunikationsprozess als Informationsquelle genutzt wird, die Unsicherheit über schon ex ante bekannte Präferenzverteilungen in den Gruppen reduziert. Die Chat-Kommunikation erhöht augenscheinlich vor allem die Glaubwürdigkeit bereits vorhandener Informationen.

2 Literaturüberblick

Die Erforschung von Gruppenentscheidungen hat im Bereich der Sozialpsychologie eine theoretische (z. B. Wittenbaum et al. 2004) und empirische Tradition. Sozialpsychologische und – mittlerweile auch – ökonomische Experimente haben wiederholt gezeigt, dass sich Gruppenentscheidungen markant von den Entscheidungen individueller Akteure unterscheiden. Insbesondere tendieren Gruppen dazu, rationaler und egoistischer zu handeln (Bornstein und Yaniv 1998; Kittel und Luhan 2013). Sozialpsychologische Analysen und Experimente weisen darauf hin, dass Gruppen dazu neigen, suboptimale Entscheidungen zu erzeugen, indem die Mitglieder zum Beispiel Konformitätsdruck erzeugen, Informationen filtern und sich nur auf eigene Einschätzungen verlassen (Kerr und Tindale 2004; Auer-Rizzi 1998). Besonders bei Gruppenentscheidung in Situationen, in denen die Informationen über die optimale Entscheidung zwischen den Gruppenmitgliedern verteilt vorliegen, wurde zusätzlich auch die Art der Kommunikation intensiv erforscht. Dabei erweist sich der Informationsaustausch weder als einfach, noch per se als positiv (Stasser und Titus 1985). So zeigt sich, dass Gruppen häufiger die gemeinsamen optimalen Entscheidungen realisieren können, wenn die Teilnehmer heterogene suboptimale Präferenzen aufweisen und in der Diskussion deshalb eine Meinungsverschiedenheit entsteht (Schulz-Hardt et al. 2006). Sogar durch das Zurückhalten von Informationen über die individuellen Präferenzen kann die Erarbeitung der optimalen Entscheidungen gefördert werden (Mojzisch und Schulz-Hardt 2010).

Im Gegensatz zu diesen sozialpsychologischen Forschungsansätzen interessiert sich die Politikwissenschaft für den Effekt der durch Institutionen vorgegebenen Verfahrensregeln auf den Entscheidungsprozess und auf das Ergebnis. Gruppen, die nach klar vorgegebenen Verfahren entscheiden, bezeichnen wir als Gremien, um den spezifischen Charakter solcher Gruppen hervorzuheben und das spezifische Forschungsinteresse klar von der sozialpsychologischen Fokussierung auf gruppendynamische Prozesse abzugrenzen. In den letzten Jahren stand der Einfluss von Kommunikation auf Gremienentscheidungen im Zentrum ausführlicher experimenteller Forschungsarbeiten. Einen Überblick hierzu geben etwa Bicchieri und Lev-On (2007) oder Gerardi und Yariv (2007) für die ökonomische Perspektive sowie McCubbins und Rodriguez (2006) und Karpowitz und Mendelberg (2011) für den Bereich politischer Deliberationsforschung. Während sich die konkreten Ergebnisse und Schlussfolgerungen je nach der spezifischen Fragestellung unterscheiden, herrscht grundsätzliche Einigkeit darüber, dass sowohl die verfügbaren Kommunikationskanäle als auch unterschiedliche Entscheidungskontexte die eigentliche Entscheidung beeinflussen.

Vor allem in der letzten Dekade wurde diesen Fragen wachsende Aufmerksamkeit geschenkt. Zahlreiche Studien aus dem Bereich der Ökonomie zeigen hier empirische Bestrebungen nach einer Tiefenanalyse der experimentellen Kommunikation (beispielsweise Brandts und Cooper 2007; Brosig et al. 2003; Charness und Dufwenberg 2006; Hennig-Schmidt et al. 2008; Houser und Xiao 2011; Kimbrough et al. 2008; Li 2007; Luhan et al. 2009; Schotter und Sopher 2007; Sutter und Strassmair 2009; Zhang und Casari 2012). Alle diese Arbeiten benutzen große Datenmengen, die durch Audio- und Videoaufzeichnungen oder elektronische Chatprotokolle in vielen Fällen als Nebenprodukt des eigentlichen experimentellen Aufbaus entstehen und somit im Vorfeld eigentlich nicht für weitergehende Analyse vorgesehen waren.

Während textbasierte qualitative Analysen in der Verhaltens- und Experimentalökonomie also bereits vereinzelt eingesetzt werden, scheint dieser Ansatz im Feld (experimenteller) politischer Deliberationsforschung bisher kaum genutzt zu werden. Dies ist überraschend, da sowohl in breiten Forschungsperspektiven (z. B. Landa und Meirowitz 2009), speziellen theoretischen Modellen (z. B. Austen-Smith und Feddersen 2006) als auch in konkreten experimentellen Studien (z. B. Fishkin 1995; Sulkin und Simon 2001; McCubbins und Rodriguez 2006; Karpowitz und Mendelberg 2007) sehr ähnliche Ansätze verfolgt und gleiche Methoden eingesetzt werden. Dickson et al. (2008) unternehmen einen ersten Schritt in Richtung einer mikrofundierenden Tiefenanalyse eines Deliberations-Experimentes. In diesem Fall werden jedoch aufgrund des experimentellen Designs keine sprachlichen Äußerungen der Teilnehmer erfasst. Vielmehr umfasst die Analyse des subjektbezogenen Kommunikationsverhaltens lediglich die grundsätzliche Entscheidung des Individuums, private Informationen aktiv oder passiv mit den anderen Gremienmitgliedern zu teilen. Weitergehend erstellen Goeree und Yariv (2011) eine ausführlichere Untersuchung, bei der sie Chat-Protokolle für eine subjektbezogene Analyse auswerten. Sie stellen fest, dass die Teilnehmer nur in den seltensten Fällen lügen, dass in einigen Fällen äußerst aktive Teilnehmer als Anführer wirken können und kürzere Kommunikationsphasen eher zu theoretisch vorhergesagten Gremienentscheidungen führen. Unbeachtet bleiben in all diesen Analysen allerdings weitgehend die sprachlichen Inhalte der Kommunikation und vor allem die Interdependenz verschiedener Chat-Sequenzen. In anderen Worten bleiben die Fragen nach dem „Wie" und „Warum" (Ledyard 1995) dieser Effekte weiterhin marginal. Gefordert ist eine präzisere Analyse der Interaktionen im Deliberationsprozess: „Without understanding how people communicate about politics we are left with an incomplete picture of how politics works" (Mendelberg 2002, S. 152).

Methodisch weisen die vorgestellten Arbeiten, sofern sie freisprachliche Interaktionen betrachten, einige Ähnlichkeiten auf, die wir später auch für unseren eigenen Forschungsansatz aufgreifen. Die Methode der Kommunikationsanalyse ist bei ihnen üblicherweise ein „approach of classifying natural language messages written during experiments in ways that substantively inform authors' scientific hypotheses" (Houser und Xiao 2011, S. 3). Dabei stellen Chatprotokolle, handschriftliche Kommunikationsnotizen oder Beobachtungstranskripte die Datengrundlage für die Analyse anhand von Selbstklassifizierungen oder Inhaltsanalysen.

Fast alle vorstehend angeführten Arbeiten beinhalten allerdings auch zwei Aspekte, die aus unserer Sicht als Beschränkungen betrachtet werden müssen und über die unser Forschungsansatz hinausgehen will.

Erstens ist hier die Festlegung der Analyseeinheit zu nennen. Die aufgezählten Analysen sind üblicherweise auf die Gesamtkommunikation in einem Gremium bezogen. Als Einheit der Analyse wird also das Gremium betrachtet. Ihr Kommunikationsprozess wird dann in Kategorien verschiedener Verhaltensmuster klassifiziert. Hennig-Schmidt et al. (2008) identifizieren beispielsweise sechs Hauptkategorien, anhand derer das Gruppenverhalten unterschieden werden kann. Mit diesen Kategorien zeigen die Autoren, warum vorteilhafte Angebote in einem Ultimatum-Spiel abgelehnt werden. Sutter und Strassmair (2009) finden 11 Verhaltenskategorien, die signifikanten Einfluss auf die Teamleistung in einem Tournament-Spiel haben.

Im Gegensatz zu diesen Klassifikationssystemen erforschen einige wenige Studien die Kommunikation einzelner Akteure innerhalb der Gruppe (z. B. Ellingsen und Johannesson 2008; Schotter und Sopher 2007). In beiden Arbeiten ist dies jedoch nicht Resultat einer speziellen Forschungsfrage. Vielmehr entsteht diese Analyseperspektive aus dem Design der Experimente, die eine Eins-zu-Eins-Kommunikation aufweisen, wodurch dies einer Gruppenanalyse mit der Gruppengröße 1 gleichgesetzt werden kann. Luhan et al. (2009) analysieren andererseits die Gruppenkommunikation in einem Team-Diktator-Spiel, indem sie die Chat-Nachrichten mit individuellen Rollen innerhalb der Gruppe in Verbindung bringen. Sie zeigen hierdurch, dass ein einzelner egoistischer Spieler in der Lage ist, die ganze Gruppenentscheidung nach seinem Wunsch zu beeinflussen.

Auch wenn der einzelne Akteur in allen dargestellten Fällen das handelnde Subjekt der Kommunikation ist, werden also in den meisten Fällen Aggregatdaten zur Analyse genutzt. Individuumsbezogene Analysen werden lediglich dann angestrebt, wenn ein weiterer Gruppenkontext fehlt. Dieses Fehlen von disaggregierten Analysen schließt aus unserer Perspektive methodologisch allerdings die Möglichkeit aus, die Ursprünge von Kommunikationseffekten zu erforschen.

Zweitens ist die Analyse von Kommunikationsprotokollen darüber hinaus fast ausschließlich auf die Quantifikation des Kommunikationsverhaltens ausgerichtet. Die beobachteten Häufigkeiten von einzelnen Worten, Aussagen oder Kategorien werden genutzt, um mit statistischen Methoden den Einfluss dieser Kommunikationsinhalte auf das Gremienverhalten zu schätzen. Diese Form der Analyse kann als klassische Inhaltsanalyse mit qualitativer Orientierung klassifiziert werden (Titschner et al. 2000; Ezzy 2002; im Gegensatz dazu Mayring 2007a). Der Kommunikationsprozess wird auch hier als Ganzes kategorisiert, wodurch die Prozessperspektive der Analyse eingeschränkt wird. Die mögliche Veränderung individueller Positionen und Entscheidungsabsichten oder die Manipulation des Gremiums über die Zeit kann nicht mehr beobachtet werden und der Weg zur Begründung der Kommunikationseffekte ist verstellt.

Eine Ausnahme stellt bezogen auf diesen Punkt die Arbeit von Kimbrough et al. (2008) dar. Die Autoren benutzen in erster Linie Worthäufigkeitszählungen, versuchen aber gleichzeitig die Entwicklung von experimentellen Märkten aus den Kommunikationsdaten zu rekonstruieren. Obwohl dies eine außergewöhnliche Technik ist, erlaubt auch sie nicht, die Veränderung individueller Positionen im Entscheidungsprozess zu beobachten.

Nach unserem Wissen gibt es bisher kein ökonomisches, soziologisches oder politikwissenschaftliches Experiment, das eine qualitative Mehrebenenanalyse bemüht, die sowohl das Gremium als Aggregat als auch das individuelle Gremienmitglied und zusätzlich seine Entwicklung über den Entscheidungsprozess zugänglich macht. Nur eine Analyse des Prozesses selbst, der gleichzeitig die Positionsveränderungen der Individuen im kommunikativen Entscheidungsprozess abbildet, kann valide Antworten auf die Fragen geben, „Wie" und „Warum" Kommunikationseffekte in Gremienentscheidungen entstehen.

3 Präferenzen

Der vorherrschende Ansatz zur Messung von Präferenzen in ökonomischen und anderen sozialwissenschaftlichen Experimenten ist der „revealed preferences"-Ansatz. Die Präferenzen des Subjektes sind dabei abgeleitet aus der beobachteten Strategie. Diese unbedingte Verbindung zwischen Verhalten und Präferenzen hängt entscheidend von der Annahme gleichbleibender und unveränderlicher Präferenzordnungen ab, die üblicherweise mit dem Begriff der individuellen Nutzenmaximierung im Sinne monetärer Auszahlungen verbunden sind. Experimentelle

Arbeiten haben mittlerweile überzeugend zeigen können, dass diese enge Konzeption das eigentliche Subjektverhalten nicht umfassend erklärt. Neuere Theorien der rationalen Wahl in ökonomischen und politischen Kontexten schließen deshalb mittlerweile Aspekte weitergehender Präferenzen wie Fairness, Reziprozität und Altruismus mit ein (Bolton und Ockenfels 2000; Fehr und Schmidt 1999; Dietrich und List 2011; Oppenheimer et al. 2011).

Diese umfassenderen Theorien sind allerdings schwieriger zu prüfen, da den Subjekten nun unterstellt werden muss, verschiedenen widerstrebenden und interagierenden Präferenzordnungen zu folgen. Die jeweilige relative Bedeutung der verschiedenen möglichen Präferenz-Profile in jeder einzelnen Entscheidung ist damit nicht länger Teil der Modellannahmen, sondern ein Parameter, der statistisch geschätzt werden muss. Die beobachtete Entscheidung allein erlaubt nicht mehr, vollständige Schlüsse über die individuellen Präferenzen zu ziehen, sondern diese müssen direkt beobachtet werden.

Ausgehend von dieser deutlichen Erweiterung der Komplexität von Entscheidungssituationen erforscht das neue Feld der Neuro-Ökonomie (beispielsweise Glimcher 2004; Glimcher und Rustichini 2004; Camerer et al. 2005; Glimcher et al. 2009) unter anderem die Funktionen des Gehirns bei der Risikobeurteilung, der Beobachtung von Pro- und Kontraargumenten und beim letztlichen Fällen von Entscheidungen. Mit anderen Worten versucht die Neuro-Ökonomie, die „black box" des Entscheidens auf der individuellen Ebene zu öffnen. Da bisher keine anderen Zugänge zur Erforschung von kognitiven Entscheidungsprozessen vorliegen als die Visualisierung von Hirnaktivitäten, scheint dies zur Zeit ein vielversprechender Weg zu sein, Aussagen über die Mechanismen des individuellen Entscheidens zu generieren.

Wir wollen im Folgenden zeigen, dass beim Studium kollektiver Entscheidungsprozesse im Unterschied zum Studium individueller Entscheidungen nicht auf solche Techniken zurückgegriffen werden muss. Alle relevanten Informationen zur Analyse kollektiven Entscheidens sind in experimentellen Studien des Gruppenentscheidens bereits vorhanden. Während die Neuro-Ökonomie darauf abzielt, die „black box" des intra-individuellen Prozesses beim Entscheiden durch neurowissenschaftliche Methoden zu öffnen, können interindividuelle, kollektive Entscheidungsprozesse durch den Einsatz qualitativer Forschungsmethoden und bereits vorhandener Experimentaldaten erforscht werden. Unser Ansatz ist dabei in ähnlichem Maße explorativ, wie es die Neuro-Visualisierung in ihren Anfängen gewesen ist. Wir schlagen dementsprechend vor, diejenigen Signale zu interpretieren, die Individuen aussenden, wenn sie in Entscheidungsprozesse eingebunden sind, jedoch nicht die Möglichkeit haben, individuelle Positionen zu verändern. Innerhalb der ansonsten kontrollierten experimentellen Anordnung betrachten wir deshalb diese Signale als Felddaten, die durch gängige Methoden interpretativer Sozialwissenschaft untersucht werden können. Dies ist deshalb möglich, weil für die Subjekte, die im Labor in ein Experiment einbezogen sind, diese Situation real ist und reale, monetäre Konsequenzen für sie aufweist. Das Labor stellt, obwohl es ein künstliches aufgebautes Umfeld ist, aus der Sicht des Teilnehmers eine reale Entscheidungssituation dar.[2] Im Unterschied zu individuellen Entscheidungen ist der Prozess des Entscheidens in Gremien somit auch für die Sozialwissenschaften beobachtbar.

Sowohl aus methodologischen als auch aus pragmatischen Gründen ist die Grundidee unseres Ansatzes, dass wir Informationen nutzen können, die automatisch im Experiment protokolliert werden. Aufgezeichnet werden die Interaktionen zwischen den einzelnen Arbeitsplätzen, aus denen wiederum vollständige Protokolle des Gruppenentscheidungsprozesses rekonstruiert werden können. Um die Chats fehlerfrei nutzen zu können, muss der Server ein Echtzeitprotokoll aufbauen. Diese Datei speichert alle Kommunikationsdaten, so dass der Prozess der Gruppenentscheidung durch den sich entwickelnden Chat beschrieben wird. Die produzierte Datenmenge ist letztlich ein Protokoll der Gruppenkommunikation, aufgezeichnet in einem höchst kontrollierten experimentellen Setting. Aufgrund der genau definierten Beschränkung der Kommunikation und der lückenlosen Aufzeichnung können wir sagen, dass die Kommunkationsaufzeichnung des Gruppenentscheidungsprozesses vollständig ist, bis auf einen Restfehler, der auf unkontrollierte individuelle Merkmale wie Persönlichkeit und vorangegangene Erfahrungen zurückgeführt werden kann (Dietrich und List 2011). Pragmatisch betrachtet bringt die Bereitstellung und Nutzung eines einzelnen, limitierten Kommunikationskanals, üblicherweise eines elektronischen Chats, also neben den eigentlichen Entscheidungsdaten einen neuen und zusätzlichen Datensatz hervor.

Der im folgenden Abschnitt beschriebene Ansatz für eine Integration von realweltlichen Daten in ein ansonsten experimentelles Design bietet demzufol-

---

[2] Auch wenn die Entscheidungssituation im Labor zweifellos real ist, so ist die Frage nach der ökologischen Validität durchaus zulässig. Der vorgeschlagene Ansatz ist eine Erweiterung zu bisherigen Methoden bei der Auswertung experimenteller Daten und unterliegt somit der gleichen Diskussion zur Generalisierbarkeit der Ergebnisse. Wirkt die Kommunikationsstruktur elektronischer Textnachrichten im Vergleich zum alltäglichen, persönlichen Gespräch zunächst irreal, so ist diese im Kontext des kontrollierten Laborexperimentes durchaus ein natürlicher Weg des Informations- und Meinungsaustauschs. Diese Kommunikationsform ist unserer Meinung nach vielleicht der „realistischste" Teil des experimentellen Aufbaus, da die moderne Kommunikation zunehmend auf textbasierten Plattformen stattfindet, deren Palette von Short Message Services bis zu firmeninternen Diskussionsforen reicht.

ge einen effizienteren Weg der Analyse als die empirische Betrachtung von Face-to-Face-Kommunikation (Weihe et al. 2008). Diese ist zum einen mit ungleich komplexeren Kommunikationsformen unter Einschluss nonverbaler Signale konfrontiert und kann zum anderen aufgrund der Beobachtung realweltlicher Gremien das Bestehen unbeobachteter Vor- und Nebenabsprachen, die sich auf den Entscheidungsprozess auswirken, nicht ausschließen.[3] Die Verwendung von Chatdaten bietet auch einen direkteren Weg der Erfassung von Verhaltensdaten in Gremien als es mit einem Ex-post-Fragebogen möglich wäre, da das Verhalten direkt beobachtet werden kann und nicht rückwirkend rationalisierend und verzerrend reflektiert wird (Smith 2008). Wir machen das Potenzial qualitativer Forschung für die Erarbeitung eines tieferen Verständnisses der wirkenden Mechanismen in Gruppenentscheidungen an drei Forschungsthemen fest.

Identifikation von Präferenzen
Gremienentscheidungen können unter verschiedenen Entscheidungsregeln erfolgen, aber üblicherweise enthalten sie alle einen Wahlakt, der entweder geheim oder auch öffentlich sein kann. Im Zuge von entscheidungsorientierten Chats konstatieren die Teilnehmer ihre Präferenzen oft zu Anfang der Kommunikation, also noch weitgehend ohne Beeinflussung durch die Äußerungen ihrer Mitspieler. Dies geschieht zum Beispiel, um herauszufinden, welche Chancen ihre präferierte Option in der Gremienentscheidung hat, oder um die Unterstützung der Position eines anderen Mitspielers zuzusichern. Diese Eingangsäußerungen können somit als beste Näherung an unbeeinflusste Aussagen über die individuellen Wahlabsichten identifiziert werden. Im Zeitverlauf wird es so möglich,

---

[3] Die offensichtliche Effizienz der Verwendung von elektronischen Chats muss natürlich wiederum der ökologischen Validität gegenübergestellt werden. Ein anonymer Gutachter wies auf die fehlenden „sozialen Kommunikationsregeln" in anonymen Chats sowie auf die Möglichkeit hin, dass gerade in der Gruppenkommunikation mehrere Diskussionsstränge simultan ablaufen könnten. Beide Argumente sind natürlich richtig. Zur Auswirkung auf die Generalisierbarkeit kann man allerdings entgegnen, dass auch in realweltlichen Gruppendiskussionen selten ein strenges Kommunikationsprotokoll eingehalten wird und oftmals Subgruppen parallele Diskussionsstränge erzeugen (Ausnahmen dabei sind beispielsweise Gerichtsverhandlungen). Darüber hinaus sind für die Teilnehmer hier elektronische Kommunikationsmedien von Vorteil, da die gesamte bisherige Kommunikation jederzeit „nachgelesen" werden kann und Argumente somit nicht verloren gehen. Nach gängigen Theorien aus der psychologischen Literatur (siehe z. B. Pruitt 1971) sollte dies zu mehr Überzeugungskraft elektronischer Kommunikation führen. Nichtsdestotrotz sei hier auf empirische Arbeiten wie z. B. Brosig et al. (2003), Frohlich und Oppenheimer (1998) oder Bos et al. (2001) verwiesen, die klare Unterschiede zwischen elektronischer und direkter Kommunikation finden. Auch wenn neuere Arbeiten wie z. B. Lev-On et al. (2010) keine Unterschiede zwischen den Kommunikationsformen finden, so steht die Generalisierbarkeit der Ergebnisse außerhalb des Labors noch immer zur Diskussion.

den Zusammenhang zwischen den individuellen Eingangsäußerungen und den letztendlichen Entscheidungen der Subjekte zu betrachten und etwaige Veränderungen mit Ereignissen innerhalb des Entscheidungsprozesses zu verbinden. Die Ergebnisse unserer empirischen Arbeiten hierzu stellen wir unter Punkt 4 vor.

Entscheidungsmotive
Wenn Präferenzen nicht nur durch das Ergebnis offengelegt werden können, braucht man Informationen über die Motive, die zu der Präferenzordnung führen, auf die sich die Subjekte beim Treffen ihrer Entscheidung beziehen. In den Chats äußern sich die Subjekte über ihre Motive für eine bestimmte Präferenz. Diese Äußerungen können dazu genutzt werden, Verhaltensordnungen zu identifizieren, Klassifikationen zu entwickeln und Präferenzprofile anzulegen. Für eine Teilgruppe der Wähler stellen wir in Punkt 4 die Motive vor, die zu einer Veränderung ihrer Wahlabsichten geführt haben.

Deliberationsprozess
Auf der Gruppenebene kann die Sequenz der Redebeiträge untersucht werden, um Informationen über den Prozess der Deliberation zu erhalten, in dem die jeweiligen Ergebnisse entstanden sind. Welche Konstellationen und Abfolgen sind leitend für die Einigung auf eine bestimmte kollektive Strategie? Was sind die Bedingungen des Scheiterns? In Gruppenentscheidungen können Individuen aktiv eine leitende Rolle übernehmen oder sich nur mit anderen zusammenschließen. Individuen können wahrheitsgemäß über ihre Präferenzen und Bedingungen Auskunft geben oder versuchen, andere Gremienmitglieder strategisch über ihre Absichten zu täuschen. Durch die Interpretation des Inhaltes der individuellen Redebeiträge, die Verbindung dieser Beiträge mit den experimentellen Rahmenbedingungen für das jeweilige Individuum und seinem letztendlichen Verhalten im Wahlakt können wir Rollenübernahmen und einzelne Rollen im Entscheidungsprozess ableiten. In Punkt 4 stellen wir hierzu einen ersten Analysezugang vor, der in einer weiteren Anwendung die latenten Strukturen der experimentellen Deliberation selbst aufdecken soll.

4 Beispiele im Zusammenhang eines Mehrparteien-Wahlexperimentes

Wie oben beschrieben möchten wir drei Beispiele anführen, um unsere drei Forschungsfragen in diesem begrenzten Rahmen darzustellen. Wir haben ein Wahlexperiment durchgeführt, in dem wir uns auf die Wahrscheinlichkeit strate-

Tab. 1 Payoff-Struktur der Wählertypen (Kittel et al. 2014)

	Partei gewinnt		
Wählertyp	A	B	C
E	155	75	75
F	155	105	55
G	105	155	55
H	75	155	75

gischen Wählens konzentriert haben (Kittel et al. 2014). Im Experiment bedeutet dies, dass Spieler in einer Wahlentscheidung entsprechend ihrer zweiten Präferenz abstimmen, um zu verhindern, dass der am wenigsten gewünschte Ausgang realisiert wird.

Experimentelles Design und Experimentdurchführung

Aufbauend auf Palfrey und Rosenthal (1985) wurde das Experiment als Wahl mit N Wählern modelliert, die vier Präferenztypen (folgend Wählertypen) E, F, G und H zugeordnet sind. Zur Wahl stehen die drei Parteien A, B und C. Die Wählertypen E und H stellen parteitreue Wähler dar. Typ E hat eine eindeutige Präferenz für Partei A, Typ H eine eindeutige Präferenz für Partei B. Beide Typen sind den jeweils verbleibenden Parteien gegenüber indifferent.

Die Wählertypen F und G stellen potentielle Wechselwähler dar. Sie haben eine erste Präferenz für Partei A oder B, eine zweite Präferenz für die jeweils andere Partei und an letzter Stelle steht für sie Partei C. Für diese beiden Wählertypen sollte – entsprechend der Theorie des strategischen Wählens (Cox 1997; Myatt 2007) – eine strategische Wahl ihrer zweitpräferierten Partei dann eine Option sein, wenn ihre erstpräferierte Partei geringe Siegchancen hat und sie einen Sieg ihrer letztpräferierten Partei C verhindern wollen.

Im Experiment existierten zusätzlich zu den „realen" Spielteilnehmern in jeder Periode M Computerwähler, die immer Partei C wählten. Individuelle Wahlkosten wurden nach dem Zufallsprinzip aus dem Intervall [0,55] zugewiesen. Allen Spielern waren immer die Anzahl der Spieler, die Wählertypenverteilung, die Anzahl der Computerwähler und ihre individuellen Wahlkosten bekannt. Die Umsetzung des Experiments erfolgte computergestützt unter Nutzung der Software z-Tree (Fischbacher, 2007). Die Durchführung erfolgte im Oktober und Novem-

ber 2008 an der Universität Oldenburg mit 124 BA-Studierenden verschiedener Studiengänge.
Jedes Treatment des Experiments bestand aus 19 Perioden, in denen die Teilnehmer jeweils zufällig zu Gremien zusammengefasst wurden, wobei die Gremiengröße und die Wahltypenverteilung variierte. In zwei Anordnungen war keine Kommunikation vorgesehen und wir betrachten diese hier nicht weiter.[4] Die beiden Anordnungen mit Kommunikationsmöglichkeit wurden nach einer für alle Treatments identischen Übungsphase ohne Chat sieben Mal wiederholt.

1. *Party-Chat*-**Treatment:** Allen Spielern waren die oben stehenden Informationen bekannt. Zusätzlich wurde jedem Spieler eine Parteizugehörigkeit zu entweder Partei *A* oder *B* zugeordnet. Diese Zugehörigkeit hatte lediglich die Bedeutung eines Labels und damit keine weitere Bedeutung innerhalb der Wahl. Die Spieler konnten vor der Abgabe ihrer Wahlstimme mit den Mitgliedern ihrer Partei chatten. Der Chat war ohne weitere Vorgaben (free-form), untersagt waren nur Mitteilungen, die einen Rückschluss auf die Person des Senders erlaubt hätten. Es galt eine Zeitbegrenzung von 10 Minuten.
2. *All-Chat*-**Treatment:** Es galten die Bedingungen unter Punkt 1, jedoch war der Chat für alle Mitglieder der Gruppe, also beider Parteien, geöffnet.

Im *All Chat* gab es also eine unbegrenzte Chat-Möglichkeit in der gesamten Wählerschaft. Im *Party Chat* war die Wählerschaft in zwei gleiche Gruppen unterteilt, wobei Kommunikation nur innerhalb der jeweiligen Gruppe möglich war, jedoch alle Mitglieder beider Gruppen letztlich an der Wahl teilnahmen. Die Wählerschaft bestand in beiden Treatments aus Anhängern der Parteien *A* und *B* sowie aus Wechselwählern, deren jeweilige Anzahlen rundenspezifisch variiert wurden.

Datengrundlage und qualitative Analyse

Sowohl im *Party-Chat-* als auch im *All-Chat*-Treatment kommunizieren die Experimentteilnehmer mittels der elektronischen Chatfunktion von z-Tree. Um diese

---

[4] Im Vergleich zu den Versuchsanordnungen ohne Kommunikation erzeugt Kommunikation eine signifikante Erhöhung der Wahlbeteiligung von etwa einem Drittel auf die Hälfte bis zu zwei Drittel. In Folge dessen stieg der Anteil der Gruppen, denen es gelang, Partei *C* zu besiegen und somit auch höhere Auszahlungen zu erreichen. In dieser Analyse geht es uns jedoch um die Potenziale einer genaueren Auswertung der Kommunikationsprozesse selbst, nicht um den Effekt von Kommunikation auf das individuelle Wahlverhalten.

Funktion bereitzustellen, wird auf Programmebene eine eigene Datentabelle angelegt, in der alle Beiträge abgelegt werden. Die Textkorpora werden dabei mit ihrem Absender und dem Zeitpunkt ihrer Veröffentlichung im Chat verknüpft. Durch Filterung dieser Datei nach den jeweils beteiligten Spielern und einer anschließenden Sortierung anhand der Zeitstempel wird für jede Chatgruppe der Kommunikationsverlauf als Chattranskript aufbereitet. Um eine direkte Verknüpfung mit den Ausgangsbedingungen jedes Spielers herzustellen, ergänzen wir die Transkripte mit einem Datenkopf. In ihm legen wir für alle Spieler der jeweiligen Spielrunde ihren Wählertyp, ihre Wahlkosten und die letztendliche Wahlentscheidung ab. Aus den jeweils sieben Perioden mit Kommunikation in vier durchgeführten Sessions stehen uns insgesamt 104 Transkripte zur Analyse zur Verfügung.

In allen Fällen war es den Spielern möglich, die Kommunikation bis zu 600 Sekunden (s) lang durchzuführen. Dieser Zeitraum wurde jedoch nur in zwei Fällen vollständig genutzt, in weiteren sieben Fällen dauerte die Kommunikation zwischen 500 und 598 s. In der überwiegenden Mehrheit der Fälle (65 %) liegt die Kommunikationszeit zwischen 120 und 260 s. Die große Heterogenität der Kommunikationslänge zeigt sich in der Betrachtung von Mittelwert und Streuungsmaß. Die durchschnittliche Kommunikationszeit betrug 273 s bei einer Standardabweichung von 134 s. Ähnlich breit gestreute Werte ergeben sich bei Auswertungen nach der Anzahl der Sprechakte pro Chat ($\bar{x} = 41$, sd $= 28$) und Anzahl der verwendeten Wörter pro Chat ($\bar{x} = 181$, sd $= 122$). Dies deutet bereits darauf hin, dass die Struktur und Länge der Chats nicht nur durch die Aufgabenstellung determiniert ist, sondern deutliche Einflüsse durch die beteiligten Personen und die jeweilige Kommunikationsstruktur selber zu erwarten sind.

Bei der Untersuchung des Zeitverlaufs der Kommunikationsprotokolle stellt sich heraus, dass die Kommunikationszeit abnimmt, gleichzeitig die Anzahl der verwendeten Wörter jedoch ansteigt. Während in den Chats der ersten Periode in durchschnittlichen 293 s gemittelte 121 Wörter ausgetauscht werden, sind dies in der letzten Periode[5] 138 Wörter in 229 s. Es deutet sich hier insofern ein Lerneffekt an, dass nicht – wie vielleicht zu vermuten – die Koordination durch weniger Wörter erfolgt, sondern ein routinierterer Umgang mit der Aufgabenstellung zu einer umfangreicheren Kommunikation in kürzerer Zeit führt. Bei einem Vergleich aller Perioden zueinander kann allerdings keine eindeutige Entwicklung erkannt werden.

---

[5] Als letzte Periode wird an dieser Stelle Periode 18 als Berechnungsgrundlage verwendet. Da es in der eigentlich letzten Periode 19 in einer Session zu einer Serverstörung kam, liegen hier keine vollständigen Daten vor.

Sowohl die Form dieser Transkripte als auch unsere explorative Herangehensweise stellen spezielle Anforderungen an die Auswahl geeigneter Analysemethoden dar. So ist sowohl die formal hochstrukturierte, inhaltlich jedoch eher magere Textform zu beachten, als auch die – bereits angedeutete – Breite unserer potentiellen Fragestellungen. Zwar sind die Chats sequenziell sehr gut geordnet, die Art der Kommunikation ist jedoch umgangssprachlich. So werden oftmals keine vollständigen Sätze gebildet oder Beitragskontexte unklar gelassen. Zudem erfordern die verschiedenen Fragestellungen, die Objekte der Analyse flexibel zu halten. So sollen sowohl einzelne Spieler, eine bestimmte Teilgruppe der Wähler als auch die Gesamtgruppe der Wählerschaft betrachtet werden können. Aus beiden Gründen sind stark hermeneutische Verfahren aus unserer Sicht kaum anwendbar. Wir präferieren deshalb die Qualitative Inhaltsanalyse (Mayring 2007b) als Grundlage unserer Analysen. Diese stellt weniger eine geschlossene Methode dar, als vielmehr eine Zugangsperspektive, die durch mehrere alternative Methodenansätze bei verschiedenen Erkenntnisinteressen angewendet werden kann. Innerhalb dieses Spektrums haben wir zusätzlich diese Methodenansätze entsprechend unserer speziellen Anforderungen diskutiert, angepasst und angewendet.[6]

Im ersten Beispiel sind wir nur an der Gruppe der effektiven Wechselwähler interessiert, die sich dadurch auszeichnet, dass sich die Teilnehmer im Wahlakt strategisch für ihre zweite Präferenz entscheiden. Kern der Fragestellung ist hierbei, ob dies aus eigenem Antrieb oder durch den Einfluss der Mitspieler geschieht. Für diese Spieler identifizieren wir deren erste Wahlabsicht, indem wir die jeweiligen ersten Äußerungen im Chat codieren, in der eine konkrete Wahlabsicht formuliert wird. Diese Codierung erfolgt anhand der vier vordefinierten Kategorien, die den verschiedenen Möglichkeiten der Wahl entsprechen.[7] Das Vorgehen ist damit angelehnt an eine typisierende Strukturierung (Mayring 2007b), allerdings sind aufgrund der Datenstruktur und der sehr spezifischen Fragestellung keine inhaltlichen Beschreibungen möglich. Vielmehr werden den ersten Wahlabsichten die deduktiv festgelegten Ausprägungen zugeordnet und diese damit in ihrer Häufigkeit erfasst.

---

[6] Aufgrund des in weiten Teilen explorativen Vorgehens sind die Codes und die letztlichen Codierungen von den beteiligten Wissenschaftlern als Gruppe diskursiv erarbeitet worden. Dieses Vorgehen erzeugt einen nachvollziehbaren und intersubjektiven Umgang mit den Daten, der als zentrales Gütekriterium qualitativer Forschung gilt (Steinke 2007). Werte für die Intercoder-Reliabilität können bei diesem Verfahren aber selbstverständlich nicht angegeben werden.

[7] Als Alternativen standen für die Wähler die Parteien *A*, *B* und *C* zur Verfügung. Als vierte Möglichkeit konnten sich die Spieler entscheiden, sich zu enthalten und dadurch die entstehenden Wahlkosten einzusparen.

Tab. 2 Erste Wahlabsichten in den verschiedenen Treatments

	Treatment	Party Chat	All Chat
	Anzahl der Wechselwähler	50	46
Erste Absicht:	Erste Präferenz	6	28
	Zweite Präferenz	36	12
	Enthaltung	7	3
	Nicht zugeordnet	1	3

Auch im zweiten Beispiel analysieren wir nur die effektiven Wechselwähler. Um die vorherrschenden Motive für ihre Wechselwahl zu identifizieren, wenden wir eine Prozedur zur personenbezogenen Zusammenfassung der Inhalte der Chats an. Inhaltlicher Ausgangspunkt sind dabei alle Aussagen, die sich direkt oder indirekt auf die Motive zu einer Veränderung der Wahlabsichten beziehen. Hierzu nutzen wir die Methode der induktiven Kategorienbildung, die Mayring (2007b) im Zusammenhang einer zusammenfassenden qualitativen Inhaltsanalyse einführt. Für jeden Wechselwähler werden diese Motivationsaussagen zuerst offen kategorisiert. Dabei werden während des Kategorisierens bei Bedarf so lange Kategorien ergänzt, bis alle Motive klassifiziert sind. Danach werden diese in ein induktives Kategorienschema subsumiert.

Beispiel 1: Wahlpräferenzen

In diesem ersten Beispiel analysieren wir, ob die effektiven Wechselwähler durch ihre Mitspieler zur Wechselwahl animiert werden oder dies aus eigenem Antrieb anstreben. Tabelle 2 zeigt die Ergebnisse, allerdings nur für drei der möglichen Wahlabsichten, da eine Absicht, für Partei *C* und somit gegen die eigenen Präferenzen zu stimmen, nicht identifiziert werden konnte.

Während sich die absolute Zahl der Wechselwähler zwischen den beiden Kommunikationsbedingungen nicht nennenswert unterscheidet, finden wir einen starken Effekt auf das Verhalten, das die Teilnehmer vor der eigentlichen Wahl zeigen. Von den 50 beobachteten Wechselwählern zeigen 36 bereits beim Beginn des *Party Chats* die Absicht zur Wahl ihrer zweiten Präferenz und damit zur Wechselwahl. Demgegenüber steht eine wesentlich geringere Zahl von nur sechs Spielern, die angeben, entsprechend ihrer eigenen ersten Präferenz wählen zu wollen. Im *All-Chat*-Treatment ändert sich das Verhältnis der ersten geäußerten Wahlabsichten fast komplett. 28 der 48 Wechselwähler geben im *All-Chat*-Treatment zuerst an, entsprechend ihrer ersten Präferenz wählen zu wollen und ändern diese Meinung während des Kommunikationsprozesses. 12 Spieler bieten direkt die Möglichkeit zur Wechselwahl an und setzen diese dann auch um.

Der hier beobachtete Effekt kann nun bereits der Struktur der Kommunikationsmöglichkeit zugeschrieben werden. Der Aufbau des *Party Chats* impliziert eine fundamentale Unsicherheit im Hinblick auf das Verhalten der anderen Partei, mit der nicht kommuniziert werden kann. Hieraus ergibt sich für die Gruppe die Anforderung einer Koordination unter schwer abschätzbaren Randbedingungen. Als Reaktion hierauf zeigen die einzelnen Spieler eine deutliche Tendenz, aktiv eine Wechselwahl anzubieten, wodurch die Komplexität der Koordinationsaufgabe für die Gruppe deutlich reduziert wird. Der *All Chat* hingegen bietet – ohne diese strukturell vorgegebenen Unsicherheiten – die Möglichkeit, die zur sicheren Gruppenkoordination notwendige vollständige Information kommunikativ herzustellen. Es ist dementsprechend (potentiell) möglich, alle kollektiven Entscheidungen in der Gruppe zu bewerten. Da hier also eine Komplexitätsreduktion durch strategische Angebote nicht notwendig ist, ermöglicht dies eine erste Fokussierung auf die individuell besten Entscheidungsoptionen. Eine Abweichung von dieser besten Option muss dann in der Gruppenkommunikation erarbeitet werden. Die Spieler werden überzeugt.

Es bestätigt sich bereits hier, dass das quantitativ unauffällige Ergebnis der gleichverteilten Wechselwähler in den verschiedenen Treatments durch unsere Analyse um weitergehende Prozessdaten ergänzt wird. Die unterschiedlichen Kommunikationsmöglichkeiten haben einen Effekt auf das Probandenverhalten, der erst in der Prozessanalyse ersichtlich wird.

Beispiel 2: Motive der Wechselwahl

Wir finden durch die beschriebene qualitative Textanalyse fünf unterschiedliche Motive, nicht die jeweils erste Präferenz zu wählen, sondern strategisch zu handeln. Ankerbeispiele zu diesen Motiven sind im Anhang einsehbar.

1. **Nutzen:** Es wird auf Grund von strategischen Überlegungen gewechselt, die eindeutig auf die Wahrscheinlichkeit eines Siegs bezogen sind. Argumentiert wird hier mit Hinblick auf die Wahltypenverteilung, das Verhalten der anderen Partei oder der Stimmenverteilung im Vergleich zu Partei *C*.
2. **Moral:** Es wird aus Solidarität mit der Gruppe gewechselt, wobei die Geschlossenheit der Gruppe als Ziel erscheint. Dies geschieht aus eigenem

Tab. 3 Motive in den verschiedenen Treatments

	Treatment	*Party Chat*	*All Chat*
Anzahl der Wechselwähler		50	46
Motiv:	Nutzen	14	14
	Moral	7	0
	Sozial	7	19
	Aktiv	18	3
	Passiv	2	10

Antrieb der Wechselwähler, nicht durch aktive Versuche der Überzeugung oder der Überredung durch andere Spielteilnehmer.
3. **Sozial:** Es wird gewechselt, nachdem die Wechselwähler durch ihre Mitspieler aktiv zu einer Änderung ihrer Wahlabsicht aufgefordert werden. Dies kann durch direkte Ansprache geschehen oder durch eine hartnäckige Suche nach weiteren Stimmen für die Mehrheit.
4. **Aktiv:** Der Wechselwähler bietet ohne großen Chatvorlauf von sich aus die Wechselwahl an.
5. **Passiv:** Bei diesem Typ wird in der ersten Aussage des Teilnehmers eine andere Wahlabsicht als die Wechselwahl genannt. Es wird später auf die zweite Wahlpräferenz geschwenkt, ohne dass explizite Gründe angegeben werden oder aus den Chat-Beiträgen rekonstruiert werden können.

Es zeigt sich schon hier in den Analyseergebnissen, dass die Entscheidung zur Wechselwahl aus verschiedenen Richtungen beeinflusst sein kann. Ausschlaggebende Motive können sowohl in der Struktur des Spiels, als auch in der sozialen Interaktion gefunden werden. Zur feineren Betrachtung fasst Tab. 3 die Ergebnisse dieses Vorgehens für die beiden Treatments quantitativ zusammen.

Es zeigt sich zunächst, dass das Argument der Nutzenmaximierung in beiden Treatments durchaus relevant ist. Jedoch lassen sich zwischen dem *Party Chat* und dem *All Chat* keine Unterschiede in Bezug auf den Anteil der Nutzenmaximierungs-Motive feststellen. In Übereinstimmung mit den Ergebnissen aus Abschn. 4 zeigt sich allerdings, dass aktive Wechselangebote fast nur in den *Party-Chat*-Treatments zu verzeichnen sind. Auffällig ist jedoch, dass die moralische Begründung der Wechselwahl ebenfalls auf die *Party Chats* beschränkt bleibt, also nur unter relativer Unsicherheit über das Verhalten der zweiten Partei aktiviert wird. Demgegenüber zeigt sich die soziale Motivation zur Wechselwahl, also das direkte Überreden oder Beeinflussen der Spieler, deutlich häufiger im

All Chat. In dieser Kommunikationsform ist – wie in Abschn. 4 beschrieben – eine unbedingte Kooperation nicht erforderlich und dementsprechend ein stärkeres Vertreten individueller Interessen möglich. Ein Abweichen hiervon scheint für viele Spieler erst durch direkte kommunikative Interaktion zu einer relevanten Verhaltensalternative zu werden. Zu beachten ist jedoch hierbei, dass Überreden nicht bedeuten muss, daraus folgendes Wahlverhalten als Altruismus zu interpretieren. Vielmehr ist es für die Wähler in der *All-Chat*-Bedingung wesentlich einfacher, Erwartungen über den Wahlausgang zu bilden, die strategisches Wählen aufgrund der sich abzeichnenden Mehrheitsverhältnisse nahelegen. Insofern steckt in den als „sozial" klassifizierten Motiven durchaus ein „rationaler" Kern.

Der *All Chat* scheint somit passive und soziale Wahlmotive zu fördern, während der *Party Chat* moralische und aktive Begründungen hervorbringt. Dies gibt ein weitgehend kohärentes Bild mit den bereits ausgeführten Rückschlüssen über den Einfluss der Kommunikationsstruktur in den unterschiedlichen Treatments.

Beispiel 3: Deliberationsprozess im experimentellen Kontext

Auch wenn im politikwissenschaftlichen Diskurs der Begriff der Deliberation zwar höchst präsent ist, scheint er über weitgehend normative Setzungen hinaus noch nicht endgültig definiert. Vielmehr sind zwei Extrempunkte theoretischer Grundkonzepte aufzeigbar, in denen Deliberation zwischen hochstandardisierten Verhandlungsabläufen und unbestimmter Kommunikation verortet werden kann (Bächtiger et al. 2010).

Aber selbst dann, wenn Deliberation unter realen Bedingungen normativ als vorhanden angesehen wird, ist unklar, inwiefern diese zumeist einmaligen Situationen unter anderen Bedingungen andere Ergebnisse hervorgebracht hätten. Deliberation wird somit normativ bewertet, empirisch jedoch nicht kleinschrittig in ihrer Wirksamkeit überprüft. Gefordert sind deshalb hieran anschließende empirische Forschungsperspektiven, die das Makrophänomen der Deliberation in einzelnen Dimensionen betrachten und somit kausale Rückschlüsse über Auswirkungen und Wirksamkeiten zulassen. Empirisch fundierte Theorien mittlerer Reichweite sollten so erzeugt werden können (Mutz 2008). Einen besonderen Beitrag kann dabei die experimentelle politikwissenschaftliche Forschung leisten. Indem die Kommunikationsregeln durch den Experimentator gesetzt und variiert, also gleiche Entscheidungen unter unterschiedlichen Bedingungen „durchgespielt" werden, sollten Rückschlüsse auf die Deliberation in den Betrachtungsfokus rücken können.

Für einen experimentellen Kontext, der mit hochstandardisierten Laborsituationen arbeitet, müssen allerdings die umfassenden Deliberationsbegriffe eingeschränkt werden. Während komplexe habermasianische Forderungen nicht erfüllt werden können, ist die reine Gleichsetzung mit Kommunikationsmöglichkeiten (Austen-Smith und Feddersen 2006; Dickson et al. 2008) zu weit gefasst. Für den experimentellen Zugang sehen wir Deliberation bereits dann gegeben, wenn in den Experimentalbedingungen Kommunikation so eingeschlossen ist, dass ein „rational process of weighting the available data, considering alternative possibilities, arguing about relevance and worthiness, and then choosing about the best policy or person" (Walzer 1999, S. 58) ermöglicht wird.

Um diesen Prozess als Analysegegenstand zu erfassen, erweisen sich die bisher verwendeten Chat-Transkripte als ungünstig. Die reinen sequenziell geordneten Texte ermöglichen kaum, Bezüge und Reaktionen zwischen verschiedenen Äußerungen sichtbar zu machen. Wir transformieren die Chat-Protokolle deshalb in eine partiturförmige Darstellung, um einen Zugang zu den verschiedenen Diskussionssträngen zu erhalten, die in einem Chat zeitgleich enthalten sein können. Anhand dieser Graphiken lässt sich erkennen, welche Diskussionsstränge simultan oder parallel ablaufen, welche Aussagen welche Reaktionen bedingen und wie die angekündigten Absichten der Individuen sich während der Konversation verändern. Da schon ein einzelner solcher Verlaufsgraph viele Seiten füllen würde, zeigt Abb. 1 lediglich einen ausgewählten Ausschnitt. Ersichtlich ist hieran der grundsätzliche Aufbau. Jedem Spielteilnehmer, in diesem Fall den Teilnehmern 1 bis 6, ist eine Zeile zugeordnet. Jede Spalte enthält genau einen Chateintrag, der anhand des Zeitstempels in der untersten Zeile sequenziell angeordnet wird. Die Pfeilverbinder symbolisieren aufeinander bezogene Aussagen, zusammengenommen also die Pfade, in denen die Diskussion verläuft.

Die folgenden Ergebnisse dienen hier hauptsächlich dazu, die Potenziale der Analyse für die kleinschrittige Erforschung von experimenteller Deliberation aufzuzeigen. Wir haben ebenso wie im methodischen Vorgehen zu Beispiel 2 eine induktive Kategorienbildung betrieben. Analysegegenstand waren hierbei die Chatverläufe auf Gruppenebene, in denen es zu klären galt, welche grundsätzlichen Strukturierungen auffindbar sind und inwiefern es danach möglich erscheint, von Prozessen der Deliberation zu sprechen. In unserem Experiment finden wir sieben spezifische Phasen, durch die der Kommunikationsablauf strukturiert wird. Ankerbeispiele zu diesen Phasen sind im Anhang einsehbar.

1. **Begrüßung:** Es werden Begrüßungsfloskeln ausgetauscht, Anwesenheit signalisiert, aber meist noch keine individuellen Wahlabsichten artikuliert.

Strategische Wort-Wahl in der Politik 85

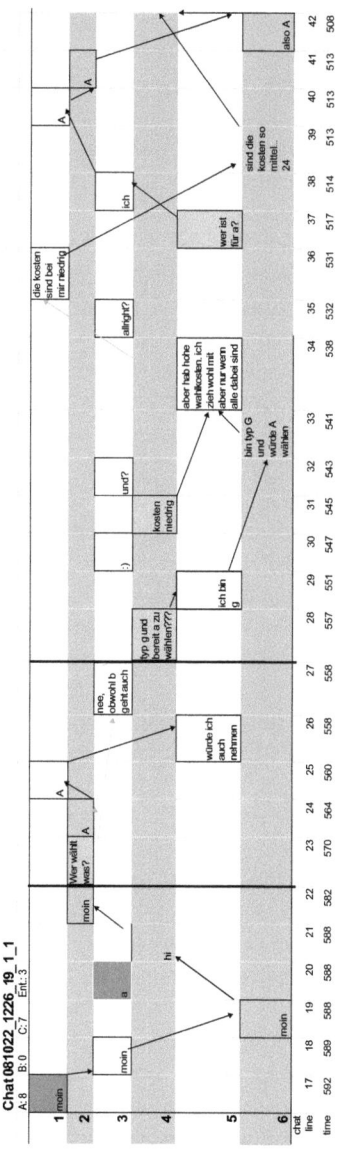

Abb. 1 Auszug aus einem graphisch aufbereiteten Chatverlauf

2. **Ausgangslage:** Durch die Präsentation der Handlungsabsichten der Spieler wird die Ausgangslage erhoben und diskutiert. In vielen Fällen lässt sich hier der Aufruf zu einer Probewahl finden, die über alle Chats als wesentlicher Koordinationsmechanismus zu finden ist.
3. **Wahlbereitschaft:** Wenn nicht genügend wahlwillige Spieler vorhanden sind, um eine Mehrheit zu erreichen, wird in dieser Phase versucht, zusätzliche Wähler grundsätzlich zu mobilisieren. Ausschlaggebend ist hierbei allerdings noch nicht die Wahlabsicht selbst, sondern nur die grundsätzliche Bereitschaft, sich an der Wahl zu beteiligen.
4. **Wahlalternativen:** Unter Reflexion auf die bisherige Stimmenverteilung, das vermutete Verhalten der anderen Partei und die Anzahl der C-Stimmen werden die möglichen Wahlalternativen strategisch erarbeitet. Üblicherweise erfolgt die situative Auswahl einer kollektiv zu verfolgenden Wahlstrategie.
5. **Wechselwähler:** Ist keine ausreichende Stimmenanzahl für die kollektive Wahlalternative vorhanden, erfolgt der Versuch, einzelne Wechselwähler zu mobilisieren. Hierbei sind besonders häufig individuelle Ansprachen einzelner Spieler zu verzeichnen.
6. **Rollenverteilung:** In dieser Phase wird angestrebt, die kollektive Entscheidung im Hinblick auf die individuelle Ebene aufzulösen, indem den jeweiligen Chatteilnehmern eine Wähler-Rolle zugewiesen wird. Es wird entschieden, wer welche Wahlentscheidung treffen soll oder sich enthalten kann. Entscheidungsdeterminanten sind dabei vor allem die Wählertypen und die Wahlkosten.
7. **Bestätigung und Verabschiedung:** Durch erneute Bestätigung der Rollenverteilung werden sowohl die individuellen, als auch die kollektiven Strategien fixiert. Danach erfolgt eine unstrukturierte Verabschiedung.

Nur in seltenen Fällen werden alle sieben Phasen in einem Entscheidungsprozess durchlaufen. Vielmehr scheinen auch hier – in Abhängigkeit von den Kommunikationsmöglichkeiten – unterschiedliche Sequenzanordnungen typisch zu sein. Zudem werden immer wieder Phasen abgebrochen, um in eine zuvor schon vorübergehend abgeschlossenen Phase zurückzukehren. Besonders gilt dies bei der Diskussion der Wahlalternativen, in die immer wieder eingestiegen werden muss, wenn sich keine realisierbare Mehrheit für die eigentliche Wahlabsicht mobilisieren lässt.

Interessant erscheint bisher hauptsächlich, inwiefern von Deliberation im experimentellen Kontext gesprochen werden kann. Die vorstehend angeführte Definition nach Walzer (1999) enthält vier Definitionsmerkmale, die Beurteilung der verfügbaren Daten, die Beratung über Handlungsmöglichkeiten, die Diskussion der Bedeutung und letztlich eine darauf folgende Auswahl. Alle diese Merkmale lassen sich in unseren induktiv gebildeten Kategorien wiederfinden und sind konstitutive Elemente der vorgestellten Phasen. Aus dieser Perspektive erscheint es vielversprechend, experimentelle Chats als einfache politische Deliberationen zu betrachten, sofern dies durch Aufgabenstellung und die Art der Kommunikationsmöglichkeiten unterstützt wird. In weitergehenden Analysen werden wir das Datenmaterial auf konkrete Mechanismen der Beurteilung, Beratung, Diskussion und Auswahl untersuchen, die Hinweise auf analoge Koordinationsstrategien außerhalb des experimentellen Kontextes geben.

Zusammenfassung

Mit der qualitativen Analyse eines politikwissenschaftlichen Experimentes zur Gremienwahl bearbeiten wir die Fragen *wie* und *warum* Kommunikationseffekte entstehen. Es kann gezeigt werden, dass die Art der Kommunikationsmöglichkeiten bereits vor dem Beginn der Gruppendiskussion Einfluss auf die situativ präferierten Wahlalternativen nimmt. Während strukturelle Unsicherheit, die durch Kommunikation nicht vollständig kompensiert werden kann, die Orientierung an kollektiven Strategien fördert, verstärkt vollständige Information das Vertreten individuell günstiger Positionen. Analog hierzu zeigt sich, dass auch Positionsveränderungen während der Gruppenkommunikation durch unterschiedliche Mechanismen erzeugt werden. Unter Unsicherheit zeigen sich eher gruppenbezogene Solidaritätseffekte, während ohne diese Unsicherheit mehr direkte Einflussnahme der Wähler aufeinander erfolgt. Trotz der artifiziellen experimentellen Situation zeigen sich zwischen den Wählern Kommunikationsabläufe, die einer nicht trivialen Definition von politischer Deliberation genügen. Sowohl Strukturen als auch Inhalte der Diskussion lassen – von ersten Ergebnissen ausgehend – die Bezeichnung der experimentellen Kommunikation als Deliberation zulässig erscheinen.

5 Schlussfolgerungen und Ausblick

Die Auswertung der im experimentellen Chat entstandenen Textkorpora liefert wesentliche Anhaltspunkte zur Überprüfung von Hypothesen zu Verhandlungsstrategien, Sequenzen und Interaktionsprozessen in Gremienentscheidungen. Techniken der qualitativen Forschung können effektiv genutzt werden, um die inferentielle Hebelwirkung aus experimenteller Forschung zu Gremienentscheidungen zu erhöhen. Diese Techniken erlauben uns Daten zu nutzen, die bisher in der experimentellen Gremienforschung vernachlässigt wurden: die vollständigen Protokolle der experimentellen Chats, welche alle Statements umfassen, die in den Chat eingebracht worden sind.

Diese Textkorpora bestehen meistens aus relativ kurzen Einheiten, da sie Ergebnis einer in der Regel drei- bis fünfminütigen Chatphase im Verlauf eines Experiments sind. Sie haben einen typischen Verlauf und sind sprachlich durchaus homogen. Obwohl die große Menge von Daten relativ geringer Tiefe in diesen Protokollen die Entwicklung von passenden Methoden der quantitativen Inhaltsanalyse nahelegen würde, weisen sie jedoch die typischen Probleme von im Chat generierten Texten auf, wie fehlende Worte und fehlerhafte Grammatik, häufige Tippfehler sowie Nutzung von Kürzeln und Symbolen, die nonverbale Kommunikationselemente repräsentieren. Unter diesen Bedingungen ist die Flexibilität menschlicher Kognition der maschinellen „Intelligenz" bei weitem überlegen.

Somit verspricht ein qualitativer Ansatz zur Analyse dieser Daten die Produktion von Erkenntnissen zu Themen, die bisher aufgrund eines Fehlens passender Methoden beiseite gelassen wurden. Durch die Untersuchung der ersten Statements, der Motive und des Deliberationsprozesses finden wir deutliche Unterschiede zwischen dem *Party Chat* und dem *All Chat*, sowohl hinsichtlich der ersten Absichten als auch der Motive. Die darauf folgenden Klassifikationen basieren auf der interpretativen Analyse der verschiedenen Beiträge zum Chat. Allerdings ist es richtig, dass die Kodierung der Textkorpora unter Nutzung des Mayring-Verfahrens in Anbetracht der großen Zahl von Protokollen nicht zeiteffizient durchführbar ist. Aufgrund der geforderten Interpretationsleistung ist dieses Verfahren außerdem durchaus fehleranfällig, so dass die reine Datenmenge letztlich nahelegt, die Suche nach quantifizierenden Verfahren nicht vorschnell aufzugeben.

In diesem Kontext könnten allerdings gegenwärtig in Entwicklung begriffene Human-Computation-Verfahren einiges Potenzial aufweisen (Ahn et al. 2008; Law et al. 2011). Durch die Kombination der Geschwindigkeit des Computers mit der Interpretationsfähigkeit des Menschen könnten die Vorteile der beiden Verfahren so kombiniert werden, dass die jeweiligen Nachteile der Verfahren nicht zum Tragen kommen. Bevor solche Visionen jedoch praktisch anwendbar werden, kann das in diesem Beitrag vorgestellte Verfahren zur Beantwortung wichtiger Fragen zur Eigendynamik von Gremienentscheidungen beitragen.

Literatur

Ahn, L. v., B. Maurer, C. Mcmillen, D. Abraham, und M. Blum. 2008. reCAPTCHA: Human-based character recognition via web Security measures. *Science* 321 (5895): 1465–1468.
Auer-Rizzi, W. 1998. *Entscheidungsprozesse in Gruppen: Kognitive und soziale Verzerrungstendenzen*. Deutscher Universitätsverlag.
Austen-Smith, D., und T. J. Feddersen. 2006. Deliberation, preference uncertainty, voting rules. *The American Political Science Review* 100 (2): 209–217.
Bächtiger, A., S. Niemeyer, M. Neblo, M. R. Steenbergen, und J. Steiner. 2010. Disentangling diversity in deliberative democracy: Competing theories, their blind spots and complementarities. *Journal of Political Philosophy* 18 (1): 32–63.
Bicchieri, C., und A. Lev-On 2007. Computer-mediated communication cooperation in social dilemmas: An experimental analysis. *Politics, Philosophy & Economics* 6 (2): 139–168.
Bolton, G. E., und A. Ockenfels. 2000. ERC: A theory of equity, reciprocity, and competition. *The American Economic Review* 90 (1): 166–193.
Bornstein, G., und I. Yaniv. 1998. Individual group behavior in the ultimatum game: Are groups more ‚rational' players? *Experiment* 1:101–108.
Bos, N., D. Gergle, J. Olson, und G. Olson. 2001. Being there versus seeing there: Trust via video. In *CHI'01 extended abstracts on human factors in computing systems*, 291–292. ACM.
Brandts, J., und D. J. Cooper. 2007. It's what you say, not what you pay: An experimental study of manager-employee relationships in overcoming coordination failure. *Journal of the European Economic Association* 5 (6): 1223–1268.
Brosig, J., J. Weimann, und A. Ockenfels. 2003. The effect of communication media on cooperation. *German Economic Review* 4 (2): 217–241.
Camerer, C., G. Loewenstein, und D. Prelec. 2005. Neuroeconomics: How neuroscience can inform economics. *Journal of Economic Literature* 43 (1): 9–64.
Charness, G., und M. Dufwenberg. 2006. Promises and partnership. *Econometrica* 74 (6): 1579–1601.
Cox, G. W. 1997. *Making votes count: Strategic coordination in the world's electoral systems*. Cambridge University Press.
Dickson, E. S., C. Hafer, und D. Landa. 2008. Cognition and strategy: A deliberation experiment. *The Journal of Politics* 70 (4): 974–989.
Dietrich, F., und C. List. 2011. A model of non-informational preference change. *Journal of Theoretical Politics* 23 (2): 145–164.
Ellingsen, T., und M. Johannesson. 2008. Anticipated verbal feedback induces altruistic behavior. *Evolution and Human Behavior* 29 (2): 100–105.
Ezzy, D. 2002. *Qualitative analysis. Practice and innovation*. Routledge.
Fehr, E., und K. M. Schmidt. 1999. A theory of fairness, competition, and cooperation. *The Quarterly Journal of Economics* 114 (3): 817–868.
Fischbacher, U. 2007. z-Tree: Zurich toolbox for ready-made economic experiments. *Experimental Economics* 10:171–178.
Fishkin, J. S. 1995. *The voice of people: Public opinion and democracy*. Yale University Press.

Frohlich, N., und J. Oppenheimer. 1998. Some consequences of e-mail vs. face-to-face communication in experiments. *Journal of Economic Behavior & Organization* 35 (3): 389–403.
Gerardi, D., und L. Yariv. 2007. Deliberative voting. *Journal of Economic Theory* 134 (1): 317–338.
Glimcher, P. W. 2004. *Decisions, uncertainty, and the brain: The science of neuroeconomics.* The MIT Press.
Glimcher, P. W., und A. Rustichini. 2004. Neuroeconomics: The consilience of brain decision. *Science* 306 (5695): 447–452.
Glimcher, P. W., C. F. Camerer, E. Fehr, und R. A. Poldrack. 2009. *Neuroeconomics: Decision making and the brain.* Elsevier.
Goeree, J. K., und L. Yariv. 2011. An experimental study of collective deliberation. *Econometrica* 79: 893–921.
Hennig-Schmidt, H., Z.-Y. Li, und C. Yang. 2008. Why people reject advantageous offers – Non-monotonic strategies in ultimatum bargaining: Evaluating a video experiment run in PR China. *Journal of Economic Behavior & Organization* 65 (2): 373–384.
Houser, D., und E. Xiao. 2011. Classification of natural language messages using a coordination game. *Experimental Economics* 14:1–14.
Karpowitz, C. F., und T. Mendelberg. 2007. Groups and deliberation. *Swiss Political Science Review* 13 (4): 645–662.
Karpowitz, C. F., und T. Mendelberg. 2011. An experimental approach to citizen deliberation. In *Cambridge handbook of experimental political science*, Hrsg. J. N. Druckman, D. P. Green, J. H. Kuklinski, und A. Lupia, 258–272. Cambridge University Press.
Kerr, N. L., und R. S. Tindale. 2004. Group performance and decision making. *Annual Review of Psychology* 55:623–655.
Kimbrough, E. O., V. L. Smith, und B. J. Wilson. 2008. Historical property rights, sociality, and the emergence of impersonal exchange in long-distance trade. *The American Economic Review* 98 (3): 1009–1039.
Kittel, B., und W. Luhan. 2013. Decisions in network. An experiment on structure effects in a group dictator game. Social Choice Welfare, 40(1): 141–154.
Kittel, B., W. J. Luhan, und R. Morton. 2014. Communication and voting in multi-party elections: An experimental study. *The Economic Journal* 124(574): F196–F225.
Landa, D. und A. Meirowitz. 2009. Game theory, information, and deliberative democracy. *American Journal of Political Science* 53 (2): 427–444.
Law, E., L. v. Ahn, R. Brachman, und T. Dietterich. 2011. *Human computation: An integrated approach to learning from the crowd.* Morgan & Claypool Publishers.
Ledyard, J. O. 1995. Public goods: A survey of experimental research. In *The handbook of experimental economics*, Hrsg. J. H. Kagel und A. E. Roth, 111–194. Princeton University Press.
Lev-On, A., A. Chavez, und C. Bicchieri. 2010. Group and dyadic communication in trust games. *Rationality and Society* 22 (1): 37–54.
Li, S.-C. S. 2007. Computer-mediated communication and group decision making: A functional approach. *Small Group Research* 38 (5): 593–614.
Luhan, W. J., M. G. Kocher, und M. Sutter. 2009. Group polarization in the team dictator game reconsidered. *Experimental Economics* 12 (1): 26–41.

Mayring P. 2007a. Qualitative Inhaltsanalyse. In *Qualitative Forschung. Ein Handbuch,* Hrsg. U. Flick, E. v. Kardorff, und I. Steinke, 468–474. Reinbek bei Hamburg: Rowohlt.

Mayring, P. 2007b. *Qualitative Inhaltsanalyse. Grundlagen und Techniken.* Weinheim: Beltz.

McCubbins, M. D., und D. B. Rodriguez. 2006. When does deliberation improve decision-making? *Journal of Contemporary Legal Issues* 15:9–50.

Mendelberg, T. 2002. The deliberative citizen: Theory and evidence. Research in Micropolitics: Political Decision Making, Deliberation and Participation (Vol. 6), Hrsg. M. Delli Carpini, L. Huddie und R.Y. Shapiro, 151–193. Elsevier.

Mojzisch, A., und S. Schulz-Hardt. 2010. Knowing others' preferences degrades the quality of group decisions. *Journal of Personality Social Psychology* 98 (5): 794–808.

Mutz, D. C. 2008. Is deliberative democracy a falsifiable theory? *Annual Review of Political Science* 11:521–538.

Myatt, D. P. 2007. On the theory of strategic voting. *The Review of Economic Studies* 74 (1): 255–281.

Oppenheimer, J., S. Wendel, und N. Frohlich. 2011. Paradox lost: Explaining and modeling seemingly random individual behavior in social dilemmas. *Journal of Theoretical Politics* 23 (2): 165–187.

Palfrey, T. R., und H. Rosenthal. 1985. Voter participation and strategic uncertainty. *The American Political Science Review* 79 (1): 62–78.

Pruitt, D. 1971. Choice shifts in group discussion: An introductory review. *Journal of Personality and Social Psychology* 20 (3): 339.

Schotter, A., und B. Sopher. 2007. Advice behavior in intergenerational ultimatum games: An experimental approach. *Games and Economic Behavior* 58 (2): 365–393.

Schulz-Hardt, S., F. C. Brodbeck, A. Mojzisch, R. Kerschreiter, und D. Frey. 2006. Group Decision making in hidden profile situations: Dissent as a facilitator for decision quality. *Journal of Personality and Social Psychology* 91 (6): 1080–1093.

Smith, V. L. 2008. *Rationality in economics: Constructivist and ecological forms.* Cambridge University Press.

Stasser, G., und W. Titus. 1985. Pooling of unshared information in group decision making: Biased information sampling during discussion. *Journal of Personality and Social Psychology* 48 (6): 1467–1478.

Steinke, I. 2007. Gütekriterien qualitativer Forschung. In *Qualitative Forschung. Ein Hbuch,* Hrsg. U. Flick, E. v. Kardorff, und I. Steinke, 319–331. Reinbek bei Hamburg: Rowohlt.

Sulkin, T., und A. F. Simon. 2001. Habermas in the lab: A study of deliberation in an experimental setting. *Political Psychology* 22 (4): 809–826.

Sutter, M., und C. Strassmair. 2009. Communication, cooperation and collusion in team tournaments – An experimental study. *Games and Economic Behavior* 66 (1): 506–525.

Titschner, S., M. Meyer, R. Wodak, und E. Vetter. 2000. *Methods of text and discourse analysis.* London: Sage Publications.

Walzer, M. 1999. Deliberation, what else? In *Deliberative politics. Essays on democracy and disagreement,* Hrsg. S. Macedo. Oxford.

Weihe, A., T. Pritzlaff, F. Nullmeier, T. Felgenhauer, und B. Baumgarten. 2008. Wie wird in politischen Gremien entschieden? Konzeptionelle und methodische Grundlagen der Gremienanalyse. *Politische Vierteljahresschrift* 49:339–359.
Wittenbaum, G. M., A. B. Hollingshead, P. B. Paulus, R. Y. Hirokawa, D. G. Ancona, R. S. Peterson, K. A. Jehn, und K. Yoon. 2004. The functional perspective as a lens for understanding groups. *Small Group Research* 35 (1): 17–43.
Zhang, J., und M. Casari. 2012. How groups reach agreement in risky choices: An experiment. Economic Inquiry 50(2): 502–515.

Thomas Kalwitzki Wissenschaftlicher Mitarbeiter am Zentrum für Sozialpolitik an der Universität Bremen

Prof. Dr. Bernhard Kittel Professor für Wirtschaftssoziologie an der Fakultät für Wirtschaftswissenschaften der Universität Wien

Wolfgang J. Luhan Wissenschaftlicher Mitarbeiter und Laborleiter am Lehrstuhl für Makroökonomie an der Ruhr-Universität Bochum

Dr. Birgit Peuker Wissenschaftliche Mitarbeiterin an der Katastrophenforschungsstelle, Institut für Ethnologie, Freie Universität Berlin

Deliberation im Europäischen Parlament: Der Einfluss von Rollenorientierungen auf das Kommunikationsverhalten von Abgeordneten

Léa Roger

Zusammenfassung

In diesem Artikel werden zwei Ansätze der aktuellen Parlamentsforschung verbunden, nämlich die Analyse deliberativer Qualität von Parlamentsreden mit traditionellen Konzepten zur Rolle des Repräsentanten. Anhand einer Befragung von Europaparlamentariern wird gezeigt, dass die Kombination von Rollenorientierungen und Kommunikationsverhalten eine Lücke in der bisherigen Parlamentsforschung schließt und Grundlagen für zukünftige Studien bereitstellt.

Ich danke Gary S. Schaal, Dieter Fuchs, Hans-Peter Erb, dem/der anonymen GutachterIn, den Herausgebern und den TeilnehmerInnen der Jahrestagung des Arbeitskreises Handlungs- und Entscheidungstheorie am 15./16. Juli 2011 in Kiel für ihre exzellenten Hinweise und Kommentare.

L. Roger (✉)
TU Kaiserslautern, Kaiserslautern, Deutschland
E-Mail: lea.roger@]sowi.uni-kl.de

1 Einleitung

In normativer Perspektive galt Deliberation lange Zeit als Ideal parlamentarischer Kommunikation (Habermas 1992). Als solches wurde sie für die Bewertung der Qualität parlamentarischer Debatten herangezogen (Steiner et al. 2004). In empirisch-analytischer Perspektive empfiehlt sich eine differenziertere Betrachtung parlamentarischer Debatten: Diese inkludieren verschiedene Modi der Kommunikation, von der Verhandlung einschließlich Versprechen und Drohungen bis hin zur hochwertigen Deliberation (Mansbridge et al. 2010; Bächtiger et al. 2010a).

Ob und wie deliberiert wird ist von diversen Faktoren abhängig. Wie empirische Studien zeigen, wird die Qualität von Deliberation sowohl durch externe, institutionelle Faktoren beeinflusst (Steiner et al. 2004; Fishkin 2009) als auch durch interne Elemente, wie z. B. die Gruppenzusammensetzung (Sunstein 2003; Roger 2012). Auch die Relevanz psychologischer Einflussfaktoren wird immer wieder betont (Steenbergen et al. 2004); in empirischen Studien aber wurden sie bislang vernachlässigt. Vor allem die Rolle der Akteure der Deliberation blieb unterbelichtet.

Das ist gerade im Kontext parlamentarischer Deliberation umso erstaunlicher, als dass bisherige Studien auf einen Zusammenhang zwischen Rollenorientierungen von Parlamentariern[1] und ihrem Verhalten schließen lassen (Kiehlhorn 2001)[2]. Wenn aber die Rollenorientierungen das Verhalten von Abgeordneten insgesamt beeinflussen, dann ist dies auch für ihr Kommunikationsverhalten zu erwarten. Bei der Analyse von Deliberation in parlamentarischen Debatten darf daher die Akteursdimension nicht vernachlässigt werden, denn es ist davon auszugehen, dass die Rollenorientierungen von Abgeordneten, vermittelt über ihr Kommunikationsverhalten, einen maßgeblichen Einfluss auf die Qualität von Deliberation haben.

In diesem Artikel wird ein Ansatz entwickelt, der es ermöglicht, den Einfluss der Rollenorientierungen von Abgeordneten auf ihr kommunikatives Verhalten zu analysieren. Damit bereitet der Artikel die Grundlage für spätere empirische

---

[1] Aus Gründen der besseren Lesbarkeit wurde auf eine explizite Nennung der weiblichen Form verzichtet. Wo die männliche Form verwendet wurde, ist implizit auch die weibliche Form gemeint.

[2] Zu den bekanntesten Werken über den Einfluss von Rollenorientierungen auf das Verhalten von Abgeordneten zählt die Studie von Donald D. Searing (1994) im britischen House of Common. In seinem Werk liefert Searing eine ausführliche, differenzierte Betrachtung der Analyse des Einflusses von Rollenorientierungen auf Kommunikationsverhalten.

Analysen. Der Zusammenhang zwischen Rollenorientierungen und Kommunikationsverhalten wird systematisch aufbereitet und diskutiert: Welche Rollenorientierungen sind für das Kommunikationsverhalten relevant? Welche Einflüsse können erwartet werden? Beide Fragen werden in Bezug auf Parlamentarier des Europaparlaments erörtert und beantwortet.

Basierend auf einer Online-Befragung, die jährlich von Farrell et al. (2011) im Europäischen Parlament durchgeführt wird, werden in einem ersten Teil die Rollenorientierungen von Europaabgeordneten analysiert und Rollensets identifiziert. Daran anschließend werden Annahmen über den Einfluss der Rollenorientierungen auf das Kommunikationsverhalten der Parlamentarier in Ausschuss- und Plenardebatten formuliert. Schließlich wird ein Messinstrument entwickelt, das es erlaubt, die formulierten Annahmen empirisch zu überprüfen. Das Messinstrument verbindet eine quantitative Diskursanalyse, basierend auf einem angepassten und erweiterten Discourse Quality Index (Steenbergen et al. 2003; Roger 2010), mit einer Befragung von Abgeordneten über ihre Rollenorientierungen. Damit ermöglicht das Instrument, in empirischen Analysen mögliche Zusammenhänge zwischen den Orientierungen von einzelnen Abgeordneten und ihrem Kommunikationsverhalten aufzudecken. Daran anschließend können in einem späteren Schritt allgemeine Aussagen über den Zusammenhang zwischen den Rollenorientierungen von Akteuren und der deliberativen Qualität einer Debatte formuliert werden.

Im nächsten Schritt werden das Konzept von Deliberation beschrieben sowie ein Messinstrument für die Messung der Qualität von Deliberation vorgestellt. In dem darauffolgenden Schritt wird in einem zweiten Schritt das Rollenkonzept erläutert sowie die Rollenorientierungen von Europaabgeordneten analysiert.

2 Deliberation im parlamentarischen Kontext

Das Konzept der Deliberation

Im Kern beschreibt Deliberation einen Prozess der Entscheidungsfindung, basierend auf dem Austausch rationaler Argumente. Der Prozess ist inklusiv, das heißt offen für alle Betroffenen. In der Debatte werden einzelne Positionen begründet; sie bedürfen, um angenommen zu werden, der Zustimmung aller. Es zählt der „zwanglose Zwang des besseren Arguments" (Habermas 1999, S. 53). Nur unparteiische Argumente, die im Lichte der Interessen aller Betroffenen gerechtfertigt werden können, sind zulässig.

Mit Deliberation ist die Hoffnung auf qualitativ hochwertigere Entscheidungen und verbesserte Legitimität verbunden (Bohman 1996, S. 25). Informationen werden gebündelt und das Wissen der Akteure verbessert (Martí 2006, S. 42). Deliberation fördert so die Herausbildung aufgeklärter und informierter Präferenzen unter gleichzeitiger Berücksichtigung der Perspektiven aller Betroffener (Bohman 1996, S. 27). Im Laufe der Debatte entwickeln Teilnehmer ein Bewusstsein für die Interessen und Positionen ihrer Mit-Diskutanten. Sie lernen voneinander, tauschen Argumente aus und suchen nach Lösungen, die alle Interessen berücksichtigt (Gutmann und Thompson 1996, S. 43). Der rationale Austausch von Argumenten kann, wenn er erfolgreich verläuft, zum Präferenzwandel führen. Im Idealfall wird die Entscheidung konsensual getroffen, d. h. alle Teilnehmer stimmen ihr aus gleichen Gründen zu (Cohen 1989).

In der Realität ist ein Konsens hingegen sehr schwer zu erreichen. Realistisch orientierte deliberative Theoretiker lassen daher Abstimmungen als Möglichkeit der Entscheidungsfindung im deliberativen Prozess zu (Manin 1987). In dieser Perspektive bildet Deliberation die Grundlage für eine Abstimmung. Unterschiedliche Ansichten werden geäußert und debattiert, Begründungen und Einsprüche abgewogen; individuelle Präferenzen werden im Lichte der Interessen anderer neu betrachtet und überdacht. Wo keine Übereinstimmung möglich ist, kommt es zur Abstimmung. Doch auch im Falle unvereinbarer Interessen ist Deliberation sinnvoll, denn sie trägt dazu bei, Konfliktlinien aufzudecken und zu strukturieren (Mansbridge et al. 2010, S. 68). Darüber hinaus erhöht Deliberation auch in Konfliktsituationen die Bereitschaft zur Kooperation, denn die Verständigung zwischen den Teilnehmern wird verbessert (Dryzek 2006, S. 55; Bohman 1996).

Die ihr innewohnende Rationalität, kombiniert mit einer ausgeprägten Gemeinwohlorientierung, hat Deliberation zum Inbegriff idealer parlamentarischer Entscheidungsfindung gemacht (Habermas 1992; Bessette 1994).[3] Als solches wurde sie für die Bewertung der Qualität parlamentarischer Debatten herangezogen (Steiner et al. 2004). In jüngerer Zeit ist die Fokussierung auf Deliberation als einzige Form hochwertiger Kommunikation jedoch zunehmend in die Kritik geraten. Insbesondere aus feministischer Perspektive wird kritisiert, dass die Fokussierung auf rationale Formen der Kommunikation die Exklusion benachteiligter Gruppen zur Folge habe (Sanders 1997; Young 1996). Neuere Ansätze

---

[3] Die deliberative Theorie hat zahlreiche Vertreter, sodass hier lediglich auf einige prominente Autoren verwiesen werden soll. Zu den Grundlagen der deliberativen Demokratietheorie siehe Jürgen Habermas (1992, 1999). Weitere Konzepte der Deliberation finden sich bei Amy Gutmann und Dennis Thompson (1996), James Bohman (1996) sowie John Dryzek (2002).

der Deliberationsforschung diskutieren vor diesem Hintergrund den Einbezug anderer Kommunikationsformen wie die Erzählung, also den Bezug auf persönliche Erfahrungen und Geschichten (Bächtiger et al. 2010b). Prominente Vertreter der deliberativen Theorie haben sich darüber hinaus in einem gemeinsamen Artikel gegen die zentrale Stellung der Gemeinwohlorientierung in der Deliberation gewandt und verweisen auf die wichtige Rolle von Partikularinteressen in Entscheidungsprozessen. Sie schlagen vor, das Konzept deliberativer Entscheidungsfindung um deliberative Formen der Verhandlung (deliberative negotiation) zu erweitern. Anders als im ursprünglichen Konzept sind Partikularinteressen hier Bestandteil des deliberativen Prozesses:

Including self-interest in deliberative democracy reduces the possibility of exploitation and obfuscation, introduces information that facilitates reasonable solutions and the identification of integrative outcomes, and also motivates vigorous and creative deliberation. (Mansbridge et al. 2010, S. 72–73)

Eine solche konzeptionelle Erweiterung aber birgt die Gefahr von concept-stretching[4] (Steiner 2008); andere Theoretiker haben – ohne von dem ursprünglichen Konzept abzurücken – stattdessen vorgeschlagen, Deliberation in Sequenzen zu betrachten (Goodin 2005; Thompson 2008). Damit wird die Erwartung aufgegeben, Deliberation müsse in allen Stadien des kommunikativen Prozesses gleich hochwertig sein; vielmehr werden andere Kommunikationsformen zugelassen.

Dieser Artikel untersucht den Einfluss von Rollenorientierungen auf die deliberative Qualität parlamentarischer Debatten. Es soll der Frage nachgegangen werden, in welchem Zusammenhang Rollenorientierungen mit einzelnen Elementen parlamentarischer Kommunikation stehen. Den neueren Entwicklungen in der deliberativen Theorie wird dabei insofern Rechnung getragen, als dass die Merkmale sogenannter „erweiterter Formen von Deliberation" berücksichtigt werden. Damit wird die Reduktion von Debatten auf die Modi Deliberation vs. Verhandlung zugunsten einer differenzierteren Betrachtung parlamentarischer Kommunikation aufgegeben, ohne das traditionelle Konzept von Deliberation zu verändern.

Messung von Deliberation

Die Bewertung der deliberativen Qualität der Debatten erfolgt mit dem sogenannten Discourse Quality Index (DQI) (Steenbergen et al. 2003). Auf Basis

---

[4] Für das Konzept des „concept-stretching" vergleiche Sartori (1970).

einer Sprechaktanalyse ermöglicht es der DQI, Deliberation quantitativ zu erfassen. Der DQI wurde ursprünglich von einer Schweizer Forschungsgruppe für ihre Analyse parlamentarischer Deliberation im Ländervergleich entwickelt (Steiner et al. 2004). Heute gilt er als wichtigstes, elaboriertestes Messinstrument der empirischen Deliberationsforschung. In diesem Artikel wird ein von der Autorin erweiterter, an Deliberation im europäischen Kontext angepasster DQI verwendet, der in weiten Teilen dem usprünglichen DQI in seiner weiterentwickelten Version (Bächtiger 2010b) entspricht (Roger 2010).

Der erweiterte DQI (siehe Anhang) misst die verschiedenen Dimensionen von Deliberation mit insgesamt sieben Indikatoren. In zwei weiteren Indikatoren werden Merkmale der erweiterten Form von Deliberation erfasst. Im Folgenden sollen nun die Merkmale von Deliberation in idealtypischer Form und die dazugehörigen Indikatoren vorgestellt werden: (1) Deliberation ist inklusiv, das heißt der Prozess ist offen für die Beteiligung aller Betroffenen. Ein wichtiges Element von Deliberation ist daher die freie und gleiche Beteiligung in der Debatte. Die freie Beteiligung wird über den Indikator Partizipation gemessen: Er bewertet die Möglichkeit eines Teilnehmers, sich ohne Unterbrechung äußern zu können und berücksichtigt die Häufigkeit von Wortmeldungen. (2) Deliberation beruht auf dem Austausch rationaler Argumente. Rationalität impliziert, dass Positionen gut begründet werden. Der DQI beurteilt daher den Grad der Begründung (Begründungsrationalität) vorgebrachter Argumente. (3) Im deliberativen Prozess erlangen nur diejenigen Argumente Gültigkeit, die im Lichte der Interessen aller begründbar sind. Partikularinteressen sind nicht zulässig. Der DQI bewertet den Inhalt der Argumente mit Blick auf ihre Gemeinwohlorientierung. Die Frage nach den vorgebrachten Argumenten ist gerade in parlamentarischen Versammlungen von besonderem Interesse, denn sie berührt den Inhalt der Repräsentation. In einer deliberativen Perspektive handeln Repräsentanten im Interesse aller Bürger. Auf europäischer Ebene unterscheidet der in dieser Arbeit verwendete DQI daher zwischen dem Bezug auf regionale, sektorale oder nationale Interessen und dem Bezug auf europäische und universale Interessen, wobei nur der Bezug auf europäische und universale Interessen das Kriterium der Gemeinwohlorientierung erfüllt.[5] Darüber hinaus misst der DQI, ob die Interessen aller Betroffener angemessen berücksichtigt werden (Solidarität). (4) Die Teilnehmer eines deliberativen Prozesses begegnen einander mit Respekt. Respekt zielt dabei sowohl auf die gegenseitige Anerkennung der jeweiligen Interessen (Respekt gegenüber anderen Gruppen) als auch auf ein respektvolles Miteinander in der Debatte (Re-

---

[5] Für den Zusammenhang zwischen Deliberation und Inhalt von Repräsentation im Europäischen Parlament vgl. Tamvaki und Lord 2010.

spekt gegenüber anderen Teilnehmern und ihren Forderungen) (Steenbergen et al. 2003). (5) Deliberation ist ein interaktiver Prozess; Interaktion setzt voraus, dass die Teilnehmer sich gegenseitig zuhören und aufeinander eingehen (Interaktivität)[6]. (6) Dabei müssen die Teilnehmer offen sein für die Argumente anderer. Nur wenn sie bereit sind, ihre eigenen Ansichten im Lichte der vorgebrachten Argumente zu überdenken und ggf. zu ändern, kann Deliberation erfolgreich sein. Der DQI misst die Bereitschaft der Teilnehmer, eine Einigung zu finden mittels konstruktiver Vorschläge, die sie in die Debatte einbringen (konstruktive Politik). Gerade im parlamentarischen Kontext ist die Bereitschaft zur Einigung von zentraler Bedeutung, denn nur so kann gewährleistet werden, dass in den von der parlamentarischen Versammlung verabschiedeten Entscheidungen die Interessen aller Betroffenen berücksichtigt werden. Der Indikator konstruktive Politik bezieht sich dabei auf die Bereitschaft zur Einigung. Zwar können sich Teilnehmer nach gründlicher Auseinandersetzung mit den Argumenten anderer entschließen, ihre ursprüngliche Position beizubehalten, wenn sie nicht vom Gegenteil überzeugt werden konnten; sie sollten jedoch im Laufe der Debatte um eine Einigung bemüht sein und z. B. alternative Vorschläge einbringen. (7) Ein wichtiges Kriterium von Deliberation schließlich ist Wahrhaftigkeit, d. h. die Teilnehmer müssen aufrichtig sein. Aufrichtigkeit ist eine wichtige Voraussetzung für Vertrauen. Zwar könnten Teilnehmer sich auch aus egoistischen Gründen auf unparteiische Argumente berufen, hinter denen sich partikulare Interessen verstecken; auf lange Sicht würde die Deliberation durch ein solches Verhalten jedoch zerstört. Empirisch ist es unmöglich, zwischen strategischen Argumenten und wahrhaftigen Argumenten zu unterscheiden, denn wahrhaftige Präferenzen sind nicht beobachtbar. In der Ursprungsversion des DQI und auch in der von Bächtiger (2010b) erweiterten Version verzichten die Autoren folglich gänzlich auf die Messung von Wahrhaftigkeit, denn ein solcher Indikator könne nur spekulativer Natur sein (Steenbergen 2003, S. 26). Diese Entscheidung ist nachvollziehbar aber mit Blick auf die zentrale Stellung der Wahrhaftigkeit für das langfristige Gelingen der Deliberation nicht zufrieden stellend. Tschentscher et al. (2010) haben stattdessen vorgeschlagen, die wahrgenommene Wahrhaftigkeit der Teilnehmer zu messen. Ihrem Vorschlag folgend enthält die hier verwendete erweiterte Version des DQI

---

[6] Der Grad der Interaktion wurde im ursprünglichen DQI nicht explizit berücksichtigt, sondern implizit als Bestandteil des Indikators „Respekt" erhoben. Damit aber wird der DQI der Relevanz von Interaktivität als zentrale Voraussetzung für jede argumentative Auseinandersetzung (Goodin 2005) nicht gerecht. Bächtiger (2010b) folgend wird der Grad der Interaktion zwischen den einzelnen Teilnehmern explizit gemessen.

eine Frage, in der die Teilnehmer die Glaubwürdigkeit ihrer Mitdiskutanten beurteilen sollen.[7]

Der Diskursindex in seiner ursprünglichen Form ist stark am habermas'schen Konzept der Deliberation orientiert. Erweiterte Formen des DQI tragen den konzeptionellen Weiterentwicklungen in der Deliberationsforschung Rechnung und schließen narrative Kommunikationsformen sowie einen deliberativen Verhandlungsmodus mit ein (Bächtiger et al. 2010a, 2010b).

Die mithin wichtigste narrative Kommunikationsform ist die Erzählung (8). Bächtiger et al. (2010a, S. 56) nennen drei wichtige Elemente, die eine Erzählung zu einem sinnvollen Bestandteil von Deliberation machen: Erstens sollte eine Erzählung der Mitteilung relevanter Information und der Aufdeckung impliziter Sichtweisen dienen; zweitens sollte durch sie ein Forum für die Artikulation von Interessen und Wünschen benachteiligter Gruppen geschaffen werden; drittens schließlich sollte sie zum Aufbau von Vertrauen und Respekt zwischen den Teilnehmern einer deliberativen Gruppe beitragen. Bächtiger (2010b) folgend enthält der in dieser Arbeit verwendete DQI einen Indikator story-telling: Es wird erhoben, ob sich ein Redner auf persönliche Erfahrungen und Geschichten bezieht.

Schließlich werden in erweiterten Formen des DQI deliberative Modi der Verhandlung berücksichtigt. Deliberative Verhandlungen unterscheiden sich von reinen Verhandlungsmechanismen durch die Abwesenheit koerziver Macht (coercive power) (Mansbridge et al. 2010, S. 72). Zwar ist es zulässig, den Verhandlungspartnern Versprechen zu unterbreiten, es darf ihnen aber nicht gedroht werden. Für die Unterscheidung zwischen erweiterten Formen von Deliberation und reinen Verhandlungen ist es notwendig, Verhandlungsmechanismen wie Versprechen und Drohungen in der Analyse zu berücksichtigen. Im Anschluss an Holzinger (2001) wird daher die Anzahl an Drohungen und Versprechen in den Sprechakten überprüft.

An die neuere Literatur zur Deliberationsforschung anknüpfend werden auf Basis der Indikatoren für Deliberation im traditionellen wie auch im erweiterten Sinne drei grundlegende Kommunikationsformen unterschieden[8]: Zum einen

---

[7] Wie die Autoren selbst herausstellen, handelt es sich dabei um eine „second best solution" (Tschentscher et al. 2010, S. 9). Die wahrgenommene Wahrhaftigkeit ist ein Indikator für das Vertrauen, das zwischen den Teilnehmern der Deliberation herrscht; dieses wiederum ist notwendige Voraussetzung für den Erfolg von Deliberation, denn nur auf Grundlage von Vertrauen ist gegenseitige Verständigung möglich (vgl. Roger 2010; Tschentscher et al. 2010).

[8] Für eine Differenzierung in traditionelle und erweiterte Formen von Deliberation siehe grundlegend Bächtiger et al. (2010a) und Mansbridge et al. (2010). Für den erweiter-

die idealtypische Deliberation, einschließlich dem Kriterium der Gemeinwohl-Orientierung sowie der Forderung nach rationaler Begründung der vorgebrachten Argumente. Prominente Vertreter der empirischen Deliberationsforschung haben diese am habermas'schen Konzept orientierte Form von Deliberation als „Typ I-Deliberation" betitelt (Bächtiger et al. 2010a). Die „Typ-II-Deliberation" stellt dagegen eine erweiterte, realtypische Form von Deliberation dar: in diesem Konzept ist der Bezug auf partikulare, persönliche Interessen sowie nicht-rationale, narrative Kommunikation zulässig. Auch Versprechen können unterbreitet werden, wenn dies der Kompromissfindung dient. Mansbridge et al. (2010) bezeichnen diese Kommunikationsform als „deliberative Verhandlung". Deliberative Verhandlungen sind fair und frei von jeglichen Zwängen – anders als der dritte Kommunikationstypus, die reine Verhandlung; dieser entspricht dem ursprünglichen Konzept von bargaining und schließt Drohungen mit ein.

Der DQI misst Deliberation auf einem Kontinuum; die Indikatoren können Ausprägungen von sehr schlecht bis sehr gut annehmen. Die Analyseeinheit bilden Sprechakte, d. h. sinnvolle Kommunikationseinheiten. Der DQI bewertet für jeden einzelnen Sprechakt anhand der Indikatoren, wie gut dieser die jeweiligen Kriterien erfüllt. Die aggregierten Ergebnisse geben Aufschluss über die Qualität der Deliberation. Allerdings handelt es sich bei Deliberation nicht um ein eindimensionales Konzept, wie Bächtiger et al. (2010c) gezeigt haben: Deliberation ist vielmehr multidimensional, d. h. die einzelnen Elemente korrelieren nicht zwangsläufig miteinander. Es ist möglich, dass einzelne Elemente in einer Debatte besonders gut ausgeprägt sind, andere hingegen gar nicht. Dieser Artikel konzentriert sich auf die Einflüsse, die von den Rollenorientierungen auf die einzelnen Elemente von Deliberation erwartet werden können. Bevor auf den Zusammenhang zwischen Orientierungen und kommunikativer Handlung eingegangen wird, werden in einem nächsten Schritt die Rollenorientierungen von Europaabgeordneten näher beleuchtet.

3 Rollenorientierungen von Abgeordneten

Eine soziale Rolle beschreibt die gebündelten Erwartungen von Mitgliedern der Gesellschaft an die Träger sozialer Positionen (Dahrendorf 2006, S. 37). Die Rolle wird konstituiert durch ein Set an Verhaltensnormen, die es zu erfüllen gilt.

---

ten DQI sowie die Differenzierung von Kommunikation in unterschiedliche Diskurstypen vergleiche Bächtiger et al. (2010b).

Damit ist sie ausschlaggebend für das Auftreten eines Akteurs in der Interaktion (Parsons und Shils 1967, S. 23). Zwar impliziert die Rolle verbindliche Erwartungen auf Seiten des Interaktionspartners, denen sich der Einzelne nicht schadlos entziehen kann. Die konkrete Ausfüllung der Rolle hängt aber vom jeweiligen Individuum ab. Jedes Individuum verfügt über distinkte Einstellungen gegenüber der eigenen Rolle (Rollenorientierungen), die unterschiedliches Verhalten nach sich ziehen (Rollenperformanz). Die jeweiligen Einstellungen beschreiben dabei die Tendenz zu einem Verhalten; die Handlung bezeichnet die Umsetzung der Tendenz in konkretes Verhalten (Biddle und Thomas 1966, S. 26).

Dieser Artikel fokussiert auf den Zusammenhang zwischen Rollenorientierungen und Kommunikationsverhalten bei Europaabgeordneten. Im Anschluss an Wahlke et al. (1962) wird dabei zwischen der Rolle als Repräsentant (representational role) und der Rolle als Parlamentarier (purposive role) unterschieden. Erstere zielt auf die Beziehung zwischen Repräsentant und Repräsentierten, letztere beinhaltet Orientierungen gegenüber der Tätigkeit als Parlamentarier. Wie im Folgenden gezeigt wird, sind insbesondere die Orientierungen gegenüber der Rolle als Repräsentant von elementarer Bedeutung für parlamentarische Deliberation; doch auch von den parlamentarischen Rollenorientierungen kann erwartet werden, dass sie das Kommunikationsverhalten beeinflussen.

Rolle als Repräsentant

Die bekannteste Differenzierung parlamentarischer Rollenverständnisse bildet die Trustee-vs.-Delegate-Orientierung. Diese Orientierung findet sich in idealtypischer Form in der Dankesrede von Edmund Burke an die Wähler von Bristol (Burke 1774). In seiner Rede plädierte der britische Abgeordneten Edmund Burke für die Rolle eines unabhängigen Repräsentanten, für den das Interesse der Nation an erster Stelle steht. Damit distanzierte sich Burke gezielt von seinem Vorredner Henry Cruger, der mit seinem Versprechen an seine Wähler, für die Umsetzung der von ihnen artikulierten Interessen zu sorgen, das Idealbild des Delegate vertrat. Die Debatte um Trustee vs. Delegate dominierte lange Zeit die Repräsentationsforschung. In analytischer Perspektive jedoch gründen beide Idealtypen auf logisch voneinander unabhängigen Dimensionen: Ein Abgeordneter kann sich aus freien Schritten entscheiden, die Interessen seiner Wähler zu vertreten, und seine Entscheidungen dennoch auf eigene Ansichten und nicht auf deren Instruktionen gründen. Umgekehrt ist – zumindest aus theoretischer Perspektive – nicht auszuschließen, dass ein Abgeordneter von seinen Wählern instruiert wird, das Wohl der Nation zu verfolgen. Eulau et al. (1959) folgend wird daher im

Folgenden zwischen Stil der Repräsentation und Fokus der Repräsentation differenziert. Der Stil der Repräsentation zielt auf die Beziehung zwischen Wähler und Repräsentanten (Instruktionen vs. Unabhängigkeit), der Fokus der Repräsentation hingegen auf die inhaltliche Interessenvertretung (Gemeinwohl vs. Partikularinteressen). Wie im Anschluss gezeigt wird, sind beide Dimensionen zentral für die Fähigkeit des Akteurs zu deliberieren.

Stil der Repräsentation Das Verhalten von Repräsentanten wird in der Regel als Prinzipal-Agenten-Beziehung konstruiert – der Bürger instruiert hierbei als Prinzipal den Repräsentanten (Agent). In dieser Perspektive rückt der Einfluss des Prinzipals auf die Entscheidungen seines Agenten in den Vordergrund (Andeweg und Thomassen 2005). Die Frage nach der Umsetzung der Interessen der Repräsentierten durch ihren Repräsentanten ist dabei normativ umstritten, denn sie impliziert eine – je nach Auslegung – höchst unterschiedliche Definition der guten Repräsentation. Entsprechend unterschiedlich wird sie von Repräsentanten beantwortet. Ob er den Instruktionen der Bürger folgt (Delegate) oder Entscheidungen auf Basis seiner persönlichen Einschätzung trifft (Trustee), entscheidet letztlich der Repräsentant selbst (Wahlke et al. 1962). Die Orientierung an einem der beiden Modelle aber bleibt voraussichtlich nicht ohne Folgen für das Kommunikationsverhalten des Repräsentanten. Deliberation setzt Offenheit für die Argumente anderer voraus sowie die Bereitschaft, die eigene Position zu überdenken. Von einem Repräsentanten, der an die Instruktionen seiner Wähler gebunden ist, kann eine solche Offenheit nicht erwartet werden. In theoretischer Perspektive setzt Deliberation daher einen unabhängigen Trustee voraus. Der an Instruktionen gebundene Delegate hingegen dürfte sich auf den Modus der Verhandlung beschränken.

Fokus der Repräsentation Repräsentanten verfügen nicht nur über einen Prinzipal, sondern sind in der Regel mehrfach verpflichtet: gegenüber ihrem Wahlkreis, ihrer Partei, ihrer Nation oder – auf europäischer Ebene – den versammelten europäischen Wählern. Tritt ein Interessenskonflikt auf, müssen sich Repräsentanten entscheiden, welcher Gruppe sie den Vorrang geben. Mit Blick auf die Forderung nach der Gemeinwohlorientierung in idealtypischen deliberativen Prozessen ist die Frage nach dem Fokus der Repräsentation von besonderer Relevanz. Partikularinteressen sind in der Deliberation nicht zulässig. Die Frage lautet nicht: „Was ist gut für mich?" bzw. als Repräsentant „Was ist gut für meinen Wahlkreis?" sondern „Was ist gut für uns?" bzw. „Was ist gut für alle betroffenen Bürger?".

Damit zielt der Fokus der Repräsentation auf die inhaltliche Position des Repräsentanten ab. Im Rahmen idealtypischer Deliberation wird von Abgeordneten erwartet, dass sie die Interessen aller Bürger vertreten, Konflikte zu überwinden suchen und gemeinwohlorientiert agieren (Pitkin 1967; Buchstein 1997).

In Umfragen geben Europaabgeordnete an, sich in ihrer inhaltlichen Position sowohl an den Interessen aller europäischen Bürger als auch an Partikularinteressen wie denen ihres Wahlkreises oder ihrer Nation zu orientieren (Scully und Farrell 2003). Im Konfliktfall verlangt Deliberation jedoch eine klare Privilegierung der Gemeinwohlinteressen. Auf europäischer Ebene impliziert Deliberation damit, dass den Interessen der gesamten europäischen Bürgerschaft gegenüber jeglichen Partikularinteressen, einschließlich Partei- oder Wahlkreisinteressen, der Vorrang gegeben werden muss.

Die Frage nach dem inhaltlichen Fokus der Repräsentation wird damit zentral für das Kommunikationsverhalten von Repräsentanten in parlamentarischen Debatten. Von Abgeordneten, die den Fokus auf die Vertretung der Interessen aller europäischen Bürger legen, kann erwartet werden, dass sich diese Orientierung auch auf ihr Kommunikationsverhalten überträgt und sie gemeinwohlorientiert argumentieren. Privilegiert ein Repräsentant hingegen Partikularinteressen, werden sich diese Orientierungen voraussichtlich auch in einem entsprechenden Kommunikationsverhalten niederschlagen.

Beide Dimensionen – Stil der Repräsentation und Fokus der Repräsentation – sind voneinander unabhängig (Eulau et al. 1959). Auf Grundlage beider Dimensionen lassen sich zwei Idealtypen herausbilden, nämlich den unabhängigen Trustee und den instruierten Delegate. Anders als im Burk'schen Modell impliziert der Stil der Repräsentation jedoch keinen Gemeinwohlfokus. Stattdessen kann der Fokus der Repräsentation als feinere Kategorisierung der ursprünglichen Dimension, dem Stil der Repräsentation, betrachtet werden.[9]

In Anschluss an Kielhorn (2001, S. 46) werden – in Bezug auf den Fokus der Repräsentation – vier Dimensionen von Repräsentation unterschieden: Die ganze Nation als Burk'sches Ideal, die Partei, der Wahlkreis und sektorale Interessen. Die europäische Ebene verlangt zudem nach einer genaueren Differenzierung der im Rahmen nationalstaatlicher Repräsentation formulierten Dimensionen. Die Burk'sche Dimension der ganzen Nation wird um die europäische Ebene erweitert; gleiches gilt für die Parteidimension, denn die Mitglieder des Europäischen Parlaments sind nicht nur Mitglieder ihrer Partei, sondern – via deren Mitgliedschaft – in der Regel auch europäischer Fraktionen.

---

[9] Ich danke dem/der anonymen GutachterIn für diesen äußerst wertvollen Hinweis.

Tab. 1 Parlamentarische Idealtypen. (Quelle: Eigene Darstellung. Differenzierung der Dimensionen von Repräsentation in Anlehnung an Kielhorn (2001, S. 46))

		Fokus der Repräsentation			
		Burk'sche Dimension	Partei-Dimension	Territoriale Dimension	Sektorale Dimension
Stil der Repräsentation	Trustee	Europa Nation	Europ. Fraktion Nationale Partei	Region	Sektorale Interessen
	Delegate	Europa Nation	Europ. Fraktion Nationale Partei	Region	Sektorale Interessen

Die jeweiligen Orientierungen auf nationaler und europäischer Ebene werden dabei in einer Dimension zusammengefasst, denn es ist anzunehmen, dass sie sich überlappen: ein Abgeordneter mit Burk'schem Repräsentationsfokus wird sowohl seine Nation als auch alle Europäer im Blick haben, ein Partei-orientierter Repräsentant sich hingegen an seiner nationalen Partei und seiner europäischen Fraktion orientieren. Der Wahlkreisbezug schließlich entfällt auf europäischer Ebene insofern, als dass die Mitgliedsstaaten als Wahlkreise fungieren. In einer territorialen Perspektive kann dennoch erwartet werden, dass der Repräsentant die Interessen seiner Heimat besonders vertritt. An Stelle des Wahlkreisbezugs tritt hier der regionale Bezug.

Auf Grundlage der beiden Dimensionen – Stil der Repräsentation und Fokus der Repräsentation – können acht Idealtypen unterschieden werden (Tab. 1): Trustees und Delegates mit je einem Burk'schen Repräsentationsfokus auf ganz Europa/die ganze Nation; einem Parteifokus auf die Fraktion/die nationale Partei; einem territorialen Repräsentationsfokus auf die Region und schließlich einem sektoralen Repräsentationsfokus auf sektorale Interessen. Bei der Bestimmung der Idealtypen halte ich dabei an der ursprünglichen Differenzierung Kielhorns' des Repräsentationsfokus in vier Dimensionen fest und ergänze diese lediglich um den jeweiligen europäischen Fokus – also auf der Burk'schen Ebene um Europa und auf der Partei-Ebene um die europäische Fraktion.

Der Trustee ist unabhängig von den Instruktionen seiner Wähler; er orientiert sich an seiner eigenen Meinung. Es ist ihm selbst überlassen, über die objektiven Interessen der Betroffenen zu entscheiden sowie darüber, wie diese am besten umgesetzt werden sollten. Die Unabhängigkeit impliziert dabei keine inhaltliche

Orientierung. Vielmehr steht es dem Trustee frei, unterschiedliche Gruppen zu repräsentieren: alle Bürger auf europäischer und nationaler Ebene, Wähler ihrer Partei und – über deren Mitgliedschaft – der europäischen Fraktion, seine Region oder sektorale Interessen. Der Delegate hingegen ist an Instruktionen gebunden. Dennoch ist es auch ihm – im Rahmen seiner Instruktionen – möglich, sich an den Interessen bestimmter Gruppen zu orientieren. In einer analytischen Perspektive sind dabei alle Kombinationen denkbar, auch ein an den Interessen aller Bürger orientierter Delegate; in empirischer Perspektive aber sind nicht alle Typen gleich wahrscheinlich. Dieser Artikel behandelt die theoretischen Aspekte von Repräsentation sowie stellt Annahmen auf über den Zusammenhang zwischen Rollenorientierungen und Kommunikationsverhalten; auf eine Analyse der empirischen Verteilung der Rollenmuster im Europäischen Parlament wird daher verzichtet.

Die Unabhängigkeit von den Instruktionen der Wähler ist eine elementare Voraussetzung dafür, dass ein Repräsentant deliberiert. Mit Blick auf die Gemeinwohl-Orientierung idealer Deliberation ist außerdem der Fokus der Repräsentation entscheidend. Darüber hinaus verfügen Repräsentanten aber noch über weitere Orientierungen gegenüber ihrer Rolle als Parlamentarier (Katz 1999; Scully und Farrell 2003). Diese werden als Nächstes dargestellt und diskutiert.

Rolle als Parlamentarier

Aspekte der Tätigkeit als Parlamentarier Potenziell sind jegliche Rollenorientierungen eines Akteurs für sein Verhalten relevant, einschließlich des Kommunikationsverhaltens. Im Folgenden werden daher die Rollenorientierungen von Abgeordneten gegenüber ihrer Tätigkeit näher betrachtet, insbesondere hinsichtlich der möglichen Auswirkungen auf das Kommunikationsverhalten.

Die Rollenorientierungen von Europaabgeordneten werden jährlich von Farrell et al. (2011) im Rahmen einer schriftlichen Befragung erhoben. In der Befragung werden die Parlamentarier gebeten, die Relevanz verschiedener Aspekte parlamentarischer Arbeit zu beurteilen. Zur Auswahl stehen traditionelle Aufgaben wie Gesetzgebung und parlamentarische Kontrolle, aber auch die Vermittlung gesellschaftlicher Interessen, die Entwicklung gemeinsamer Strategien für zukünftige EU-Politiken sowie die Vertretung der Interessen individueller Bürger. Auf Grundlage der Daten des Befragungszeitraums 2010 wurden die Rollenorientierungen der Abgeordneten gegenüber den Aspekten ihrer Tätigkeit als Repräsentant berechnet (Tab. 2). Die Mehrheit der Abgeordneten hält Aufgaben im Rahmen der

Tab. 2 Rollenorientierungen gegenüber der Tätigkeit als Parlamentarier. (Quelle: Farrell et al. (2011): EPRG MEP Survey Dataset: 2011 Release; eigene Berechnung. Angaben in Prozent. Die Items wurden in der Tabelle aus dem Englischen ins Deutsche übersetzt. Für die genaue Formulierung der Fragen siehe Anhang)

	Unwichtig <-----> sehr wichtig				
	1	2	3	4	5
Gesetzgebung	3.9	4.9	8.4	21.2	61.6
Parlamentarische Kontrolle	5.4	11.3	21.2	30.0	32.0
Artikulation von wichtigen gesellschaftlichen Interessen und Bedürfnissen	3.9	4.9	16.3	26.1	48.8
Entwicklung gemeinsamer Strategien für europäische Politiken	5.4	7.4	17.7	30.5	38.9
Vermittlung zwischen verschiedenen gesellschaftlichen Interessen	9.9	12.3	25.1	27.1	25.6
Repräsentation individueller Interessen individueller Bürger	14.3	22.2	23.2	19.2	21.2

legislativen Funktion von Parlamenten demnach für besonders wichtig; darüber, ob auch die Suche nach einem Ausgleich zwischen verschiedenen gesellschaftlichen Interessen einen wichtigen Aspekt parlamentarischer Tätigkeit darstellt, herrschen unterschiedliche Ansichten. Ähnlich umstritten sind die Aspekte „Gemeinsame Strategien für EU-Politiken entwickeln" sowie die „Repräsentation individueller Interessen individueller Bürger".

Anders als die Unabhängigkeit von den Wählern und die Fokussierung auf das Gemeinwohl stehen die jeweiligen Orientierungen gegenüber der Tätigkeit als Repräsentant nicht in direktem Zusammenhang mit den Elementen von Deliberation; da sie aber das Rollenverständnis eines Parlamentariers mitbestimmen, ist anzunehmen, dass sie sich auch auf sein Kommunikationsverhalten auswirken. Einige Orientierungen dürften dabei der Deliberation förderlich sein, andere hingegen hinderlich. Im weiteren Verlauf wird der Einfluss der Orientierungen auf die Deliberation erörtert und Annahmen über mögliche Zusammenhänge aufgestellt.

Ein erster Teil der Orientierungen beinhaltet traditionelle parlamentarische Aktivitäten, namentlich die legislative Funktion und Kontrollfunktion. Damit rücken parlamentarische Debatten ins Zentrum der Orientierungen. Im Europäischen Parlament nehmen die Ausschüsse eine wichtige Rolle ein. Sie bereiten die Dokumente für die Verabschiedung im Plenum vor. Die Ausschüsse im Europaparlament arbeiten hauptsächlich konsensorientiert (Settembri und Neuhold 2009). Die Gründe für die Konsensorientierung sind vielfältig: Zum einen zeichnen sich die Debatten in den Ausschüssen durch einen hohen Komplexitätsgrad aus; die Themen sind zumeist technischer Natur, d. h. sie polarisieren nicht. Komplexe, nichtpolarisierende Themen wirken sich positiv auf die Qualität von Deliberation aus (Steiner et al. 2004). Zum anderen zeichnen sich Ausschüsse – im Vergleich zum Plenum – durch relativ geringe Mitgliedszahlen aus. Die kleine Größe erleichtert eine intensive Auseinandersetzung mit dem Thema und ermöglicht einen interaktiven Austausch von Argumenten (Elster 1998). Die Berücksichtigung aller Perspektiven ist schließlich eine wichtige Voraussetzung dafür, dass das erarbeitete Dokument im Plenum angenommen wird (Benedetto 2005). Grundsätzlich ist in parlamentarischen Debatten ein hoher Grad an Rationalität zu erwarten. Parlamentarier tun ihr Bestes, ihre eigene Position gut zu begründen und mögliche Gegenargumente abzuwehren (Goodin 2005). Vor diesem Hintergrund ist wahrscheinlich, dass sich die Orientierung an traditionellen parlamentarischen Tätigkeiten positiv auf deliberatives Kommunikationsverhalten auswirkt.

Ein zweiter Block an Orientierungen bezieht sich auf die Vermittlung von und den Ausgleich zwischen gesellschaftlichen Interessen. Die Suche nach einem tragfähigen Interessenausgleich setzt Kompromissbereitschaft voraus. Damit ist zu erwarten, dass sich die Orientierungen positiv auf bestimmte Elemente von Deliberation auswirken, insbesondere auf die Bereitschaft, auf andere einzugehen und konstruktive Vorschläge zu unterbreiten, sowie den Respekt gegenüber allen gesellschaftlichen Interessen. Gleichzeitig deutet die Fokussierung auf gesellschaftliche Interessen auch auf eine Orientierung an Partikularinteressen hin; im Zentrum steht die Suche nach einem Kompromiss, nicht nach einem Konsens. Damit ist anzunehmen, dass sich die Orientierung an gesellschaftlichen Interessen negativ auf den Gemeinwohlaspekt von Deliberation auswirkt.

Auf Basis zweier Rollenorientierungen, dem Repräsentationsstil und -fokus, wurden parlamentarische Idealtypen differenziert. In einem nächsten Schritt werden die Orientierungen gegenüber der Repräsentationstätigkeit in die bisherige Differenzierung inkludiert. Die jeweiligen Orientierungen sind Ausdruck unterschiedlicher Repräsentationsverständnisse. Damit zusammen hängen verschiedene Ansichten über die Funktion und Aufgaben von Parlamenten in einer Gesellschaft. Die Orientierungen sind dabei idealtypisch zu begreifen; empirisch ist nicht ausgeschlossen, dass ein Abgeordneter sowohl traditionelle parlamentarische Aufgaben als auch die Vermittlung gesellschaftlicher Interessen als zentrale Aspekte seiner Tätigkeit begreift. Der nächste Abschnitt ist der Diskussion der Idealtypen gewidmet; der Zusammenhang zwischen den jeweiligen Orientierungen wird im Anschluss empirisch überprüft.

4 Rollenorientierungen und Kommunikationsverhalten

Parlamentarische Repräsentanten: Rollensets

Jane Mansbridge unterscheidet zwischen einer deliberativen und einer aggregativen Funktion von Parlamenten. Die deliberative Funktion beinhaltet eine wichtige Gemeinwohlkomponente; sie zielt darauf ab, unter Berücksichtigung der jeweiligen Interessen Politiken zu formulieren und umzusetzen, die der gesamten Gesellschaft zugutekommen: „It [...] aims at transforming interests and creating commonality when that commonality can be genuinely good for all." (Mansbridge 1999, S. 634) Die aggregative Funktion hingegen beruht auf der Annahme konfligierender, nicht miteinander vereinbarer Interessen; der Entscheidung wird im Abstimmungsprozess Legitimität verliehen: „The aggregative function [...] aims at producing some form of relatively legitimate decision in the context of fundamentally conflicting interests." (Mansbridge 1999, S. 634) Parlamentarische Versammlungen haben sowohl eine deliberative als auch eine aggregative Komponente; es ist anzunehmen, dass Abgeordnete in Abhängigkeit von ihrem Repräsentationsverständnis die eine oder andere Funktion stärker betonen. Welche Funktion besonders betont wird, ist wiederum ausschlaggebend für die Orientierungen des Einzelnen gegenüber den Aspekten parlamentarischer Tätigkeit.

Der Trustee folgt seiner eigenen Meinung, d. h. er handelt unabhängig von Instruktionen. Welche Gruppe er vertritt, entscheidet er frei. Ein Trustee mit einem Burk'schen Repräsentationsfokus vertritt die Interessen aller Europäer, zumindest aber aller Bürger seiner Nation. Die Orientierungen deuten darauf hin, dass er Parlamente deliberativ, d. h. als gemeinwohlorientierte Versammlungen begreift mit dem Ziel, Gesetze im Interesse der gesamten Gesellschaft zu verabschieden; Trustees mit einem parteilichen, territorialen oder sektoralen Repräsentationsfokus sind hingegen an partikularen Interessen orientiert. Die Orientierungen lassen eine stärkere Fokussierung auf die aggregative Funktion von Parlamenten vermuten: Parlamente werden in diesem Sinne weniger als gemeinwohlorientierte Institution, sondern vielmehr als Versammlung gewählter Vertreter privater und gesellschaftlicher Interessen betrachtet. Die Betonung der eigenen Meinung indes lässt darauf schließen, dass auch Trustees mit partikularen Repräsentationsfoki Elemente der deliberativen Funktion für wichtig erachten; demzufolge besteht die Aufgabe der Repräsentanten darin, einen Kompromiss zwischen den gesellschaftlichen Interessen zu finden, wobei jeder Parlamentarier bestimmte Interessen hervorhebt. Generell wird von Trustees, sowohl von denen mit einem allgemeinen Repräsentationsfokus als auch von jenen Trustees mit einem besonderen Bezug zu ihrer Partei, ihrer Region oder bestimmten Gruppen, erwartet, dass sie traditionelle Aspekte parlamentarischer Arbeit hervorheben mit dem Ziel, eine Gesetzgebung zu schaffen, die mit verschiedenen gesellschaftlichen und nationalen Interessen vereinbar ist.

Anders als beim Trustee sind die Orientierungen des Delegate ausschließlich mit der aggregativen Funktion von Demokratie vereinbar. Zwar werden auch in dieser Perspektive Repräsentanten als gewählte Vertreter privater Interessen betrachtet; ihre Aufgabe besteht jedoch weniger darin, einen Ausgleich zwischen verschiedenen Interessen zu suchen; vielmehr gilt es, die Interessen der eigenen Wählerschaft kompromisslos gegen andere Interessen durchzusetzen. Vor diesem Hintergrund kann erwartet werden, dass sich der Delegate in seiner Tätigkeit auf die Durchsetzung von Partikularinteressen konzentriert. Dabei befolgt der Delegate idealtypisch die Instruktionen derjenigen Gruppe, auf die er in der Repräsentation fokussiert. Delegates mit territorialem bzw. sektoralen Repräsentationsfokus erhalten die Instruktionen von ihrer Region bzw. von bestimmten gesellschaftlichen Gruppen. Bei Delegates mit Partei-Fokus können auf europäischer Ebene zwei Prinzipale unterschieden werden, die den Delegate als Agenten anweisen: die nationale Partei und die Europäische Fraktion (Hix 2002). Ein Delegate mit Burk'schem Repräsentationfokus schließlich ist in der Theorie ebenfalls denkbar, empirisch aber eher unwahrscheinlich.

In theoretischer Perspektive kann – den obigen Ausführungen folgend – ein Zusammenhang zwischen den jeweiligen Rollenorientierungen erwartet werden. Basierend auf den Daten aus der Online-Befragung wurde eine Faktorenanalyse durchgeführt, um den Zusammenhang empirisch zu überprüfen (Tab. 3). In der Faktorenanalyse wurden drei Faktoren mit einem Eigenwert größer 1 und einer erklärten Varianz von mehr als 17 % extrahiert. Der Gesamtanteil der erklärten Varianz liegt bei 65 %.

Die in aus theoretischer Perspektive erwarteten Zusammenhänge unterschiedlicher Rollenorientierungen konnten empirisch bestätigt werden. Den drei Faktoren liegen unterschiedliche Repräsentationsverständnisse zu Grunde, mit unterschiedlich starker Affinität zu parlamentarischer Deliberation.

Der erste Faktor umfasst Orientierungen hin zu Partei- und Wählerinteressen. Die Aspekte der parlamentarischen Tätigkeit laden nur schwach auf den Faktor; die Orientierung hin zu den Prinzipalen (Wähler der Partei, Wahlkreis, Nationale Partei, Fraktion) ist hingegen sehr stark ausgeprägt. Damit vereint der Faktor zwei Dimensionen des Repräsentationsfokus, nämlich die Parteiorientierung und den regionalen Bezug. Repräsentanten mit einer hohen Ausprägung auf diesem Faktor

Tab. 3 Parlamentarische Rollensets. (Quelle: Hauptkomponentenanalyse mit Varimax-Rotation. Daten: Farrell et al. (2011): EPRG MEP Survey Dataset: 2011 Release (Zwei Items wurden aus der Faktorenanalyse ausgeschlossen: Das Item „Representing the individual interests of individual citizens" (MSA-Wert .553) sowie das Item „Represent another group of society"; eigene Berechnung)

	Partei-Orientierung	Sozietale Orientierung	Parlamentarische Orientierung
Aspekte der Tätigkeit als Abgeordneter			
Gesetzgebung	.203	.205	.768
Parlamentarische Kontrolle	.148	.085	.831
Artikulation von wichtigen gesellschaftlichen Interessen und Bedürfnissen	.161	.508	.446
Entwicklung gemeinsamer Strategien für europäische Politiken	.026	.666	.512
Vermittlung zwischen verschiedenen gesellschaftlichen Interessen	.112	.642	.271
Repräsentationsfokus			
Alle Bürger in Europa	.072	.806	.067
Alle Bürger in meinem Mitgliedsstaat	.354	.651	.091
Alle Wähler meiner Partei	.838	.154	.070
Alle Bürger in meinem Wahlkreis/meiner Region	.667	.158	.273
Meine nationale Partei	.875	.058	.124
Meine europäische Fraktion	.759	.278	.148
Frauen	.423	.569	−.032

können damit den Idealtypen des Delegate oder Trustee mit starken territorialen und parteilichen Orientierungen zugeordnet werden.

Der zweite Faktor kombiniert diejenigen Orientierungen, die auf die Vertretung und den Ausgleich von sozialen Interessen ausgerichtet sind. Gleichzeitig findet sich in ihm die Burk'sche Repräsentationsdimension wieder: die Orientierung an den Interessen aller Bürger Europas sowie aller Bürger einer Nation. Auch der Bezug auf die Interessen bestimmter Gruppen lädt auf den Faktor. Der Faktor vereint ebenfalls zwei Idealtypen: Abgeordnete mit Burk'schem oder Repräsentationsfokus sehen sich demnach auch als Delegierte breiterer gesellschaftlicher Interessen. Diese Orientierungen stehen in engem Zusammenhang mit einer Fokussierung auf Entscheidungen im Sinne aller Betroffenen sowie europäischer Lösungen; damit können Personen mit hoher Ausprägung auf dem Faktor dem Idealtypen des Trustee mit Burk'schem und sektoralen Repräsentationsfokus zugeordnet werden. Erwartungsgemäß korrelieren eher deliberative Aspekte der parlamentarischen Arbeit mit einem europäischen/nationalen Repräsentationsfokus; der Delegate mit Burk'schen bzw. sektoralen Repräsentationsfokus kann damit empirisch nicht bestätigt werden.

Damit bestätigt die Faktorenanalyse in Teilen die vier Dimensionen von Repräsentation, die die Grundlage bildeten für die oben ausgearbeitete Typologie: Der Bezug zur nationalen Partei und der europäischen Fraktion laden erwartungsgemäß auf den gleichen Faktor; gleiches gilt für die Orientierungen hin zu allen Bürgern sowohl auf europäischer Ebene als auch im Mitgliedstaat. Die vier Dimensionen werden aber auf zwei reduziert: die erste Dimension umfasst den Bezug zu partikularen Interessen (Wähler, Partei), auf der zweiten finden sich die Orientierungen hin zu der Gesellschaft als Ganzes (alle Bürger, gesellschaftliche Interessen).

Der dritte Faktor schließlich umfasst traditionelle parlamentarische Aktivitäten wie die Gesetzgebung sowie die parlamentarische Kontrolle; empirisch verfügen Abgeordnete jenseits der idealtypisch unterschiedenen Einstellungen über ein drittes Set an Orientierungen, das die Kernelemente parlamentarischer Arbeit betrifft.

Die Faktoren sind klar voneinander abgegrenzt; als einzige Variable lädt nur die „Suche nach gemeinsamen Strategien" auf zwei Faktoren. Ein möglicher Grund könnte darin liegen, dass die Variable nicht trennscharf ist und sowohl einen Aspekt der Gemeinwohlorientierung als auch die Suche nach einem gesellschaftlichen Kompromiss beinhaltet.

Wie gezeigt werden konnte, sind die einzelnen Rollenverständnisse unterschiedlich affin zu Deliberation als Entscheidungsform. Vor dem Hintergrund der Multidimensionalität von Deliberation wird in der Analyse außerdem zwischen den einzelnen Elementen von Deliberation unterschieden werden. So ist davon auszugehen, dass sich die jeweiligen Orientierungen unterschiedlich auf die einzelnen Aspekte auswirken. Im Folgenden wird daher der Einfluss der jeweiligen Orientierungen auf die unterschiedlichen Elemente von Deliberation diskutiert und genauere Annahmen über Zusammenhänge formuliert.

Parlamentarische Repräsentanten: Kommunikationstypen

Der erste Faktor der „Partei-Orientierung" umfasst Orientierungen hin zu partikularen Interessen, sowohl der Partei und der Fraktion als auch der Region. Eine starke Fokussierung hin zu bestimmten partikularen Interessen impliziert in der Regel auch eine gewisse Verbindlichkeit; Repräsentanten mit einer starken Orientierung an partikularen Interessen werden diese Interessen auch in der parlamentarischen Debatte vertreten – notfalls auch unter Rückgriff auf traditionelle Verhandlungselemente wie Versprechen und Drohungen. Von Repräsentanten mit einer hohen Ausprägung auf dem Faktor der Parteiorientierung wird daher erwartet, dass sie in parlamentarischen Debatten verhandeln und damit auf den einzelnen Dimensionen der Deliberation eher schlecht abschneiden.

Der zweite Faktor „societale Orientierunge" umfasst konstruktive Orientierungen, wie die Entwicklung gemeinsamer Strategien und den Ausgleich gesellschaftlicher Interessen. Diese Orientierungen korrelieren darüber hinaus mit einem allgemeineren Repräsentationsfokus, mit Bezug auf die Interessen aller Bürger sowie auf gesellschaftliche Interessen. Zentrale Variablen als Bestandteile des Faktors stehen in positivem Zusammenhang mit den Elementen von Deliberation. Der Faktor umfasst jedoch nicht nur eine Fokussierung auf die Interessen aller Europäer, sondern auch auf nationale Interessen sowie auf bestimmte gesellschaftliche Gruppen; vor diesem Hintergrund ist nicht anzunehmen, dass der Faktor mit dem Kriterium der Gemeinwohl-Orientierung assoziiert ist. Mit Ausnahme der Gemeinwohl-Orientierung aber kann erwartet werden, dass der Faktor positiv mit den einzelnen Elementen von Deliberation korreliert.

Wie bereits im ersten Teil dieses Artikels diskutiert wurde, ist das Gemeinwohlkriterium in der Deliberationsforschung umstritten. Im Anschluss an Mansbridge et al. (2010) und Bächtiger et al. (2010a, 2010b) werden in diesem Artikel verschiedene Kommunikationsformen unterschieden. In dieser Perspektive ist der Faktor der societalen Orientierung zwar nicht mit allen Variablen der idealtypischen Deliberation positiv assoziiert, jedoch mit allen Elementen des deliberativen Verhandlungsmodus. Von Repräsentanten mit einer hohen Ausprägung auf dem Faktor kann erwartet werden, dass sie deliberativ verhandeln.

Der dritte Faktor schließlich kombiniert Orientierungen hin zu traditionellen Aspekte parlamentarischer Arbeit, insbesondere die Legislativ- sowie Kontrollfunktion. Wie gezeigt wurde, stehen diese Orientierungen in positivem Zusammenhang mit Deliberation. Es ist daher anzunehmen, dass sich hohe Ausprägungen auf den dritten Faktor positiv auf das Deliberationsverhalten auswirken.

Die jeweiligen Rollenorientierungen schließen sich dabei nicht aus; vielmehr unterscheiden sich die einzelnen Abgeordneten in ihren Repräsentationsverständnissen, d. h. in ihren Ausprägungen auf den jeweiligen Faktoren. Vor dem Hintergrund der jeweiligen Rollenverständnisse wird erwartet, dass die einzelnen Akteure different kommunizieren, d. h. die einzelnen Merkmale von Deliberation in ihren Sprechakten jeweils unterschiedlich stark ausgeprägt sind.

Angesichts der Multidimensionalität von Deliberation plädieren prominente Autoren für eine Betrachtung von Deliberation in Sequenzen. Goodin (2005) unterscheidet zwischen unterschiedlichen Sequenzen in verschiedenen deliberativen Arenen. Wie Bächtiger et al. (2010d) in einer empirischen Analyse von Schweizer Parlamentsdebatten zeigen, wechseln sich auch innerhalb einer Debatte deliberative Sequenzen, ausgezeichnet durch eine hohe Merkmalsausprägung aller DQI-Indikatoren, mit weniger bis gar nicht deliberativen Sequenzen ab.

Die Konzentration auf die Akteure einer Debatte impliziert einen weiteren wichtigen Aspekt, der in bisherigen Studien nur unzulänglich berücksichtigt wurde: Kommunikation wird nicht als Einheit, sondern als ein Austausch individueller Sprechakte begriffen. In dieser Perspektive tritt Sequenzialisierung nicht nur zu verschiedenen Zeitpunkten der Debatte, sondern auch zwischen den einzelnen Sprechakten auf. Es ist also denkbar, dass einige Akteure die Kriterien von Deliberation in ihren Sprechakten sehr gut erfüllen, während dieselben Merkmale in den Sprechakten anderer Akteure zum gleichen Zeitpunkt niedrig bis gar nicht ausgeprägt sind. Im Idealfall können den einzelnen Akteuren in Abhängigkeit von ihren Rollenorientierungen jeweils bestimmte Kommunikationsformen zugeordnet werden; hierfür wird ihr Kommunikationsverhalten auf Basis der Summe ihrer Sprechakte analysiert (Tab. 4).

Mit den einzelnen Faktoren können drei Kommunikationsstile assoziiert werden: Deliberation, Deliberative Verhandlung und Verhandlung.

Hohe Ausprägungen auf einem bestimmten Faktor erhöhen dabei die Wahrscheinlichkeit einer bestimmten Art der Kommunikation: Von einem Abgeordneten mit einer ausgeprägten parlamentarischen Orientierung kann Deliberation im idealtypischen Sinne erwartet werden. Auch ein Abgeordneter mit ausgeprägter sozietaler Orientierung erfüllt die meisten Kriterien hochwertiger Deliberation; er argumentiert voraussichtlich aber auch mit Bezug auf Partikularinteressen. Es ist zudem nicht auszuschließen, dass er – sofern es mit Blick auf einen

Tab. 4 Parlamentarische Kommunikationstypen. (Quelle: Eigene Darstellung)

	Parlamentarische Orientierung	Sozietale Orientierung	Partei-Orientierung
Begründungsrationalität	Hoch	Mittel bis hoch	Niedrig
Gemeinwohl-Orientierung	Hoch	Niedrig	Niedrig
Respekt	Hoch	Hoch	Niedrig bis mittel
Interaktivität	Hoch	Mittel bis hoch	Niedrig bis mittel
Konstruktive Politik	Hoch	Hoch	Niedrig
Wahrhaftigkeit	Hoch	Mittel bis hoch	Niedrig bis mittel
Versprechen	Nein	Möglich	Ja
Drohungen	Nein	Nein	Ja
	Deliberation	Deliberative Verhandlung	Verhandlung

Kompromiss notwendig erscheint – auch auf zwangsfreie Verhandlungsmechanismen wie Versprechen zurückgreift. Damit erfüllt der Abgeordnete zwar nicht die Kriterien traditioneller Deliberation, wohl aber des Modus der deliberativen Verhandlung, in dem Partikularinteressen und Versprechen zulässig sind. Ein Abgeordneter mit ausgeprägter Partei-Orientierung schließlich verhandelt; anders als sein Kollege mit sozietaler Orientierung beschränkt er sich dabei aber nicht auf Versprechen, sondern droht seinen Verhandlungspartnern gegebenenfalls auch Sanktionen an. Generell ist anzumerken, dass Idealtypen mit eindeutigen Ausprägungen in der Realität eher selten sind. Dennoch kann erwartet werden, dass sich die Häufigkeit der Ausprägungen auf die einzelnen Faktoren auf das dominante Kommunikationsverhalten in der Debatte auswirkt.

Welcher Kommunikationsstil in der Debatte dominiert, dürfte daher letztlich von den Orientierungen der Mehrzahl der Akteure abhängen. Doch auch der Status und die Expertise einzelner Akteure spielen eine wichtige Rolle für den Verlauf der Debatte, wie sozialpsychologische Studien zeigen. So üben als besonders kompetent wahrgenommene Gruppenmitglieder einen großen Einfluss aus (Ridgeway 1987), gleiches gilt für ausgewiesene Experten (Bottger 1984). Darüber hinaus spielen Effekte sozialer Erwünschtheit eine wichtige Rolle, d. h. einzelne Teilnehmer passen sich der vermeintlichen Mehrheitsmeinung an, um möglichst positiv wahrgenommen zu werden (Myers et al. 1980; Penrod und Hastie 1980).

Analog kann angenommen werden, dass die Kommunikationsstile einzelner Teilnehmer das Kommunikationsverhalten der anderen beeinflussen. So ist z. B. denkbar, dass ein Abgeordneter mit ausgeprägter Partei-Orientierung die anderen Teilnehmer zu Verhandlungen zwingt, indem er ihre Argumente konsequent ignoriert.[10] Umgekehrt ist möglich, dass sich einzelne Teilnehmer an den dominierenden Kommunikationsstil anpassen. So zeigen Studien, dass in internationalen Verhandlungen der externe Druck zur Legitimierung einzelner Positionen strategisch agierende Akteure zu argumentativem Verhalten verleitet (Risse 2004; Schimmelfennig 2001). Ähnliches ist auch und gerade im Parlamentskontext denkbar, denn hier ist der Anspruch auf Legitimität besonders hoch und damit einhergehend die Notwendigkeit, die eigene Position mit Blick auf gesamtgesellschaftliche Interessen zu begründen. Eine Analyse der individuellen Sprechakte gibt Aufschluss darüber, ob und in welchem Kontext sich das Kommunikationsverhalten einzelner Abgeordneter verändert. Dies gilt es zu berücksichtigen, wenn der Einfluss von Rollenorientierungen beurteilt werden soll.

5 Schluss

In diesem Artikel wurde der Zusammenhang zwischen Rollenorientierungen und Kommunikationsverhalten von Parlamentariern erörtert. Basierend auf einer Befragung von Europaabgeordneten konnten drei Rollensets destilliert werden und Annahmen über ihren Einfluss auf das Kommunikationsverhalten von Parlamentariern, insbesondere mit Blick auf die deliberative Qualität einer Debatte, formuliert werden.

Ein Messinstrument wurde entwickelt, das es ermöglicht, die in diesem Artikel formulierten Annahmen empirisch zu überprüfen. Die Analyse gibt nicht nur Aufschluss über die Rollenorientierungen von Europaparlamentariern, sondern auch über ihr individuelles Kommunikationsverhalten.

Abgeordnete mit ausgeprägter parlamentarischer Orientierung betonen traditionelle parlamentarische Arbeiten wie die Gesetzgebung und die parlamentarische Kontrolle. Gleichzeitig legen sie Wert auf die Entwicklung gemeinsamer Strategien im Sinne der Europäischen Gemeinschaft. Von solchermaßen parlamentarisch

---

[10] Ich danke Bernhard Kittel für den wichtigen Hinweis.

orientierten Abgeordneten wird erwartet, dass sie besonderen Wert auf den Austausch gut begründeter Argumente legen mit dem Ziel einer qualitativ hochwertigen Gesetzgebung. Verfügt eine Mehrzahl an Abgeordneten über ausgeprägte parlamentarische Orientierungen, kann Deliberation erwartet werden.

Abgeordnete mit starker sozietaler Orientierung betonen die Vermittlung von und dem Ausgleich zwischen gesellschaftlichen Interessen. Ihr Repräsentationsverständnis ist auf die Gesellschaft als Ganzes angelegt; inhaltlich fokussieren sie folglich auf die Interessen aller Bürger, zumindest aber gesellschaftlicher Gruppen. Insgesamt ist anzunehmen, dass sie zwar rational, aber nicht unbedingt gemeinwohlorientiert argumentieren. Gleichzeitig dürften sie die Anliegen und Ansichten ihrer Kollegen respektieren und sich offen zeigen für ihre Argumente. Handelt es sich bei den Parlamentariern um Abgeordnete mit ausgeprägter sozietaler Orientierung, kann deliberative Verhandlung erwartet werden.

Abgeordnete mit ausgeprägter Partei-Orientierung schließlich sind fokussiert auf die Interessen ihrer Prinzipale, deren Instruktionen sie in der Regel befolgen. Sie verfolgen hauptsächlich die Durchsetzung partikularer Interessen; falls nötig, auch unter Rückgriff auf Drohungen und Versprechen. Dominiert die Partei-Orientierung unter den Parlamentariern, ist reine Verhandlung zu erwarten.

In parlamentarischen Debatten sind Abgeordnete mit unterschiedlichen Orientierungen vertreten. Im Zentrum steht zukünftiger Analysen steht die Frage, welche Orientierungen dominieren – und welcher Kommunikationstypus sich durchsetzt.

Ausblick In dem Artikel werden zwei Ansätze der Parlamentsforschung kombiniert: Auf der einen Seite wird die Analyse der deliberativen Qualität von Parlamentsdebatten um die Akteursdimension erweitert. Zum anderen schließt das Messinstrument an an traditionelle Konzepte zur Rolle des Repräsentanten; über die Sprechaktanalyse werden die Orientierungen der Akteure an ihre Rollenperformanz rückgebunden. Mit der Kombination von Rollenorientierungen und Kommunikationsverhalten, und – darauf aufbauend – der Analyse von Deliberation in Parlamentsdebatten schließt der Artikel eine Lücke in der bisherigen Parlamentsforschung und bereitet die Grundlagen für zukünftige Studien.

Bisherige Studien der empirischen Deliberationsforschung fokussierten maßgeblich auf den Einfluss institutioneller Faktoren, und insbesondere das Setting der Debatte. In diesem Artikel wurden die Akteure in den Blick genommen. An neuere Arbeiten anschließend ermöglicht das hier entwickelte Messinstrument eine sequentialisierte Analyse der Debatte. Anders als bislang werden dabei nicht nur einzelne Sequenzen einer Debatte unterschieden, sondern es wird auch zwischen den Sprechakten der beteiligten Akteure differenziert. Damit ermöglicht die Analyse einen Blick in die black box eines Debattenabschnitts. Die präzise Fokussierung auf die deliberative Kommunikation der Akteure erlaubt es dabei insbesondere, die Übergänge zwischen den einzelnen Abschnitten der jeweiligen Debatte genauer in den Blick zu nehmen.

Im parlamentarischen Kontext fokussiert das Instrument darüber hinaus auf die Rollenorientierungen der Akteure. Der Zusammenhang zwischen Rollenorientierungen und Verhalten wurde bislang nur unzureichend erforscht. Mit der Fokussierung auf Repräsentanten als Sprecher in Parlamentsdebatten schließt dieser Artikel an die Repräsentationsforschung an; basierend auf der hier entwickelten Analysestrategie können zukünftige Studien der Frage nachgehen, welche Rollenorientierungen Abgeordnete einnehmen und wie sich diese auf ihr Kommunikationsverhalten auswirken.

Somit erlaubt die Verbindung beider Fragestellungen – nach den Einstellungen und Verhalten von Repräsentanten, sowie der deliberativen Qualität von Parlamentsdebatten – eine umfassendere Analyse parlamentarischer Entscheidungsfindung, als das bislang möglich war.

6 Anhang 1: Discourse Quality Index

Partizipation

1a – Partizipation (Einschränkung)
(0) Der Sprecher gibt an, dass er in seiner Rede unterbrochen wurde/seine Wortmeldung ignoriert wurde.
(1) Der Sprecher gibt nicht an, dass er in seiner Rede unterbrochen wurde/seine Wortmeldung ignoriert wurde.
1b – Partizipation (Häufigkeit)

Begründungsrationalität

(0) keine Begründung
(1) Angabe von Gründen und Konsequenzen, aber keine Explikation der Kausalität zwischen X und Y
(2) ein Zusammenhang zwischen der Begründung X und der Konsequenz Y wird hergestellt

Deliberation im Europäischen Parlament

(3) zwei vollständige Begründungen werden vorgelegt
(4) eine anspruchsvolle Begründung im wissenschaftlichen Stil wird vorgelegt

Begründungsinhalt

3a – Gemeinwohl
(0) Der Sprecher bezieht sich auf keine Interessen.
(1) Der Sprecher bezieht sich auf seine Region/seine Nation oder sektorale Interessen.
(2) Der Sprecher bezieht sich auf europäische/universale Interessen.

3b – Solidarität
(0) Der Sprecher spricht sich explizit gegen eine Maßnahme aus, ohne die Konsequenzen für die Betroffenen zu bedenken.
(1) Der Sprecher vertritt eine Position, ohne die Konsequenzen für die Betroffenen zu bedenken.
(2) Der Sprecher berücksichtigt implizit die Interessen aller Betroffenen.
(3) Der Sprecher berücksichtigt explizit die Interessen aller Betroffenen.

Respekt

4 a – Respekt gegenüber den Teilnehmern der Debatte
(0) Der Sprecher greift einen Teilnehmer persönlich an.
(1) Der Sprecher bezieht sich nicht oder neutral auf andere Teilnehmer.
(2) Der Sprecher bezieht sich positiv auf andere Teilnehmer.

- *4 b – Respekt gegenüber den Interessen anderer Gruppen*
(0) Der Sprecher äußert sich abwertend gegenüber den Interessen anderer Gruppen.
(1) Der Sprecher äußert sich weder negative noch positiv gegenüber den Interessen anderer Gruppen.
(2) Der Sprecher äußert expliziten Respekt gegenüber den Interessen anderer Gruppen.

- *4 c – Respekt gegenüber den Forderungen/Positionen/Argumenten anderer Teilnehmer*
(0) Der Sprecher äußert sich abwertend gegenüber den Forderungen anderer Teilnehmer.
(1) Der Sprecher äußert sich weder negativ noch positiv gegenüber den Forderungen anderer Teilnehmer.
(2) Der Sprecher äußert expliziten Respekt gegenüber den Forderungen anderer Teilnehmer.

Interaktivität

5a – Bezug auf andere Teilnehmer
(0) Der Sprecher bezieht sich nicht auf andere Teilnehmer.
(1) Der Sprecher bezieht sich auf andere Teilnehmer.
5b – Bezug auf die Argumente anderer Teilnehmer
(0) Der Sprecher bezieht sich nicht auf die Argumente anderer Teilnehmer.
(1) Der Sprecher bezieht sich auf die Argumente anderer Teilnehmer aber diskutiert diese nicht.
(2) Der Sprecher bezieht sich auf die Argumente anderer Teilnehmer und diskutiert sie.

Konstruktive Politik

(0) Der Sprecher besteht auf seiner Position. Er bemüht sich nicht um einen Kompromiss.
(1) Der Sprecher signalisiert Kompromissbereitschaft.
(2) Der Sprecher bringt einen alternativen Vorschlag ein.
(3) Der Sprecher appelliert an den Konsens aller Beteiligten.
(4) Der Sprecher macht einen echten Vermittlungsvorschlag.

Wahrgenommene Wahrhaftigkeit

1. I feel that I can trust the other participants in their words.
2. I cannot escape the feeling that many participants were hiding their true beliefs from the discussion.

Options: 1 (totally disagree)/2/3/4/5 (totally agree)
Story-telling:

(0) Der Sprecher bezieht sich nicht auf persönliche Erfahrungen.
(1) Der Sprecher begründet seine Position unter Bezug auf eine persönliche Geschichte/eigene Erfahrung.

Promises and threats: Anzahl der Drohungen und Versprechen.

7 Anhang 2: Fragebogen

1. When thinking about your work as an MEP, how important are the following aspects of your work?

   Options: 1 (Of little importance)/2/3/4/5 (Of great importance)
   Choose one box per line.

   Working on legislation
   Parliamentary oversight
   Articulation of important societal needs and interests
   Developing common strategies for EU policies
   Mediation between different interests in society
   Representation of individual interests of individual citizens

2. How important is it to you to represent the following groups of people in the European Parliament?

   Options: 1 (Of little importance)/2/3/4/5 (Of great importance)
   Choose one box per line.
   All people in Europe
   All people in my member state
   All the people who voted for my party
   All the people in my constituency/region
   My national party
   My European political group
   Women
   Another group in society, please specify:

3. In many cases people have different views concerning matters before the European Parliament. In general, which of these are you most inclined to do?
   Order the options from 1st to 4th.

   - *Follow my own judgement*
   - *Follow the views of the voters of my national party*
   - *Follow the view of my national party leadership*
   - *Follow the view of my European political group*

Quelle: Farrell, David, Simon Hix, und Roger Scully, 2011: EPRG MEP Survey Dataset: 2011 Release.

Literatur

Andeweg, Rudy B., und Jacques J. A. Thomassen. 2005. Modes of political representation. *Legislative Studies Quarterly* 30 (4): 507–528.
Bächtiger, André, Simon Niemeyer, Michael Neblo, Marco R. Steenbergen, und Jürg Steiner. 2010a. Symposium: Toward more realistic models of deliberative democracy. Disentangling diversity in deliberative democracy: Competing theories, their blind spots and complementarities. *The Journal of Political Philosophy* 18 (1): 32–63.
Bächtiger, André, Seraina Pedrini, und Mirjam Ryser. 2010b. Prozessanalyse politischer Entscheidungen: Deliberative Standards, Diskurstypen und Sequenzialisierung. In *Jahrbuch für Handlungs- und Entscheidungstheorie. Band 6: Schwerpunkt Neuere Entwicklungen des Konzepts der Rationalität und ihre Anwendungen*, Hrsg. Joachim Behnke, Thomas Bräuninger, und Susumu Shikano, 193–226. Wiesbaden: VS Verlag für Sozialwissenschaften.
Bächtiger, André, Susumu Shikano, Seraina Pedrini, und Mirjam Ryser. 2010c. Measuring deliberation 2.0: Standards, discourse types, and sequentialization. http://ash.harvard.edu/extension/ash/docs/baechtiger.pdf. Zugegriffen: 31. Juli 2010.
Bächtiger, André, Susumu Shikano, Seraina Pedrini, Marlène Gerber, und Mirjam Ryser. 2010d. The quality of deliberation. Conceptualization, aggregation, and sequenzialization, working paper.
Benedetto, Giacomo. 2005. Rapporteurs as legislative entrepreneurs: The dynamics of the codecision procedure in Europe's Parliament. *Journal of European Public Policy* 12 (1): 67–88.
Bessette, Joseph M. 1994. *The mild voice of reasons*. Deliberative democracy and American national government. Chicago: The University of Chicago Press.
Biddle, Bruce J., und Edwin J. Thomas. 1966. *Role theory: Concepts and research*. New York: Wiley.
Bohman, James. 1996. *Public deliberation: Pluralism, complexity, and democracy*. Cambridge: MIT Press.
Bottger, Preston C. 1984. Expertise and air time as bases of actual and perceived influence in problem-solving groups. *Journal of Applied Psychology* 69 (2): 214–221.
Buchstein, Hubertus. 1997. Repräsentation ohne Symbole – Die Repräsentationstheorie des „Federalist" und von Hanna F. Pitkin. In *Institution – Macht – Repräsentation. Wofür politische Institutionen stehen und wie sie wirken*, Hrsg. Gerhard Göhler, 376–432. Baden-Baden: Nomos.
Burke, Edmund. 1774. Speech at the Conclusion of the Poll, 3 November 1774, S. 63–70, in: Langford, Paul (Hrsg.), The Writings and Speeches of Edmund Burke, Vol. III, Party, Parliament and the American War, 63–70, 1774–1780.

Cohen, Joshua. 1989. Deliberation and democratic legitimacy. In *The good polity: Normative analysis of the state*, Hrsg. Alan Hamlin und Philip Pettit, 17–34. Oxford: Blackwell.
Dahrendorf, Ralf. 2006. *Homo Sociologicus. Ein Versuch zur Geschichte, Bedeutung und Kritik der Kategorie der sozialen Rolle*. 16. Aufl. Wiesbaden: VS Verlag für Sozialwissenschaften.
Dryzek, John. 2002. *Deliberative democracy and beyond: Liberals, critics, contestations*. Oxford: Oxford University Press.
Dryzek, John. 2006. *Deliberative global politics*. Cambridge: Polity Press.
Elster, Jon. 1998. *Deliberative democracy*. New York: Cambridge University Press.
Eulau, Heinz, John C. Wahlke, William Buchanan, und C. Jeroy Ferguson. 1959. The role of representative: Some empirical observations on the theory of Edmund Burke. *The American Political Science Review* 53 (3): 742–756.
Farrell, David, Simon Hix, und Roger Scully. 2011. EPRG MEP Survey Dataset: 2011 Release, verfügbar auf. http://www2.lse.ac.uk/government/research/resgroups/EPRG/MEPsurveyData.aspx. Zugegriffen: 28. März 2011.
Fishkin, James S. 2009. *When the people speak. Deliberative democracy and public consultation*. Oxford: Oxford University Press.
Goodin, Robert E. 2005. Sequencing deliberative moments. *Acta Politica* 40 (2): 182–196.
Gutmann, Amy, und Dennis Thompson. 1996. *Democracy and disagreement*. Cambridge: Harvard University Press.
Habermas, Jürgen. 1992. *Faktizität und Geltung. Beiträge zur Diskurstheorie des Rechts und des demokratischen Rechtsstaats*. Frankfurt a. M.: Suhrkamp.
Habermas, Jürgen. 1999. *Die Einbeziehung des Anderen: Studien zur politischen Theorie*. Frankfurt a. M.: Suhrkamp.
Hix, Simon. 2002. Parliamentary behavior with two principals: Preferences, parties, and voting in the European parliament. *American Journal of Political Science* 46 (3): 688–698.
Holzinger, Katharina. 2001. Verhandeln statt Argumentieren oder Verhandeln durch Argumentieren? Eine empirische Analyse auf Basis der Sprechakttheorie. *Politische Vierteljahresschrift* 42 (3): 414–446.
Katz, Richard S. 1999. Role orientations in parliaments. In *The European Parliament, the national parliaments, and European integration*, Hrsg. Richard S. Katz und Bernhard Wessels, 61–85. Oxford: Oxford University Press.
Kielhorn, Achim. 2001. Rollenorientierungen von Abgeordneten in Europa. Eine empirische Analyse von Bestimmungsgründen und Konsequenzen der Repräsentationsrolle von Parlamentariern in elf EU-Ländern. Dissertation zur Erlangung des akademischen Grades eines Dr. rer. pol. Otto-Suhr-Institut für Politikwissenschaft, Freie Universität Berlin.
Manin, Bernard. 1987. On legitimacy and political deliberation. *Political Theory* 15 (3): 338–368.
Mansbridge, Jane. 1999. Should blacks represent blacks and women represent women? A contingent „yes". *The Journal of Politics* 61 (3): 626–657.
Mansbridge, Jane, James Bohman, Simone Chambers, David Estlund, Andreas Føllesdal, Archon Fung, Christina Lafont, Bernard Manin, und José L. Martí. 2010. The place of

self-interest and the role of power in deliberative democracy. *The Journal of Political Philosophy* 18 (1): 64–100.

Martí, José L. 2006. The epistemic conception of deliberative democracy defended. In *Deliberative democracy and its discontents*, Hrsg. Samantha Besson und José L. Martí, 27–56. Hampshire: Ashgate Publishing Limited.

Myers, David G., James B. Bruggink, Robert C. Kersting, und Barbara A. Schlosser. 1980. Does learning others' opinions change one's opinions? *Personality and Social Psychology Bulletin* 6 (2): 253–260.

Parsons, Talcott, und Edward A. Shils. 1967. *Toward a general theory of action*. Cambridge: Harvard University Press.

Penrod, Steven, und Reid Hastie. 1980. A computer simulation of jury decision making. *Psychological Review* 87 (2): 133–159.

Pitkin, Hanna F. 1967. *The concept of representation*. Berkeley: University of California Press.

Ridgeway, Cecilia L. 1987. Nonverbal behavior, dominance, and the basis of status in task groups. *American Sociological Review* 52 (2): 683–694.

Risse, Thomas. 2004. Global governance and communicative action. *Government and opposition* 39 (2): 288–313.

Roger, Léa. 2010. Assessing deliberation in the European Parliament – Building up an extended measurement instrument. Paper to be presented at the International Conference Making Parliament speak, Paris, 13–14 October.

Roger, Léa. 2013. The deliberative quality of the Agora. In *Is Europe listening to us? Successes and failures of the EU citizen consultations*. Hrsg. Kies, Raphael und Patrizia Nanz, 173–197. Aldershot: Ashgate. (im Erscheinen).

Sanders, Lynn M. 1997. Against deliberation. *Political Theory* 25 (3): 347–376.

Sartori, Giovanni. 1970. Concept misformation in comparative politics. *The American Political Science Review* 64 (4): 1033–1053.

Schaal, Gary S., und Claudia Ritzi. 2009. *Empirische Deliberationsforschung, MPIfG Working Paper 09/9*. Köln: Max-Planck-Institut für Gesellschaftsforschung.

Schimmelfennig, Frank. 2001. The community trap: Liberal norms, rhetorical action, and the Eastern enlargement of the European union. *International Organization* 55 (1): 47–80.

Scully, Roger, David M. Farrell. 2003. MEPs as representatives: Individual and institutional roles. *Journal of Common Market Studies* 41 (2): 269–288.

Searing, Donald D. 1994. *Westminster's world. Understanding political roles*. Cambridge: Harvard University Press.

Settembri, Pierpaolo, und Christine Neuhold. 2009. Achieving consensus through committees: Does the European Parliament manage? *Journal of Common Market Studies* 47 (1): 127–151.

Steenbergen, Marco R., André Bächtiger, Markus Spörndli, und Jürg Steiner. 2003. Measuring political deliberation: A discourse quality index. *Comparative European Politics* 1 (1): 21–48.

Steenbergen, Marco R., André Bächtiger, Markus Spörndli, und Jürg Steiner. 2004. Toward a political psychology of deliberation. Paper presented at the conference on „Empirical approaches to deliberative politics". Firenze: European University Institute.

Steiner, Jürg. 2008. Concept stretching: The case of deliberation. *European Political Science* 7 (2): 186–190.
Steiner, Jürg, André Bächtiger, Markus Spörndli, und R. Marco Steenbergen. 2004. *Deliberative politics in action. Analysing parliamentary discourse.* Cambridge: Cambridge University Press.
Sunstein, Cass. 2003. The law of group polarization. In *Debating deliberative democracy,* Hrsg. James S. Fishkin und Peter Laslett, 80–101. Oxford: Blackwell Publishing.
Tamvaki, Dionysia, und Christopher Lord. 2010. The content and quality of representation in the European assembly: Towards building an updated discourse quality index at the EU level. Paper prepared to the IPSA Conference on European Governance, March 18–20 2010, Luxembourg.
Thompson, Dennis F. 2008. Deliberative democratic theory and empirical political science. *Annual Review of Political Science* 11:497–520.
Tschentscher, Alex, André Bächtiger, Jürg Steiner, und R. Marco Steenbergen. 2010. Deliberation in Parliaments. Research Objectives and Preliminary Results of the Bern Center for Interdisciplinary Deliberation Studies (BIDS) (November 4, 2009), in: Legisprudence, Special Issue 'Legislation and Argumentation', 2010, verfügbar auf SSRN: http://ssrn.com/abstract=1500011. Zugegriffen: 02. April 2011.
Wahlke, John C., Heinz Eulau., William Buchanan, und C. Leroy Ferguson. 1962. *The legislative system. Explorations in legislative behavior.* New York: Wiley.
Young, Iris M. 1996. Communication and the other: Beyond deliberative democracy, S. 120 – 35. In *Democracy and difference. Contesting the boundaries of the political,* Hrsg. Seyla Benhabib. Princeton: Princeton University Press.

Léa Roger Wissenschaftliche Mitarbeiterin Politikwissenschaft an der TU Kaiserslautern.

Indifferenz und Inkonsistenz als Moderatoren von Framing-Effekten: Ein Experiment am Beispiel der Kernenergie

Norbert Schöning, Paul W. Thurner und Martin Binder

Zusammenfassung

Eine Reihe experimenteller Studien weisen nicht nur einen Framing-Effekt bei Versuchspersonen nach, sondern zeigen auch auf, dass die Stärke des Framing-Effekts von Moderatoren wie dem Wertesystem oder der Expertise abhängt. Bislang wurden weder eine etwaige attitudinale Ambivalenz noch eine etwaige Inkonsistenz zwischen Parteipräferenz und Policy-Präferenz als Moderatorvariablen untersucht. Die Auswertung eines für diese Fragestellungen entwickelten experimentellen Designs zeigt auf, dass attitudinale Ambivalenz keinen maßgeblichen Einfluss auf den Framing-Effekt besitzt, wohingegen bei den Versuchspersonen Inkonsistenz die Wahrscheinlichkeit als auch die Stärke der Reaktion auf ein Framing erhöht.

N. Schöning (✉) · P. W. Thurner
Universität München, München, Deutschland
E-Mail: norbert.schoening@gsi.uni-muenchen.de

P. W. Thurner
E-Mail: paul.thurner@gsi.uni-muenchen.de

M. Binder
BASF Ludwigshafen, Deutschland,
E-Mail: martin.binder@basf.com

© Springer Fachmedien Wiesbaden 2015
A. Bächtiger et al. (Hrsg.), *Jahrbuch für Handlungs- und Entscheidungstheorie*,
Jahrbuch für Handlungs- und Entscheidungstheorie, DOI 10.1007/978-3-658-07583-5_5

1 Einleitung[1]

In den bahnbrechenden Studien von Tversky und Kahnemann (1986) wurden zentrale Modellannahmen der Rational-Choice Theorie experimentell überprüft. Diese Analysen konnten zeigen, dass schon kleine Veränderungen in der sprachlichen Darstellung eines im Kern gleichen Entscheidungsproblems, einen theoretisch unerwarteten, aber empirisch bedeutsamen Unterschied machen können. Für diesen Effekt wurde der Begriff „Framing" geprägt. In der Politikwissenschaft hat sich in den letzten Jahren eine intensive Forschung entwickelt, die insbesondere in den jüngeren Studien die Grenzen des Framing-Effektes unter Einbezug von Moderatorvariablen ausloten (beispielsweise Druckman 2004). Nachfolgend werden nun die Ergebnisse eines Experimentes vorgestellt, das an diese Forschung anknüpft. In diesem wurden neben dem allgemeinen Framing-Effekt Ambivalenz und Inkonsistenz als etwaige Moderatorvariablen untersucht.

Vor der Erläuterung der zwei theoretisch begründeten Moderatoren in Abschnitt 3 bzw. 4 werden im folgenden einige wichtige Aspekte der Framing-Forschung vorgestellt. Der Aufbau und die Treatment-Zuweisung des Experiments werden in 5 erläutert, sodass in 6 die Ergebnisse präsentiert werden können. Abschließend erfolgt in 7 eine kritische Diskussion der Resultate unter Einbezug der Validitätsdimensionen von Experimenten.

2 Ausgewählte Aspekte der Framing-Forschung

Die eingangs erwähnten Experimente von Tversky und Kahnemann zum Framing-Effekt konstruierten Entscheidungssituationen, in denen der Erwartungsnutzen der Outcomes (im klassischen Sinne des von-Neumann und Morgenstern Modells) äquivalent sind, und sich lediglich in der sprachlichen Version unterscheiden (Gewinn- vs. Verlust-Frame).[2] Der durch das Framing evozierte Unterschied in den Entscheidungen der Versuchspersonen impliziert eine Verletzung der Annahmen der Nutzenfunktion von Neumann und Morgenstern, die als Standardmodell

---

[1] Die folgenden Ergebnisse basieren auf einem Experiment, das organisatorisch und finanziell vom Munich Experimental Laboratory for Economic and Social Sciences (MELESSA) unterstützt wurde.

[2] Tversky und Kahnemann haben für diese Anomalie die Prospect-Theorie entwickelt, die ihre experimentellen Befunde erklären kann (siehe Kahnemann und Tversky 1979 bzw. Tversky und Kahneman 2000).

bei Entscheidungen unter Risiko gilt. Diese Art des Framing-Effekts, im Folgenden Äquivalenzframing genannt, wird allerdings von Druckman (2004) und Chong (2007b) vom sogenannten „Issue-Framing" abgegrenzt. Hierfür führen die Autoren an, dass viele politische Phänomene existieren, in der Framing eine Entscheidungssituation nicht nur sprachlich anders darstellt, sondern inhärent verändert, und dieser Framing-Prozess daher unterschieden werden muss vom Äquivalenz-Framing.

Als Beispiele für Issue-Framing bei politischen Phänomene lassen sich Effekte von Mediensystemen (Dahinden 2006), Wirkungsweisen von Rhetorik, Parteiwerbund und -wettbewerb nennen. Die zentrale Begründung für eine Abgrenzung von Issue-Framing gegenüber Äquivalenzframing formuliert Chong (2007b) so:[3]

> The major premise of framing theory is that an issue can be viewed from a variety of perspectives and be construed as having implications for multiple values or considerations. Framing refers to the process by which people develop a particular conceptualization of an issue or reorient their thinking about an issue. (Chong 2007b, S. 104)

Zuerst wird davon ausgegangen, dass nicht *eine* objektive Situationsdefinition für ein Issue existiert, da Issues im politischen System, aufgrund der komplexen Entscheidungslagen in (modernen) Gesellschaften, in der Regel mehrdimensional sind (Baumgartner und Mahoney 2008). Framing bezeichnet dann den Prozess, in dem ein spezifischer Aufbau oder eine Veränderung einer Situationsdefinition bezüglich eines Issues geschieht. Das Issue-Framing fügt in diesem Fall der Situation tatsächlich etwas hinzu (zum Beispiel neue Restriktionen, neue Alternativen, neue Folgen, etc.) was in der bisherigen Wahrnehmung vielleicht gar nicht (oder nur sehr schwach) präsent war. Daher impliziert dieses Begriffsverständnis nicht zwingend die Verletzung der Rationalitätsannahme. Sondern: Unterstellt wird hier ein begrenzt rationaler Akteur, der durch die substantiellen Informationen Erwartungen und Bewertungen ändert, und sich dann auf Basis der revidierten Situation im Rahmen der Rationalitätsannahmen entscheidet (Druckman und Lupia 2000 sowie Druckman 2004, S. 673).

---

[3] Für einen Überblick in die Verwendung des Framing-Begriffs siehe auch Dahinden (2006).

Das Framing-Modell von Chong und Druckmann

Das theoretische Konzept des Issue-Framings basiert häufig auf dem Einstellungsmodell von Fishbein (Chong und Druckman 2007b, S.105). Nach diesem (Erwartungswert)Modell lässt sich für ein Individuum i eine Einstellung A *(attitude)* additiv für alle $j = 1 \ldots n$ Dimensionen von A aus dem Produkt des Gewichts $w(j)$ *(weight*, auch oft als Salienz bezeichnet) und der Bewertung $v(j)$ *(value)* der jeweiligen Dimensionen bestimmen. Das Gewicht $w(j)$ drückt dabei den Einfluss dieser Dimension auf die gesamte Einstellung aus.

Die Wirkung des Framing-Prozesses kann in diesem Modell an den zwei Komponenten v und w ansetzen. Die erste Lesart (Steenbergen und Lodge 2003, Zaller 1992) unterstellt, dass sich durch das Framing eine Veränderung der Gewichte vollzieht. Die neurobiologische Begründung für diesen Vorgang unterstellt, dass durch die mit dem Frames emittierten Informationen die Abrufwahrscheinlichkeiten bestimmter Dimensionen verändert werden, was durch die Gewichte modelliert werden kann. Die zweite Lesart (Nelson et al. 1997, Chong und Druckman 2007a) unterstellt hingegen eine Veränderung der Bewertung v bei den durch das Framing angesprochenen Dimensionen.[4] Eine weitere Lesart betont die Mehrdimensionalität von Einstellungsobjekten und die damit hohe Wahrscheinlichkeit von konfligierenden Bewertungen (Ambivalenz): Da viele Issues und die damit verbundenen Alternativen vielerlei Folgen und Nebenfolgen besitzen und politische Optionen oft zu Wertekonflikten führen, resultiert der Framing-Effekt daraus, dass durch die im Frame betonten Aspekte die kognitive Zugänglichkeit bestimmter Dimensionen gestiegen ist (Meffert et al. 2004, S. 63–68).

Worin besteht nun die Hauptaussage der Framing-Theorie? In einer Reihe von experimentellen Studien zeigt sich, dass Framing-Versuche, bzw. die darin enthaltenen Informationen, grundsätzlich eine Veränderung der Einstellung der Versuchspersonen nach sich ziehen. Präsentiert man beispielsweise Versuchspersonen einen Frame, der Pro-Argumente für die Nutzung der Kernenergie enthält (Pro-Frame), so ist zu erwarten, dass sich im Durchschnitt die Einstellungen der Respondenten in Richtung einer positiveren Einschätzung der Kernenergie verändern. Dementsprechend lässt sich folgende Hypothese formulieren:

---

[4] Allerdings schließen Chong und Druckman (2007b: S. 109) einen Effekt auf die Salienz keinesfalls aus, sondern integrieren Framing ebenso in die für die Gewichtung der Dimensionen erforderlichen Bedingungen Erreichbarkeit (availability), Zugänglichkeit (accessibility) und Anwendbarkeit (applicability).

Hypothese 1: Pro-Informationen (Pro-Frame) verschieben die Einstellung hin zu einer positiveren Einschätzung des Issues und Contra-Informationen (Contra-Frame) erzeugen eine negativere Einschätzung des Issues.

Framing-Macht der Eliten: Demokratietheoretische Relevanz der Framing-Theorie

Eine zentrale Aussage der empirischen Demokratietheorie unterstellt eine Responsivität des politischen Systems gegenüber den Präferenzen seiner Bürger: Da politische Ämter nur auf Zeit und über Wahlen anvertraut werden, (Berufs-)Politiker aber annahmegemäß ihre Stellung erhalten wollen, sind sie zur Rücksichtnahme auf die Präferenzen des Elektorats „gezwungen" (Burstein 1998, S. 28). Insbesondere, wenn man wie Converse im „Black and White Model" von der Volatilität der Einstellungen im Elektorat ausgeht (vgl. Faas und Schoen 2010, S. 2), und wenn man das geringe politische Interesse weiter Teile der Bevölkerung vor Augen hat, liegt der Schluss nahe, dass die postulierte Transmission von individuellen Präferenzen zu kollektiven Entscheidungen durch die demokratischen Institutionen aufgrund der Manipulationsanfälligkeit der Bevölkerung durch Eliten ernsthaft gefährdet ist. Den Framing-Effekt ernstgenommen scheint damit eine Transmission der Präferenzen von Eliten auf die Bevölkerung deutlich plausibler zu sein. Faas drückt diese Besorgnis der frühen Forschungsliteratur zum Framing-Effekt folgendermaßen aus[5]:

> „In ihrer Gesamtheit trugen diese Framing-Analysen zu dem Eindruck bei, Bürger seien politisch hochgradig manipulierbar und praktisch Marionetten an den Fäden politischer und medialer Eliten, so dass das Demokratiepostulat eher als eine Karikatur denn als eine Beschreibung der politischen Willensbildung in modernen Demokratien erscheinen könnte. (Faas und Schoen 2010, S. 5)"

Der Verdacht der Manipulierbarkeit von Teilen des Elektorats lässt sich jedoch mit den jüngeren Befunden der Framing-Theorie zumindest ein Stück weit zurücknehmen. Die neueren Studien berücksichtigen bei der Wirkungsweise des Framing-Effektes eine Verstärkung oder Reduzierung des Framing-Effekts durch diverse theoretisch begründbare Moderatoren.

---

[5] Vertreter dieser Position sind beispielsweise Entman und Herbst (2001), die verschiedene empirische Studien zur Issuepolitik diskutieren (siehe auch Daviter 2007).

Moderatorvariablen: Der Forschungsstand

Moderatorvariablen werden von Mediatorvariablen dadurch unterschieden, dass sie als externe Faktoren eine Interaktion mit der ursächlichen Variable x auf die Zielvariable y ausüben. Mediatoren hingegen stellen Konstrukte dar, die intern auf die Variable x und somit indirekt „wirken", und damit eine Tiefenerklärung des Zusammenhanges von x auf y liefern (Baron und Kenny 2001). Da die für den Framing-Effekte tiefer liegenden Prozesse letztendlich kognitionspsychologischer/neurobiologischer „Natur" sind, und damit schwer beobachtbar, konzentriert sich die Forschung hauptsächlich auf Moderatorvariablen.

Ohne detailliert die zahlreichen Forschungsergebnisse diskutieren zu können, sollen einige Hinweise zu diversen bislang untersuchten Moderatoren gemacht werden. Untersucht wurden die Wirkung von Bildung (Chong und Druckman 2007b; Druckman 2004; Nelson 1997), Expertise (Druckman und Nelson 2003, 2004), Alltagskonversation (Druckman 2004), Werthaltungen (Chong 2007a; Sniderman and Theriault 2004), wertbeladenen Frames (Brewer 2001; Brewer und Gross 2005), Eigenschaften der Sender (Druckman 2001; Faas und Schoen 2010), Emotionen (Druckman 2008) mit zum Teil recht heterogenen Befunden.

Allerdings verdient ein methodischer Aspekt im Zusammenhang mit den oben zitierten Studien besondere Berücksichtigung, insbesondere wenn die experimentellen Befunde für die demokratietheoretische Relevanz der Framing-Studien verwertet werden: Je nach Design ist die Generalisierung experimenteller Befunde mehr oder weniger riskant. In älteren Studien fällt der Framing-Effekt recht hoch aus. Diese Studien konstruieren das Treatment mithilfe einseitiger Frames, d.h. Frames, die entweder Pro-Informationen oder Contra-Informationen enthalten. Die hohen Effekte können aber nicht direkt auf die „soziale Wirklichkeit" übertragen werden, zeichnet diese sich doch regelmäßig dadurch aus, multiperspektivissche Informationen durch Alltagskonversationen in Netzwerken, durch Medieninhalte, etc. bereitzustellen. Dementsprechend fällt der Framing-Effekt in Experimenten, die mehrseitige Informationen im Frame (sogenannte Dual-Frames) beinhalten, spürbar geringer aus, was zumindest für das oben angesprochene demokratietheoretische Problem eine gewisse Entschärfung bedeutet (vgl. auch Chong und Druckman 2007b; Sniderman and Theriault 2004).

Insgesamt kann festgehalten werden, dass Framing-Effekte in nahezu allen Studien nachgewiesen werden konnte. Gleichzeitig zeigen diverse Studien, dass die Stärke des Effekts von verschiedenen Faktoren beeinflusst wird.

In den nachfolgenden zwei Abschnitten möchten wir in die aktuelle Forschungsdiskussion mit den Konstrukten „Ambivalenz" und „Inkonsistenz" zwei weitere Moderatoren einbringen, die ebenfalls einen Einfluss auf die Höhe des Framing-Effektes ausüben können.

3 Ambivalenz als Moderator

Das Konstrukt „Ambivalenz" nimmt Bezug auf die Diskussion der Einstellungsforschung in der Politischen Psychologie. In der Forschung werden dabei Einstellungen wie in 2.1 „as evaluation reaction associated with a target object" verstanden (Meffert et al. 2004, S. 63). Inwieweit Einstellungen bezüglich politischer Sachfragen stabil sind und inwieweit diese als systematisch und strukturiert aufgefasst werden können, wurde in der Vergangenheit von zwei diametral entgegengesetzten Ansätzen diskutiert.[6] Der erste Ansatz (*nonattitude approach*) entspringt den empirischen Untersuchungen Philipp Converses (1964). Diese Analysen zeigen, dass die meisten Bürger bei Issue-Fragen relativ schlecht informiert sind und ihre Einstellungen stark schwanken („nonattitudes"). Converse (1964, S. 245) bringt dies im Rahmen des „Black and White"-Modells[7] folgendermaßen auf den Punkt:

> Large portions of an electorate do not have meaningful beliefs, even on issues that have formed the basis for intense political controversy among elites for substantial periods of time.

Diese Schlussfolgerung wurde jedoch in der Folgezeit kritisiert, setzt sie doch voraus, dass die Instrumente für die Messung der Einstellung reliabel (bzw. valide) sind. Der zweite Ansatz (*measurement-error approach*) verweist daher auf die Schwierigkeiten der Einstellungsmessung und behauptet im Gegenzug, dass die Einstellungen sehr wohl stabil sind, und dass die Instabilität vielmehr von der geringen Messqualität herrührt (beispielsweise für das Messfehler-Argument: Achen 1975). Im Zuge dieser Debatte wurden verschiedenste Modelle entwickelt, die, entweder die Einstellungsbildung oder das Antwortverhalten erklären. Im Fokus dieser Modellierung standen Variablen wie Bildung und Affekte (like-dislike

---

[6] Für einen Versuch, diese unterschiedlichen Perspektiven in ein Erklärungsmodell zu bringen, siehe Saris (2004).

[7] „Black and White"-Modell deswegen, weil eine große Gruppe eine „Brownsche Bewegung" auf der Einstellungsskala über die Zeit vollzieht und eine zweite Gruppe jedoch stabile Einstellungen besitzt (Hill und Kriesi 2001, S. 397).

model), soziale Erwünschtheit (satisficing model for survey research), soziale Einbettung (group choice), etc.[8]

Ambivalenz als Folge von Informationsüberschuss

Besonders relevant für den aktuellen Verlauf der Diskussion sind die Arbeiten von Zaller (1992). Zaller unterstellt im Gegensatz zu den übrigen Ansätzen nicht einen Informationsmangel, sondern einen Informationsüberschuss des kognitiven Systems, der die Instabilität der Einstellungen verursacht.

> He [John Zaller, die Verf.] suggests that the instability is not so much due to respondents lack of information but to an overload of information that is not structured by most people. As a consequence the respondents will pick up from their memory the information that is most salient at the moment they have to answer a survey question. What is salient can be different from moment to moment and from question formulation to question formulation. (Saris 2004, S. 20)

Die empirische Komplexität politischer Sachlagen und der dadurch bei Befragten bedingte Informationsüberschuss führt zu einer Reihe von unverbundenen und widersprüchlichen Einstellungsdimensionen, deren Salienz durch Kontextfaktoren[9], wie konsumierte Medieninhalte oder Alltagskonversationen, kurzfristig stark beeinflusst werden kann. Das aktuelle Antwortverhalten bei politischen Einstellungen steht daher sehr stark unter Einfluss der situativen Konstellation vor und während der Befragung. Für die aus der vielschichtigen Abhängigkeit der Einstellungen erwachsende Variationsmöglichkeit hat sich der Begriff der Ambivalenz eingebürgert.[10]

Für das in unserem Experiment als Anwendungsfall gewählte Issue Kernenergie liegt es aufgrund von politischen und ökonomischen Trade-offs nahe, dass viele Personen eine ambivalente Einstellung besitzen. Ein Verzicht auf die Nutzung der Kernenergie vermeidet die Endlagerproblematik und reduziert gesundheitliche Risiken durch Störfälle oder gravierende Unfälle. Mit dem Verzicht auf die Kernenergie geht jedoch eine erhöhte Abhängigkeit der Energieversorgung von fossilen Brennträgern einher und damit die durch die erhöhte CO_2-Emission wahrscheinliche Gefährdung wichtiger Klimaziele. Dass diese konfligierenden Bewertungen im deutschen Elektorat tatsächlich überwiegend vertreten

---

[8] Für einen Überblick über diese Forschungsansätze siehe Saris (2004, S. 21).
[9] Zu einer Untersuchung über Kontextfaktoren siehe Keele und Wolak (2008). Eine kognitionspsychologische Fundierung findet sich bei Rudolph und Popp (2007).
[10] Für einen Überblick diesbezüglich siehe beispielsweise Craig und Martinez (2006).

sind, lässt sich mit dem im Februar 2007 durchgeführten „Special Eurobarometer 271 ‚European and Nuclear Safety'" belegen. Einerseits vertritt in Deutschland eine Mehrheit die Meinung, dass die Kernkraft dazu beiträgt, die Gefahr der Klimaerwärmung und die Abhängigkeit von Öl- und Gasimporten zu reduzieren. Andererseits ist aber eine Mehrheit konstant der Meinung, dass Gesundheitsrisiken und Risiken der Abfallbeseitigung weiterhin das zentrale Problem der Kernkraft darstellen.

Üblicherweise werden Issue-Einstellungen auf einer fünf-, sieben- oder elfstufigen Skala gemessen. Die benutzten Skalen sind dabei bipolar konstruiert, sodass sich die Pole der Einstellungen wechselseitig ausschließen. Bei Unterstellung einer Adäquatheit der Ambivalenz-These Zallers ergibt sich jedoch bei Benutzung bipolarer Skalen ein Problem. Die Ambivalenz kann auf diesem Skalentyp nicht abgebildet werden, sondern es muss ein multidimensionaler Raum unterstellt werden, in dem es möglich ist, sowohl positive als auch negative Bewertungen abzubilden und in dem es möglich ist, dass die Bewertung eines Einstellungsobjektes steigt, ohne dass die negative Bewertung damit zunimmt (Meffert et al. 2004, S. 66). Benutzt man allerdings dennoch eindimensionale bipolare Skalen, dann führt das dazu, dass sich insbesondere in dem mittleren Bereich der Skala sowohl ambivalente Befragten einordnen, als auch Personen mit einer tatsächlich „moderaten" Einstellung (Meffert et al. 2004, S. 65). Ferner ist es möglich, dass zusätzlich solche Personen in der Mittelkategorie rangieren, die gegenüber dem Einstellungsobjekt indifferent sind und sich nicht als „Don't know" einordnen.

Ambivalenz und Framing-Effekt

In Bezug auf die Framing-Theorie lässt sich der Zusammenhang von ausgeprägt ambivalenten Einstellungssystemen und dem Framing-Effekt direkt herleiten. So schreiben Sniderman and Theriault (2004) („Sniderman conjecture"):

> Not only is there agreement that how an issue is framed affects how citizens think about it, but there is also consensus on how the framing of an issue affects how they think about it. Ambivalence is the key. Just so far as citizens simultaneously have reasons both to support a course of action and to oppose it, that is, just so far as they are ambivalent, they will be susceptible to framing effects. (Sniderman and Theriault 2004, S. 137)

Für die Begründung der Hypothese 2 zum Framing-Effekt ist also davon auszugehen, dass insbesondere Personen, die sich aufgrund einer starken Ambivalenz in der Mittelkategorie positionieren, durch die Informationen des Frames stark beeinflusst werden. Der Framing-Effekt bei Personen mit moderater Einstellung dagegen sollte weniger stark ausgeprägt sein als bei Personen mit ausgesprochener Ambivalenz. Da auch moderate Personen eine dezidierte Einstellung besitzen, wird für diese Gruppe der Mittelkategorie kein deutlich höherer Effekt als für Personen mit dezidierten Pro- oder Contra-Einstellungen erwartet. Die Formulierung der Hypothese 2 lautet somit:

Hypothese 2: Wenn der Anteil der Personen mit ambivalenter Einstellung in der Mittelkategorie sehr hoch ist, dann ist der Framing-Effekt in dieser Kategorie durchschnittlich größer als die Framing-Reaktion der dezidierten Befragten im Pro- bzw. Contra-Pol.

4 Inkonsistenz als Moderator

Abgesehen von der Einstellungsforschung liegt auch bei weiteren Themenfeldern politikwissenschaftlicher Theoriebildung der Rückgriff auf die Psychologie nahe, da dort für die Politikwissenschaften relevante Phänomene wie Informationsverarbeitung und Entscheidungsverhalten, Verhalten in Gruppen, Meinungs- und Einstellungsbildung, Zufriedenheit, Emotionen, Identifikation, etc. erforscht werden. Mit der folgenden Hypothese 3 wird eine weitere Bedingung formuliert, welche die Framing-Reaktion eines Individuums beeinflusst: Die Konsistenz bzw. Inkonsistenz im Einstellungssystem eines Individuums. Die Erwartung, dass Individuen bestrebt sind, eine Konsistenz zwischen der Handlungsabsicht der präferierten Partei und der gewünschten Handlungsabsicht bezüglich eines Issues herzustellen, entstammt einer klassischen Einstellungstheorie der Sozialpsychologie nämlich der Balancetheorie Heiders (1946) und darauf aufbauenden Studien.[11]

Die Balance-Theorie Heiders

In seinem Artikel „Attitude and Cognitive Organisation" formuliert Heider (1946) einen Ansatz, der für die Entwicklung der „kognitiven Wende" innerhalb der Psychologie sowie für die Konsistenztheorien der Einstellungsforschung wichtig war

---

[11] Historisch gesehen ist die Balance-Theorie der Vorläufer der einflussreichen „Theorie der kognitiven Dissonanz". Der Rückgriff auf die Dissonanztheorie Festingers wäre ebenso möglich.

(Zimbardo 1999, S. 276). Die Terminologie Heiders bezieht sich auf Einstellungen generell und definiert für das Individuum zwei Relationen, die andere Objekte oder Personen umfassen: Die Unity-Relation setzt in nicht evaluativer Form Objekte „in Beziehung", wie beispielsweise die Ähnlichkeitsrelation. Die Like-Relation stellt hingegen eine evaluative Relation wie Sympathie, Wertschätzung, etc. dar. (Klauer 2006, S. 380). Testbare Hypothesen der Balance-Theorie lassen sich jedoch erst aus dem *Konsistenzprinzip* ableiten. Das *Konsistenzprinzip* geht davon aus, dass psychische Systeme konsistente Einstellungssysteme bevorzugen, d. h. zueinander kongruente Unity- und Like-Relationen. Unbalancierte Systeme verstoßen gegen das Konsistenzprinzip. Sie sind instabil sind und lösen einen Suchprozess nach Informationen und oder Bewertungen aus, der in einem balancierten Zustand mündet (Heider 1946, S. 109). Dabei lassen sich zwei Arten von Anpassungsprozessen unterscheiden: Das Individuum revidiert seine Einstellung dahingehend, dass die Kongruenz erhöht wird (Unity-Relation), und/oder das Individuum verändert die Valenz der Einstellung (Like-Relation).

Trotz dieses relativ abstrakten Gehalts der Balance-Theorie lässt sich eine Anwendung für die Wahlforschung konstruieren. Für die Übertragung der Balance-Theorie auf die Wahlforschung wird angenommen, dass der Akteur w ein Wähler ist und der Akteur p eine Partei. Beide Akteure können sich im Rahmen der L-Relation in einem Issue i positionieren. Ein unbalanciertes System ergibt sich für den Akteur w beispielsweise, wenn er Akteur p präferiert, sowie einen Zustand Z für das Issue i bevorzugt, wohingegen Akteur p eine zu Z widersprüchliche Policy für das Issue intendiert. Für unbalancierte Einstellungssysteme lassen sich zur Herstellung der Balance drei Möglichkeiten unterscheiden.[12]

1. Verändert ein Wähler die Wahrnehmung der Parteiposition in dem Issue für die Balancierung, so wird dies als *Projektion* bezeichnet.
2. Verändert ein Wähler für die Balancierung seine Einstellung zum Issue, so wird dies als *Persuasion* bezeichnet.
3. Verändert ein Wähler für die Balancierung seine Parteienpräferenz, so wird das als *Akkommodation* bezeichnet.

---

[12] Die Bezeichnung der Balancierungsmodi für die Balance folgt im Wesentlichen Visser (1994).

Empirische Anwendungen der Balance-Theorie

Generell bedarf es für die Untersuchung des dynamischen Mechanismus der Balancierung Längsschnittdaten. Ferner sollte differenziert werden, wodurch die Anpassungsprozesse ausgelöst werden. Handelt es sich bei der beobachteten Korrelation von Ego- zu Kandidatenposition um Persuasion, Projektion oder eine Issue-Positionierung, die unabhängig ist von den postulierten Mechanismen der Balance-Theorie? Eine Studie, die diesen methodischen Erfordernissen gerecht wird, hat Stephen Shaffer publiziert (1981).[13] Seinem Aufsatz liegt eine Querschnitts- und Panelumfrage zugrunde, die vom Center for Political Studies (CPS) der Universität von Michigan 1972 und 1976 zu den Präsidentschaftswahlen durchgeführt wurde. Mit Hilfe von Kontingenztabellen konnte Shaffer zeigen, dass Personen mit balancierten Einstellungssystemen aus Issue-Präferenz und Kandidatenpräferenz deutlich überwiegen. Ebenso konnte er mit Hilfe des Paneldesigns nachweisen, dass die Quote der Personen, die von einem balancierten in einem unbalancierten Zustand wechseln deutlich geringer ist als umgekehrt. Ferner konnte so identifiziert werden, wie die Balancierung zustande kommt: Dabei überwiegt die „Projektion", die für die Herstellung der Konsistenz am Häufigsten benutzt wird.[14] Die Einstellung zum Kandidaten ist dabei im Vergleich zur wahrgenommenen Issueposition des Kandidaten stabiler. Am stabilsten ist jedoch die eigene Issue-Position. Diese verändert sich mit Abstand am seltensten.

Eine weitere Studie zur Überprüfung der Balance-Theorie wurde 1994 durchgeführt und veröffentlicht (Visser 1994). Auch sie benutzt Daten, die einem Panel-Design entsprechen. Diese wurden in den Niederlanden vor und nach der Parlamentswahl 1986 erhoben. Diese Wahl war – was die Studie in unserem Zusammenhang sehr interessant macht – insbesondere von dem Issue Atomenergie beherrscht. 1985 entschloss sich die niederländische Regierung der Energieknappheit durch den Bau von AKWs zu begegnen. Ein knappes Jahr später und nur wenige Monate vor der Parlamentswahl ereignete sich der gravierende Unfall von Tschernobyl. Dementsprechend wurde bei den Dutch-National-Election-Studies die Einstellung der Befragten zur Nutzung von Atomenergie erhoben. Weiterhin nutzte Visser bei seinen Analysen die Auskünfte der Befragten zur Wahlabsicht, zur Wahlentscheidung und zur wahrgenommenen Parteienposition bezüglich des Issue Kernenergie. Die dabei gewonnenen Resultate zeigen wiederum auf, dass balancierte Einstellungssysteme deutlich überwiegen. Unbalancierte Einstellungs-

---

[13] Eine ältere Studie stammt von Granberg und Brent (1974).

[14] Im Detail schwanken die Werte in den Issues. Für die genauen Ergebnisse siehe Shaffer (1981).

systeme weisen zudem deutlich häufiger Veränderungen ihrer Relationen auf als balancierte. Die Veränderungen von unbalancierten Einstellungssystemen zu balancierten geschehen dabei deutlich häufiger über die Mechanismen *Projektion* und *Persuasion* als über die Änderung des Wahlverhaltens (Akkomodation).

Die Bedeutsamkeit der Projektion für die Herstellung der Balance kann auch Thurner (2010) bei der Verwendung der Bundestagswahlstudien zeigen. Im Vergleich von Personen mit balanciertem Einstellungssystem zu Personen mit unbalanciertem Einstellungssystem wird deutlich, dass Personen mit einer „inkonsistenten" Orientierung die wahrgenommene Parteiposition systematisch in ihre Richtung „ziehen" und damit die Distanz von Ego zur Partei verkleinert wird. Mit dieser Distanzreduzierung erfolgt gleichzeitig eine Reduzierung des psychischen Konflikts.

Die Bedeutung der Inkonsistenz für den Framing-Effekt

Inwiefern lassen sich nun die hier besprochenen theoretischen Überlegungen und empirischen Befunde auf den Framing-Effekt übertragen? Die vorherigen Abschnitte zeigen auf, unter welchen Bedingungen Befragte mit einer Einstellungsänderung auf Framing-Versuche reagieren. Mithilfe der Balance-Theorie kann diese Reaktion ergänzt werden: Es ist zu vermuten, dass Personen, die über ein balanciertes Einstellungssystem verfügen, schwächer auf das Framing reagieren als Personen, die über ein unbalanciertes Einstellungssystem verfügen. Im Rahmen der noch vorzustellenden Instrumente des Experiments lautet die Vermutung[15]: Personen, die über konsistente Relationen von Issue-Position, Parteienpräferenz und Issue-Präferenz der Parteien besitzen, reagieren weniger stark auf das Treatment, da diese Reaktion die Balance ihres Einstellungssystems gefährden würde (siehe Abb. 1, Pfeile unten). Bei Personen mit einer inkonsistenten Relation verhält es sich dagegen genau umgekehrt. Mit der Framing-Reaktion wird die Disbalance ihres Einstellungssystems reduziert (siehe Abb. 1, Pfeile oben).

Hypothese 3: Diejenigen Personen, bei denen sich zwischen Wahlabsicht und Issue-Positionierung eine Inkonsistenz ergibt, reagieren stärker auf Framing als Personen, bei denen dies nicht der Fall ist.

---

[15] Abb. 1 orientiert sich an der Treatmentzuweisung des Experiments. Die Zuweisung der Frames erfolgte im Experiment, sofern möglich, konträr zur gemessenen Einstellung der Versuchsperson (zum Design siehe nächsten Absatz).

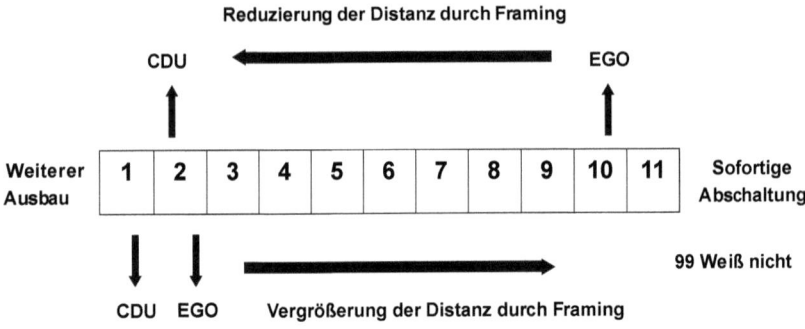

Abb. 1 Die Wirkung der Inkonsistenz für einen CDU-Wähler

5 Das Design des Experimentes

Das Experiment wurde 2010 im Labor des Melessa („Munich Experimental Laboratory for Economic and Social Sciences") durchgeführt. Interessierte Versuchspersonen können sich über eine Initiativbewerbung in den Pool des Melessa aufnehmen lassen. Der Pool besteht hauptsächlich aus Studenten der Münchner Universitäten, sodass die Stichprobe sich lediglich für ein hypothesenprüfendes Verfahren eignet (Diekmann 2007, S. 349).

Überblick über die Befragung des Experiments

Mittels z-tree[16] (Zurich Toolbox for Readymade Economic Experiments) wurde das Experiment programmiert. Die Teilnehmern beantworteten nach einigen einleitenden Erklärungen zum Ablauf und zur Anonymität die Frage nach der Wahlabsicht und deren Stärke. Die an den Anfang gestellten Fragen dienten als Eisbrecher, um beim Befraten keine Unsicherheiten, Aversionen, o.Ä. zu wecken. Als Nächstes wurden die Einstellungen sowie deren Salienz zu „staatlichen Eingriffen", „Integration", „Kernenergie" und „Abtreibung" erhoben. Diese wurden, wie die übrigen Einstellungen auch, mit einer bipolaren elfstufigen Skala abgefragt, während die Salienz auf einer fünfstufigen Skala gemessen wurde. Die Notwendigkeit des Einsatzes der drei für den Forschungskontext selbst nicht

---

[16] Für weitere Details zu dieser Software siehe Fischbacher (2007). Diese Software wurde speziell für die Durchführung und Entwicklung von Experimenten entwickelt.

relevanten Einstellungen zur Abtreibung, Wirtschaftspolitik und Integration ergibt sich aus den Erfahrungen der experimentellen Forschung. Sie dienen der Ablenkung und sollen des Weiteren verhindern, dass bei den Versuchspersonen Erwartungen über den Versuchsablauf entstehen, welche die Messsituation verzerren.[17] So kann eine Erinnerung an die vor dem Treatment gegebene Antwort und ein etwaig daraus resultierendes Konsistenzbestreben eingeschränkt bzw. verhindert werden.[18]

Die Treatmentzuweisung

Die Zuweisung der Frames zu den Einstellungen „Abtreibung" und „Kernenergie" erfolgte nach dem gleichen Prinzip. Die Zuweisung ist dann „determiniert", wenn die Befragten eine dezidierte Einstellung auf der Einstellungsskala besitzen; entsprechend der Hypothese 3 werden diese dann mit für sie gegenläufigen Informationen versorgt. Für Befragte, die keine dezidierte Einstellung zu den Issues Abtreibung bzw. Kernenergie besitzen, wurde in z-tree ein Code programmiert, der eine zufällige Zuordnung zu den Pro/Contra Frames bewerkstelligt. Dieser Zufallsmechanismus ordnet den Versuchspersonen der Mittelkategorie jeweils mit der Wahrscheinlichkeit von 0,5 einen Pro-Frame oder einen Contra-Frame zu. Den jeweils vom Einstellungstyp abhängigen Ablauf des Experiments stellt die Abb. 2 grafisch dar:

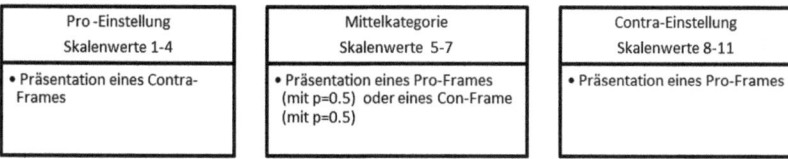

Abb. 2 Schematische Darstellung der Konditionierung im Melessa-Experiment

---

[17] Vergleiche beispielsweise die Ausführungen zur Reaktivität und Pygmalion-Effekt bei Schnell et al. (2005, S. 219) oder Diekmann (2007, S. 624).

[18] Einen Überblick über das umfangreiche Forschungsfeld zu Farbreiheneffekt geben Diekmann (2007, S. 446) oder Schnell et al. (2005, S. 353).

Das Treatment: Die Frames im Einzelnen

Bei der Formulierung der Pro- bzw. Con-Frames zur Kernenergie wurde versucht, diese möglichst gleich überzeugend zu gestalten. Die Argumente wurden sachlich formuliert und außerdem mit Sprecherpositionen versehen, die als Experten benannt werden, um den Eindruck einer gewissen „Faktizität" der Argumente zu generieren. Wie im Anhang ersichtlich, wurden die Frames mit einer Erläuterung eingeleitet, die für alle Versuchspersonen identisch war. Dann folgten die spezifischen Argumente. Personen, die sich vor dem Treatment gegen die Nutzung der Kernenergie ausgesprochen hatten bzw. über die Mittelkategorie der Pro-Frame-Gruppe (Contra-Frame-Gruppen) zugeordnet wurden, erhielten Argumente, die für (gegen) die Kernenergie sprechen:

- *Argumente des Pro-Frames (Pro: Nutzung von Kernenergie)*
  - CO_2 und Kyoto-Protokoll
  - Energiesicherheit
- *Argumente des Contra-Frames (Contra: Nutzung von Kernenergie)*
  - Betriebssicherheit und Tschernobyl
  - Endlagerproblematik

Nach dem jeweiligen Treatment wurde bei den Versuchsteilnehmern erneut die Einstellung zu den Issues Abtreibung und Atomkraft sowie deren Salienz gemessen. Abschließend erfolgten eine Erhebung der Parteiidentifikation sowie deren Stärke.

Folgerungen für die Datenanalyse

Neben dem hier beschriebenen Ablauf müssen drei wichtige Folgen des experimentellen Designs, die einen Einfluss bei der Auswahl der Verfahren zur Datenanalyse haben werden, expliziert werden.

1. Die Messungen entspringen nicht der Ziehung einer Zufallsstichprobe. Die Verwendung von inferenzstatistischen Verfahren ist daher nicht unproblematisch. Insofern muss der für die in der Datenanalyse verwendete kategoriale Regression (siehe unten) notwendige Wahrscheinlichkeitsbegriff in einem spezifischen Sinne interpretiert werden: Damit kann nicht gemeint sein, dass für zufällige Ziehungen von Beobachtungen aus dem Elektorat der Bundesrepublik mit den Eigenschaften X mit Wahrscheinlichkeit p eine Ausprägung a von y im Elektorat selbst besteht. Vielmehr würde diese Wahrscheinlichkeit als

Schätzung unter Verwendung der relativen Häufigkeiten sich ergeben, wenn eine Zufallsstichprobe vorgelegen hätte. Interpretiert werden muss – auch wenn der terminologischen Einfachheit den Begriff Wahrscheinlichkeit weiter verwendet wird – eben diese geschätzte Wahrscheinlichkeit bei der vorliegenden Datensituation immer als „relative Häufigkeit" bei dieser Stichprobe, die daraus resultiert, dass das ML-Schätzverfahren für die beobachteten Kovariablen die Werte der Kovariablen mit regelmäßig vorkommenden Werten der abhängigen Kovariablen in eine (Maximum-Likelihood) Beziehung setzt.[19]

2. Es ist keine Kontrollgruppe in dem Versuchsablauf angelegt. Die Entscheidung, auf die Kontrollgruppe zu verzichten, lässt sich jedoch rechtfertigen: zum einen kann man davon ausgehen, dass die Einstellungen der Befragten zumindest über fünf Minuten stabil sind; zudem wäre es durch die Bildung einer Kontrollgruppe zu einer deutlichen Reduzierung der Versuchsgruppe gekommen.

3. Es handelt sich nicht um ein Experiment, in dem das Treatment randomisiert vorgegeben wird, sondern um ein Quasi-Experiment. Denn über die Information der Einstellung zur Kernenergie wird gesteuert, welchen Frame die Versuchsperson erhält, sofern sie eine dezidierte Einstellung besitzt. Es muss daher davon ausgegangen werden, dass, da bestimmte Drittvariablen systematisch die Bildung von diesen Einstellungstypen hervorrufen und keine Zufallsaufteilung zu den Pro- bzw. Con-Frames vorgenommen wird, sich Erwartungswert und Varianz bei diesen beiden Gruppen außerhalb von Stichprobenfehlern unterscheiden.[20] Es liegt also nahe, anders als bei üblichen experimentellen Auswertungen, statistische Verfahren zu benutzen, die eine Drittvariablenkontrolle erlauben.

---

[19] Diese Interpretation lässt sich statistisch rechtfertigen, weil die Score-Funktion des linearen Regressions-modells und der binären Regression strukturell höchst ähnlich sind. Sie unterscheiden sich lediglich darin, dass der Erwartungswert der binären Regression nichtlinear vom Regressorenvektor abhängt und daher iterativ gelöst werden muss (Fahrmeir 2007, S. 201). Da der KQ-Schätzer die Korrelation von x und y sowie den Standardabweichungen in Beziehung setzt, was sich am einfachsten bei der skalaren Form der Schätzung in der linearen Regression mit einer unabhängigen Variablen erkennen lässt, lässt sich dies auch auf die binäre Regression und die ordinale Regression (die sich für k-Kategorien von y als k-1 fache binäre Regression darstellen lässt!) übertragen. Vgl. hierzu Fahrmeir et al. (1997, S. 481) und für die multiple lineare Regression (ebd., S. 497).

[20] Wenn der Befragte Werte von 5–7 auf der Einstellungsskala angibt, erhält er prima facie zwar zufällig einen Frame. Allerdings handelt es sich auch hier um keine echte Zufallsaufteilung, da von Prozessen der Selbstselektion ausgegangen werden muss, die die Bildung dieses Einstellungstyps (Mittelkategorie) hervorrufen. Dies hat wie bei den dezidierten Einstellungstypen zur Folge, dass bei der Datenanalyse nicht von innerhalb von Zufallsvarianzen streuenden Effekten etwaiger Drittvariablen ausgegangen werden muss.

Tab. 1 Der Treatment-Effekt im experimentellen Setting

Gruppe	Frametyp	Erwarteter Skalenwert	Treatment-Effekt = Position KE_AT–Position KE	Erwarteter Einstellungseffekt
Pro	Contra-Frame	Steigt	Positiv	Veränderung hin zur Ablehnung der Kernenergie
Mittelkategorie	Contra-Frame	Steigt	Positiv	Veränderung hin zur Ablehnung der Kernenergie
Mittelkategorie	Pro- Frame	Sinkt	Negativ	Veränderung hin zur Befürwortung der Kernenergie
Contra	Pro- Frame	Sinkt	Negativ	Veränderung hin zur Befürwortung der Kernenergie

6 Die wichtigsten Befunde

Nachfolgend erfolgt eine Darstellung der wichtigsten Befunde. Für die erste Hypothese werden nur Häufigkeitsauszählungen vorgestellt. Die darauf folgenden Hypothesen wurden mit einer ordinalen logistischen Regresson überprüft, wobei Details zur statistischen Validität im Schluss noch einmal aufgegriffen werden. Bei allen Hypothesen steht im Zentrum der Erklärung der „*Treatment-Effekt*", der aus der Differenz des Einstellungswertes nach dem Treatment (Position KE_AT/KE = Kernenergie; AT = After Treatment) und dem Wert vor dem Treatment (Position_KE) berechnet wird. Die nachfolgende Tab. 1 zeigt auf, wie der Treatment-Effekt in Abhängigkeit des Einstellungstyps ausfällt.

Ergebnisse bezüglich Hypothese 1

Eine globale Betrachtung zeigt (Tab. 2), dass sich bei knapp der Hälfte der Befragten kein Treatment-Effekt einstellt, d. h. sie verändern trotz der gegenläufigen Informationen nicht ihre Position. Knapp 30 % verändern ihre Einstellung hin zu einer Befürwortung der Kernenergie, die restlichen 20 % hin zu einer Ablehnung. Insgesamt ist also ein Treatment-Effekt nachzuweisen, wenngleich er

Tab. 2 Der individuelle Treatment-Effekt in Absolutbeträgen

Absoluter Treatment-Effekt			
Skalenwert	Häufigkeit	Prozent	Kumuliert
0	87	48,07	48,07
1	52	28,73	76,8
2	28	15,47	92,27
3	5	2,76	95,03
4	6	3,31	98,34
5	2	1,1	99,45
6	1	0,55	100
	181	100	

relativ schwach ausfällt: die Frames verschieben den Idealpunkt, d. h. den präferierten Einstellungswert, v. a. um ein oder zwei Punkte. Größere Verschiebungen von 3–6 Skalenpunkten kommen nur bei ca. 5 % vor. Insgesamt erachten wir daher die Hypothese als zumindest schwach erhärtet.

Ergebnisse bezüglich Hypothese 2

Die Häufigkeitsauszählung weist aus, dass Respondenten der Mittelkategorie weniger häufig auf den Framing-Versuch reagieren als die Personen mit einer Pro-/Contra-Einstellung (40 % anstatt 54 %). Im Folgenden wird ein Ordered-Logit-Modell geschätzt, das den Treatmenteffekt genauer untersucht.

Als Kontrollvariablen verwenden wir das Geschlecht, die Salienz des Issues und die Stärke der Wahlabsicht.[21] Baseline hinsichtlich des Einstellungstyps ist die Mittelkategorie. Die Veränderung der Wahrscheinlichkeitsverteilung für die Stufen des Treatmenteffekts werden für die Pro- und Contra-Einstellung gesondert ausgegeben, um eine etwaige Reagibilitätsdifferenz zwischen der Pro- und Contra-Kategorie ersichtlich zu machen. Im Kontext der Hypothese 2 weisen

---

[21] Issue-Salienz und die Wahlabsichtsstärke werden in zwei Kategorien dummyisiert werden. Männer erhalten den Wert „0", Frauen „1". Für die Zielvariable wird eine Zusammenfassung der Treatmenteffekt größer 2 in die Kategorie 2 oder größer vorgenommen. Im Anhang A2 werden alle Variablen, deren Abkürzung und Kodierung detailliert aufgeführt.

Tab. 3 Der individuelle Treatment-Effekt in Absolutbeträgen

Treatment-Effekt	Pro			Mittelkategorie			Contra		
	Hfkt.	%	Kum.	Hfkt.	%	Kum.	Hfkt.	%	Kum.
-6							1	1,08	1,08
-5							2	2,15	3,23
-4							5	5,38	8,6
-3							3	3,23	11,83
-2				3	6,82	6,82	12	12,9	24,73
-1				6	13,64	20,45	20	21,51	46,24
0	19	54,29	54,29	18	40,91	61,36	50	53,76	100
1	9	25,71	80	11	25	86,36			
2	6	17,14	97,14	4	9,09	95,45			
3				2	4,55	100			
4	1	2,86	100						
Total	35	100	100	44	100	100	93	100	100

die Vorzeichen der Regressoren (Pro- und Contra Kernenergie) in die erwartete Richtung. Im Rahmen der Schätzung kann jedoch keine Reagibilitätsdifferenz zwischen Pro- und Contra Einstellung identifiziert werden. Als auffälliger im Vergleich zur Mittelkategorie erweist sich der Geschlechtseffekt: Frauen reagieren häufiger und stärker auf das Framing. Für die übrigen Kontrollvariablen gilt: Eine höhere Salienz erhöht den Treatmenteffekt, eine ausgeprägte Parteiidentifikation reduziert ihn (Tab. 4).

Vorhergesagte Wahrscheinlichkeiten des Modells

Ein erhebliches Problem bei der Interpretation von logistischen Regressionsmodellen kategorialer abhängiger Variablen entsteht durch die nichtlineare Form des Modells. Zwar kann mit der Koeffizientenschätzungen die Hypothese 2 schwach bestätigt werden, dennoch bietet sich zur Ergänzung der Modellschätzung eine Berechnung der geschätzten Wahrscheinlichkeiten für idealtypische Merkmalskombinationen an. Nachfolgend werden in Tab. 3 die geschätzten Wahrscheinlichkeiten (WSK) für dezidierte vs. nicht dezidierte Befragte vorgestellt. Für die Typenbildung wurde wie folgt vorgegangen: Versuchspersonen, die eine

Tab. 4 Ordinales logistisches Regressionsmodell für die Hypothese 2

Absoluter Treatment-Effekt			
Geschlecht	−0,952** (−2,95)	_cut1	−0,644
Salienz	0,461 (1,03)	_cut2	0,649
Pro-Einstellung	−0,301 (−0,70)	_cut3	1,897
Contra-Einstellung	−0,242 (−0,70)		
WA Stärke	−0,745* (−2,18)	N Pseudo R^2	172 0,043

* a = 0.10; ** a = 0.05

hohe Salienz des Issues, aber eine niedrige oder gar keine Stärke der Wahlabsicht besitzen, werden nachfolgend als „issueorientiert" bezeichnet. Versuchspersonen mit einer stark ausgeprägten Wahlabsicht, aber niedriger Issue-Salienz werden als „parteiorientiert" definiert. Für diese „Idealtypen" wurde der Geschlechtseffekt jeweils konstant gehalten.

Die hierfür errechneten Wahrscheinlichkeiten unterscheiden sich nur geringfügig zwischen Mittelkategorie und dezidierter Position, wie der Tab. 4 zu entnehmen ist. Die Wahrscheinlichkeit der Idealpunktveränderungen weichen größtenteils nur im Bereich von 0,03–0,05 ab.[22] Die in diesem Zusammenhang zwar inferenzstatistisch bedeutungslosen Konfidenzintervalle weisen zudem auf hohe Schwankungen hin.

Dementgegen zeichnet sich ein weiterer Befund erheblich deutlicher ab: Vergleicht man die geschätzten Wahrscheinlichkeiten innerhalb der Tab. 5 und 6, also innerhalb des Einstellungstyps, so fällt auf, dass partei-orientierte Befragte erheblich weniger auf das Framing reagieren als issue-orientierte Versuchspersonen. Keinen Treatmenteffekt aufzuweisen wird maßgeblich hierüber gesteuert: Die Wahrscheinlichkeit einer Reaktion sinkt von über 0,5 (0,51 bzw. 0,576) auf unter 0,3. Dies ist ein vollkommen plausibler Befund, denn er zeigt auf, dass Framing

---

[22] Gleichwohl sind die Änderungen relativ betrachtet nicht ganz so gering: Die Wahrscheinlichkeit, nicht auf das Framing zu reagieren, beträgt für die Gruppe der Dezidierten mit Parteiorientierung 0,576, bei der Gruppe nicht dezidierter Versuchspersonen sinkt sie um 0,066 auf 0,51. Relativ gesehen sinkt die WSK somit um 11,5 %, wenn man die dezidierten Versuchspersonen als Referenzgruppe ansetzt.

Tab. 5 Geschätzte Wahrscheinlichkeiten Involvierter/Nicht-Involvierter bei **dezidierter Einstellung**

	Vorhergesagte WSK für Parteiorientierte			Vorhergesagte WSK für Issue-Orientierte		
	WSK	Untergrenze	Obergrenze	WSK	Untergrenze	Obergrenze
$P(y=0\|x)$	0,576	0,479	0,673	0,291	0,093	0,489
$P(y=1\|x)$	0,258	0,189	0,328	0,312	0,230	0,394
$P(y=2\|x)$	0,113	0,063	0,162	0,240	0,115	0,365
$P(y>2\|x)$	0,054	0,021	0,086	0,158	0,023	0,293

Tab. 6 Geschätzte Wahrscheinlichkeiten Involvierter/Nicht-Involvierter der **Mittelkategorie**

	Vorhergesagte WSK für Parteiorientierte			Vorhergesagte WSK für Issue-Orientierte		
	WSK	Untergrenze	Obergrenze	WSK	Untergrenze	Obergrenze
$P(y=0\|x)$	0,510	0,360	0,661	0,239	0,063	0,415
$P(y=1\|x)$	0,284	0,200	0,367	0,298	0,204	0,393
$P(y=2\|x)$	0,138	0,065	0,209	0,266	0,146	0,386
$P(y>2\|x)$	0,069	0,019	0,118	0,196	0,036	0,356

dann weniger wirkungsvoll ist, wenn sich Versuchspersonen explizit auf eine Partei festgelegt haben und dem Issue wenig Bedeutung zumessen. Bei Personen hingegen, die der „politischen Streitfrage" eine hohe Wichtigkeit beimessen, sich aber hinsichtlich ihrer Parteienpräferenz nicht festgelegt haben, scheint der Framing-Versuch deutlich erfolgreicher zu sein.

Bezieht man hier die theoretische Überlegung der Hypothese 3 ein, so ist dieser Befund umso interessanter, da wir ja erwarten, dass gerade diejenigen mit einer „inkonsistenten" Parteiorientierung stärker reagieren sollten als „konsistente" Versuchspersonen und somit auch unter den Versuchspersonen, die sich (vorläufig) für eine Partei entschieden haben, eine Subgruppe vorhanden ist, die für Framing-Versuche „anfällig" ist.

Deskriptive Auszählungen wie die Modellschätzung lassen nur vorsichtige Schlussfolgerungen bzgl. der Ambivalenzhypothese zu. Die geschätzten Wahrscheinlichkeiten zwischen Dezidierten und den Idealpunkten der Mittelkategorie unterscheiden sich zwar im Sinne der theoretischen Vermutung, die Unterschiede sind jedoch relativ gering.

Ergebnisse bezüglich Hypothese 3

Für die Analyse der Hypothese 3 wurde die Indikatorvariable Konsistenz unter Berücksichtigung der Wahlabsicht, der eigenen Issue-Position und der a priori festgelegten Issue-Position der Parteien gebildet.[23] Bei Vorliegen einer Konsistenz wird der Indikatorvariable den Wert 0 zugewiesen, sonst 1 (Inkonsistenz). Präferiert etwa ein CDU-Wähler einen Ausstieg aus der Kernenergie und weicht damit von der Parteilinie ab, dann nimmt der Indikator den Wert „1" an. Analog wie bei der Hypothese 2 werden nun vor der Besprechung der ordinalen Regression die Ergebnisse der deskriptiven Statistik präsentiert für konsistente und inkonsistente CDU/CSU und FDP-Wählern. Unter den SPD und Grüne-Wählen besitzen nur wenige Befragte eine inkonsistente Orientierung, sodass an dieser Stellen auf die Darstellung verzichtet wird (Tab. 7).[24]

Für die CDU teilen sich die Wähler knapp zu gleichen Teilen in Konsistente und Inkonsistente auf: Während sich nur bei knapp einem Drittel ein eher schwacher Framing-Effekt bemerkbar macht, reagieren knapp doppelt so viele Inkonsistente auf die Informationen. Zudem fällt die Reaktion bei inkonsistenten Befragten teilweise sehr stark aus. Für die FDP ergibt sich ein nahezu identischer Befund: Bei annähernd gleich starken Gruppen reagieren Inkonsistente sowohl der Anzahl als auch der Intensität nach auffällig stärker auf den Frame.

Die Ergebnisse der ordinalen logistischen Regression

Die für die Hypothese 2 benutzten Drittvariablen besitzen für die Balance-Theorie eine wichtige Bedeutung, da die Salienz und Stärke der Wahlabsicht Messungen

---

[23] Eine weitere Möglichkeit bestünde darin, für die Bildung des Konsistenzindikators die Parteiidentifikation anstatt der Wahlabsicht zu benutzen. Wir bevorzugen die Verwendung der Wahlabsicht, da die für uns zentrale aktuelle Parteiorientierung der Befragten u. E. besser durch die Wahlabsicht gemessen wird. Damit folgen wir dem Vorgehen von Visser (1994).

[24] Die wenigen inkonsistenten Befragten weisen jedoch entsprechend der theoretischen Erwartung eine auffällige Treatmentreaktion auf.

Tab. 7 Bedingte Verteilung von Konsistenz und Parteipräferenz

Treatment-Effekt der CDU-Wähler

Inkonsistente				Konsistente			
TE-Effekt	Häufigkeit	Prozent	Kumuliert	TE-Effekt	Häufigkeit	Prozent	Kumuliert
−5	1	7,14	7,14	0	9	60	60
−4	1	7,14	14,29	1	3	20	80
−2	3	21,43	35,71	2	3	20	100
−1	4	28,57	64,29				
0	5	35,71	100				
Total	14	100		Total	15	100	
Treatment-Effekt der FDP-Wähler							
−5	1	8,33	8,33	0	9	64,29	64,29
−4	2	16,67	25	1	3	21,43	85,71
−2	2	16,67	41,67	2	1	7,14	92,86
−1	4	33,33	75	4	1	7,14	100
0	3	25	100				
Total	12	100		Total	14	100	

der Intensität der L-Relationen darstellen. Die Wirkung der Stärke der Wahlabsicht und der Salienz lässt sich folgendermaßen theoretisch ableiten[25]: Besitzt eine Person ein balanciertes Einstellungssystem und besitzt er eine ausgeprägte Stärke der Wahlabsicht oder Salienz, so ist die Wertigkeit der Relationen des Einstellungssystems hoch und führt dazu, dass die mit der Framing-Reaktion entstehende Disbalance noch stärker als psychischer Konflikt wahrgenommen werden würde. Die Framing-Reaktion fällt dadurch noch geringer aus. Besitzt jemand hingegen ein unbalanciertes Einstellungssystem und eine hohe Salienz, bzw. Stärke der Wahlabsicht so ist die psychische Spannung besonders stark. Die Reaktion auf das Framing wird durch die Wahlabsichtsstärke erhöht, um diese Spannung aufzulösen. Bei einer hohen Salienz ist hingegen eine Dämpfung zu erwarten, da hier zu vermuten ist, dass die Position im Issue besonders wichtig

---

[25] Für eine ähnliche Argumentation siehe Klauer (2006, S. 385).

Tab. 8 Ordinales logistisches Regressionsmodell für die Hypothese 3

	(1)		(1)
	Absoluter Treatmenteffekt		Absoluter Treatmenteffekt
Geschlecht	−0,733*	_cut1	−0,542
	(−1,86)		
Stärke Wahlabsicht	−0,999*	_cut2	0,655
	(−2,50)		
Konsistenz	0,957*	_cut3	1,853
	(2,45)		
Salienz	0,804		
	(1,38)		
N	128		
Pseudo R^2	0,087		

* a = 0.10; ** a = 0.05

ist und diese Wichtigkeit für ein Festhalten an der Position sorgt, insbesondere wenn die Relation zum Issue höher bewertet wird als zur Partei (Tab. 8).[26]

Die Stärke der Wahlabsicht und die Stärke der Identifikation reduzieren den Treatment-Effekt, die Salienz erhöht ihn. Das Geschlecht hat wieder einen (signifikanten) Effekt. Der Regressor für die Wirkung der Konsistenz hat gemäß der Hypothese 3 einen (signifikanten) positiven Effekt, d. h. für die Gruppe der inkonsistenten Befragten fällt trotz Drittvariablenkontrolle die Treatmentreaktion höher aus. Die statistische Signifikanz kann wiederum im Sinne einer niedrigeren Variabilität des Zusammenhanges gedeutet werden. Dass diese durch die Inkonsistenz bedingte höhere Treatmentreaktion im Gegensatz zur Ambivalenz sich auf die geschätzten Wahrscheinlichkeiten deutlich niederschlägt, lässt sich mithilfe der Bildung der bei der Hypothese 2 genutzten „Parteien/Issue-orientierung" belegen (Tab. 9).

Unabhängig von der Orientierung verändert sich die Treatmentreaktion merklich: Während bei der Gruppe konsistenter Versuchspersonen mit parteiorientierter Einstellung die Wahrscheinlichkeit *keiner* Treatmentreaktion zu unterliegen 0,67

---

[26] Die Drittvariablen sind trotz ihrer potentiell theoretischen Bedeutsamkeit hier lediglich als Kontrollvariablen aufzufassen, da für die detaillierte Analyse Interaktionseffekte zwischen Konsistenz und Salienz, bzw. Stärke der Wahlabsicht zu bilden wären, was aber aufgrund der geringen Fallzahlen des Experiments nicht möglich ist.

Tab. 9 Geschätzte Wahrscheinlichkeiten für die Kombinationen der Konsistenz und Orientierung

Vorhergesagte Wahrscheinlichkeiten für INKONSISTENTE						
	Vorhergesagte WSK für parteiorientierte Vpn			Vorhergesagte WSK für issue-orientierte Vpn		
	WSK	Untergrenze	Obergrenze	WSK	Untergrenze	Obergrenze
$P(y=0|x)$	0,437	0,262	0,611	0,113	0,015	0,241
$P(y=1|x)$	0,282	0,189	0,378	0,184	0,043	0,324
$P(y=2|x)$	0,175	0,078	0,273	0,286	0,158	0,415
$P(y>2|x)$	0,105	0,025	0,185	0,416	0,112	0,720
Vorhergesagte Wahrscheinlichkeiten für KONSISTENTE						
$P(y=0|x)$	0,669	0,565	0,773	0,250	0,020	0,480
$P(y=1|x)$	0,201	0,128	0,274	0,275	0,162	0,387
$P(y=2|x)$	0,087	0,039	0,135	0,261	0,120	0,402
$P(y>2|x)$	0,043	0,012	0,074	0,215	0,004	0,426

beträgt, sinkt diese Wahrscheinlichkeit um 0,23 auf 0,44 doch merklich für inkonsistente Befragte mit Parteiorientierung. Auffällig ist wiederum der starke Einfluss, den die Parteiorientierung selbst besitzt. Wie bei der Hypothese 2 bereits festgehalten, reagieren Befragte besonders stark auf den Framing-Versuch, wenn sie keine oder nur eine schwach ausgeprägte Wahlabsicht besitzen und dem Issue eine hohe Wichtigkeit beimessen. Diese Reaktion tritt auf ganz unabhängig davon auf, ob sie über ein konsistentes oder inkonsistentes Einstellungssystem verfügen. Nachfolgend werden nun die Ergebnisse des Experimentes bilanziert und diskutiert.

7 Zusammenfassende Diskussion

Als eindeutig haben sich zwei Befunde erwiesen: Zum einen reagieren inkonsistente Befragte deutlich stärker auf das Framing als konsistente Befragte. Zum anderen zeigt sich, dass Framing-Versuche besonders dann effektiv sind, wenn Befragte dem Issue Kernenergie eine hohe Wichtigkeit beimessen, sich aber hinsichtlich ihres Wahlverhaltens nicht festgelegt haben. Weniger eindeutig sind hingegen die Befunde zur Ambivalenzhypothese. Zwar weisen die Daten in die erwartete Richtung, allerdings sind die Zusammenhänge relativ schwach. Dies kann damit zusammenhängen, dass in der Stichprobe nahezu ausschließlich Studenten enthalten sind und diese ggf. über eine moderate und damit dezidierte Position in diesem Issue verfügen.

Bezüglich des hier vorgestellten Untersuchungsdesigns ist festzuhalten, dass die Konstruktvalidität als hoch eingeschätzt werden kann.[27] Mit der Verwendung der GLES-Instrumente und der Benutzung der zentralen Argumente des Issues für die Frames dürften wichtige Fehlerquellen entschärft sein. Für die Erzielung der statistischen Validität wurden neben den ordinalen Modellen auch binäre Logits unterschiedlicher Spezifikationen geschätzt, bei denen die Ergebnisse im Sinne der Hypothesen robust sind. Zudem wurde geprüft, ob die zentrale Annahme der ordinalen logistischen Regression, die „parallel regression assumption" gegeben war.[28] Gleichwohl schränkt die willkürliche Auswahl die statistische Gültigkeit der Ergebnisse ein, konsequent wurde daher auf inferenzstatistische Deutungen verzichtet. Die interne Validität wurde durch eine genaue Instruierung des Versuchsleiters, weitere der Ablenkung dienende Instrumente sowie durch ein zweites Framing zum Issue „Abtreibung" (siehe auch Abschn. 5 zum Design) erhöht. Für die Übertragung der Befunde auf Bereiche außerhalb des experimentellen Settings sehen wir noch einen erheblichen Forschungsbedarf bezüglich der Stabilität von Framing-Effekten und behavoriale Auswirkungen von Framing-Prozessen. Weitere Forschung muss also zeigen, ob die insbesondere deutliche Moderatorbeziehung zwischen Konsistenz und Framing-Effekt in anderen Anwendungen bestätigt werden kann.

---

[27] In den neueren Arbeiten unterscheiden Campbell et al. hierzu vier Dimensionen experimenteller Validität. Statistische Validität bezieht sich auf die Gültigkeit der statistischen Verfahren, Konstruktvalidität auf die Gültigkeit der im Experiment verwendeten Konstrukte, interne Validität auf die Gültigkeit der Übertragung der im Experiment beobachteten Kovariation auf die (unterstellte) Kausalrelation und externe Validität auf die Gültigkeit der Übertragung der experimentellen Befunde auf andere Treatments, Settings, Beobachtungseinheiten und „Outcomes" (Shadish et al. 2002, S. 37–95).

[28] Auch hier weisen die Ergebnisse auf eine gewisse Variabilität hin, bei der nicht zwischen systematischer und Stichprobenvariabilität zu unterscheiden ist. Bei dem hier gegebenen Pool konnte aber die Verletzung der PRA vermieden werden. Zu Details der generalisierten ordinalen Regressionsmodelle und entsprechenden Tests siehe Williams 2006.

8 Anhang

Wortlaut der Frames

Einleitung
Mit der Novellierung des Atomgesetzes von 2002 (Atomkonsens) wurde der schrittweise Ausstieg aus der Kernkraft in Deutschland beschlossen. Dies hat zur Konsequenz, dass in den nächsten Jahren schrittweise die Kernkraftwerke in Deutschland außer Betrieb gehen werden. In den letzten Monaten wurde verstärkt über den Sinn dieses Ausstieges diskutiert. Experten der Kernenergie verweisen dabei auf folgende Argumente.

Argumente zur Kernenergie beim „Pro-Frame"

1. Im Allgemeinen gilt Kernkraft als CO_2-neutrale Möglichkeit, Energie zu erzeugen. Die Abschaltung der Kraftwerke steht somit dem Ziel der Bundesregierung, den CO_2-Ausstoß bis 2012 um 21 % zu reduzieren (Kyoto-Protokoll), entgegen.
2. Außerdem befürchten Experten eine verstärkte Abhängigkeit von Energieimporten. Ende des Jahres 2008 kam es zum wiederholten Male zu Streitigkeiten zwischen Russland als Gaslieferant und der Ukraine als Gasempfänger. Durch die Abschaltung der Kernkraftwerke macht sich Deutschland somit stärker abhängig von den Lieferanten konventioneller Energieträger (Gas und Öl).

Argumente zur Kernenergie beim „Con-Frame"

1. Bis heute ist es unklar, was mit den abgebrannten nuklearen Brennstäben aus den Kernkraftwerken geschehen soll. Eine sichere Lösung für die Endlagerung des radioaktiven Abfalls gibt es zur Zeit nicht.
2. Darüber hinaus ist das Unfallrisiko durch den Betrieb von Kernkraftwerken schwer einzuschätzen. 1986 gab es einen größten anzunehmenden Unfall (GAU) im Kernkraftwerk Tschernobyl, ehemalige Sowjetunion. Der Fallout (radioaktiver Regen) und die resultierende Strahlung waren so stark, dass diese bis nach Westeuropa messbar waren. An den Folgen des Unfalls starben bis heute mehrere Tausend Menschen. Ferner befürchten Sicherheitsexperten, dass Terroristen auf Kernkraftwerke Anschläge ausüben könnten.

Skalierung und Recodierung der benutzten Variablen

Variablenname	Kodierung	Beschreibung
Treatment-Effekt in Absolutbeträgen	(4 3 = 3) (−6−5−4−3 = 3)	Der Treatmenteffekt ist die absolute Differenz aus Einstellungswert Nach-Treatment abzüglich Vor-Treatment. Hohe Werte wurden bei der Versuchsgruppe selten beobachtet. Für die Modellschätzung müssen daher Werte größer als 2 in die Kategorie 3 oder mehr zusammengefaßt werden, um eine stabile Schätzung zu gewährleisten
Pro-Einstellung Contra-Einstellung	1 wenn Pro, 0 sonst 1 wenn Contra, 0 sonst	Referenzkategorie ist die Mittelkategorie, Dummy 1 ist Pro-Kernenergie, Dummy 2 ist Contra-Kernenergie. Pro und Contra-Einstellungswerte der Skala wurden in Abb. 1 definiert
Geschlecht	1 = Männer, 0 = Frauen	Referenzkategorie sind Frauen
Salienz	Salienz Dummy = 1 wenn Salienz = (4 5), 0 sonst	Die Salienz des Issues wurde auf einer Fünfer-Skala gemessen. Wegen der geringen Fallzahlen mußte diese Variable rekodiert werden: Nur die, die eine starke oder sehr starke Salienz haben, erhalten den Wert 1. Referenzkategorie sind die Versuchspersonen mit geringerer Salienz
Konsistenz		Die Parteien wurden den Pro-, bzw. Contra-Positionen zugeordnet. Die Indikatorvariable erhält den Wert 1 bei Inkonsistenz, also bei einer unstimmigen Relation, wenn Wahlabsicht, Ego-Position und Parteiposition des Issues sich widersprechen. Referenzkategorie (= 0) sind Vpn mit konsistenten Einstellungssystem
Stärke Wahlabsicht	(1 2 = 1) (3 4 = 0)	Nur die Versuchspersonen, die eine sichere oder sehr sichere Wahlabsicht haben, erhalten den Wert 1. Referenzkategorie sind die mit einer schwächeren Wahlabsicht

Literatur

Achen, Christopher H. 1975. Mass political attitudes and the survey response. *American Political Science Review* 69:1218–1231.
Baron, Reuben M., und David A. Kenny. 1986. The Moderator-mediator variable distinction in social psychology research: Conceptual, strategic and statistical considerations. *Journal of Personality and Social Psychology* 51:1173–1182.
Baumgartner, Frank R., und Christine Mahoney. 2008. The tow faces of framing. Individual-level framing and issue definition in the european union. *European Union Politics* 9:435–449.
Brewer, Paul R. 2001. Value words and lizard breains: Do citizens deliberate about appeals to their core values? *Political Psychology* 22:45–64.
Brewer, Paul R., und Kimberly Gross. 2005. Values, framing, and citizens' thoughts about policy issues: Effects on content and quantity. *Political Psychology* 26:929–948.
Burstein, Paul. 1998. Bringing the public back should sociologists consider the impact of public opinion on public policy? *Social Forces* 77:27–62.
Chong, Dennis, und James N. Druckman. 2007a. A theory of framing and opinion formation in competitive elite environments. *Journal of Communication* 57:99–118.
Chong, Dennis, und James N. Druckman. 2007b. Framing theory. *Annual Review of Political Science* 10:103–126.
Converse, Philip E. 1964. The nature of belief systems in mass publics. In *Ideology and discontent*, Hrsg. Apter David, 206–261. New York: Free Press of Glencoe.
Craig, Stephen C., und Michael D. Martinez, Hrsg. 2006. *Ambivalence and the structure of political opinion*. New York: Palgram Macmillan.
Dahinden, Urs. 2006. *Framing: Eine integrative Theorie der Massenkommunikation*. Konstanz: UVK.
Diekmann, Andreas. 2007. *Empirische Sozialforschung. Grundlagen, Methoden, Anwendungen*. Reinbek: Rowohlt.
Diekmann, Andreas, und Thomas Voss. 2003. Die Theorie rationalen Handelns. Stand und Perspektiven. In *Rational-Choice-Theorie in den Sozialwissenschaften. Anwendung und Probleme*, Hrsg. Andreas Diekmann und Thomas Voss, 13–33. München: Oldenbourg.
Druckman, James N. 2001. On the limits of framing effects: Who can frame? *The Journal of Politics* 63:1041–1066.
Druckman, James N. 2004. Political preference formation: Competition, deliberation and the (Ir)relevance of framing effects. *American Political Science Review* 98:671–686.
Druckman, James N. 2008. Emotion and the framing of risky choice. *Political Behavior* 30:297–321.
Druckman, James N., und Arthur Lupia. 2000. Preference formation. *Annual Review of Political Science* 3:1–24.
Druckman, James N., und Kjersten R. Nelson. 2003. Framing and deliberation: How citizens' conversations limit elite influence. *American Journal of Political Science* 47:729–745.
Entman, Robert M., und Susan Herbst. 2001. Reframing public opinion as we have known it. In *Mediated politics. Communication in the future of democracy*, Hrsg. Benett W. Lance und Robert M. Entman, 203–255. New York: Cambridge University Press.

Faas, Thorsten, und Harald Schoen. 2010. Mehrwertsteuer, Staatsverschuldung, Hartz IV. Lassen sich Einstellungen der Bevölkerung durch Framing verschieben? In *Information – Wahrnehmung – Emotion: Politische Psychologie in der Wahl- und Einstellungsforschung*, Hrsg. Thorsten Faas, Kai Arzheimer, und Sigrid Roßteutscher, 333–353. Wiesbaden: VS Verlag für Sozialwissenschaften.

Fahrmeir, Ludwig, Iris Pigeot, und Gerhard Tutz. 1997. *Statistik: Der Weg zur Datenanalyse*. Berlin: Springer.

Fahrmeir, Ludwig, Thomas Kneib, und Stefan Lang. 2007. *Regression: Modelle, Methoden, Anwendungen*. Berlin: Springer.

Falter, Jürgen W., und Harald Schoen. 2005. *Handbuch Wahlforschung*. Wiesbaden: VS Verlag für Sozialwissenschaften.

Fischbacher, Urs. 2007. Z-Tree: Zurich toolbox for ready-made economic experiments. *Experimental Economics* 10:171–178.

Granberg, Donald, und Edward E. Brent. 1974. Dove-Hawk placements in the 1968 election: Application of social judgment and balance theories. *Journal of Personality and Social Psychology* 29:687–695.

Hill, Jennifer L., und Hanspeter Kriesi. 2001. An extension and test of converse's black-and-white model of response stability. *American Political Science Review* 95:397–413.

Heider, Fritz. 1946. Attitude and cognitive organisation. *The Journal of Psychology* 21:107–112.

Kahneman, Daniel, und Amos Tversky. 1979. Prospect theory: An analysis of decision under risk. *Econometrica* 47:263–291.

Keele, Luke, und Jennifer Wolak. 2008. Contextual sources of ambivalence. *Political Psychology* 29:653–673.

Klauer, Karl Ch. 2006. Kognitive Balance und Konsistenz. In *Handbuch der Sozialpsychologie und Kommunikationspsychologie*, Hrsg. Hans-Werner Bierhoff und Dieter Frey, 380–388. Göttingen: Hogrefe.

Meffert, Michael F., Michael Guge, und Milton Lodge. 2004. Good, bad and ambivalent: The consequences of multidimensional political attitude. In *Studies in public opinion. Attitudes, nonattitudes, measurement error and change*, Hrsg. Willem E. Saris und Paul M. Sniderman, 63–93. Princeton: Princeton University Press.

Nelson, Thomas E., Zoe M. Oxley, und Rosalee A. Clawson. 1997. Toward a psychology of framing effects. *Political Behavior* 19:221–246.

Rudolph, Thomas J., und Elizabeth Popp. 2007. An information processing theory of ambivalence. *Political Psychology* 28:563–585.

Saris, Willem E. 2004. Different judgment models for policy questions: Competing or complementary? In *Studies in public opinion. Attitudes, nonattitudes, measurement error and change*, Hrsg. Willem E. Saris und Paul M. Sniderman, 17–37. Princeton: Princeton University Press.

Schnell, Rainer, Paul B. Hill, und Elke Esser. 2005. *Methoden der empirischen Sozialforschung*. München: Oldenbourg Verlag.

Shadish, William R., Thomas D. Cook, und Donald T. Campbell. 2002. *Experimental and quasi-experimental designs for generalized causal inference*. Boston: Houghton Mifflin.

Shaffer, Stephen D. 1981. Balance theory and political cognitions. *American Politics Research* 9:291–320.

Sniderman, Paul M., Theriault, Sean. 2004. The Structure of Political Argument and the Logic of Issue Framing. In *Studies in Public Opinion. Attitudes, Nonattitudes, Measurememt Error and Change*. Hrsg. Willem E. Saris und Paul M. Sniderman. Princeton: Princeton University Press.

Steenbergen, Marco R., und Milton Lodge. 2003. Process matters: Cognitive models of candidate evaluation. In *Electoral democracy*, Hrsg. Michael B. MacKuen und George Rabinowitz, 125–171. Ann Arbor: University of Michigan Press.

Stocké, Volker. 2002. *Framing und Rationalität: Die Bedeutung der Informationsdarstellung für das Entscheidungsverhalten*. München: Oldenbourg.

Thurner, Paul W. 2010. „Issue-Unentschiedene" und „Issue-Inkonsistente" als Targetpopulationen? Das Beispiel Kernenergie (1987–2005). In *Information – Wahrnehmung – Emotion: Politische Psychologie in der Wahl- und Einstellungsforschung*, Hrsg. Thorsten Faas, Kai Arzheimer, und Sigrid Roßteutscher, 333–353. Wiesbaden: VS Verlag für Sozialwissenschaften.

Tversky, Amos, und Daniel Kahneman. (1986). Rational choice and the framing of decisions. In *Rational choice: The contrast between economics and psychology*, Hrsg. Robin M. Hogarth und Melvin W. Reder, 67–95. Chicago and London, Chicago University Press.

Tversky, Amos, und Daniel Kahneman. 2000. Advances in prospect theory: Cumulative representation of uncertainty. In *Choices, values and frames*, Hrsg. Amos Tversky und Daniel Kahneman, 44–67. Cambridge: Cambridge University Press.

Visser, Max. 1994. Policy voting: Projection and persuasion: An application of balance theory to electoral behavior. *Political Psychology* 15:699–711.

Williams, Richard. 2006. Generalized ordered logit/partial proportional odds models for ordinal dependent variables. *The Stata Journal* 6:58–82.

Zaller, John R. 1992. *The nature and origins of mass opinion*. Cambridge: Cambridge University Press.

Zimbardo, Philip G., und Richard J. Gerrig. 1999. *Psychologie*. Berlin: Springer.

Dipl. Soz. Norbert Schöning M.A. Wissenschaftlicher Assistent am Lehrstuhl Empirische Politikforschung und Policy Analysis am Geschwister-Scholl-Institut für Politikwissenschaft an der Universität München.

Prof. Dr. Paul W. Thurner Professor Lehrstuhl Empirische Politikforschung und Policy Analysis am Geschwister-Scholl-Institut für Politikwissenschaft an der Universität München.

Dr. Martin Binder Manager Communication Research bei BASF.

Die Ministerienaufteilung in Koalitionsregierungen – eine modelltheoretische Näherung mit Hilfe von Divisor-Verfahren

Eine Untersuchung der Koalitionsregierungen der deutschen Länder von 1990 bis 2010

Johannes Raabe

Zusammenfassung

Dieser Aufsatz befasst sich mit der modelltheoretischen Erschließung des Prozesses der Ministerienaufteilung in Koalitionsregierungen. Aufbauend auf einer Diskussion bisheriger Forschungsansätze und -erkenntnisse (für die rein quantitative Aufteilung ist hier insbesondere die Gamson-Regel einer proportional zu der Sitzstärke der jeweiligen Parteien erfolgenden Aufteilung der Ministerien zu nennen), wird auf der Basis des Funktionsprinzips von Divisor-Verfahren ein Grundlagenmodell der Aufteilung entwickelt. Dieses be-

---

Der Autor dankt Eric Linhart für zahlreiche Anmerkungen und Hinweise, einem anonymen Gutachter sowie den Teilnehmern der Jahrestagung des Arbeitskreises Handlungs- und Entscheidungstheorie der DVPW (Kiel, Juli 2011) für Diskussionsbeiträge und weitere Kommentare zu einer ersten Version dieses Aufsatzes. Dieser Aufsatz ist im Rahmen des Projektes „Regierungsbildung als optimale Kombination von Ämter- und Policy-Motivation der Parteien" entstanden. Der Autor dankt der DFG für die Finanzierung. Der Autor dankt weiterhin Eric Linhart und Franz Urban Pappi für zahlreiche Anmerkungen und Hinweise, einem anonymen Gutachter sowie den Teilnehmern der Jahrestagung des Arbeitskreises Handlungs- und Entscheidungstheorie der DVPW (Kiel, Juli 2011) für Diskussionsbeiträge und weitere Kommentare zu einer ersten Version dieses Aufsatzes.

J. Raabe (✉)
Christian-Albrechts-Universität Kiel, Kiel, Deutschland
E-Mail: jraabe@ae.uni-kiel.de

rücksichtigt sowohl die quantitative wie auch die qualitative Dimension der Ministerienaufteilung zwischen den Koalitionsparteien. Über die Annahme verschiedener Politikfelder und inhaltlicher Interessen der Parteien wird das wichtige Ziel erfüllt, eine differenzierte Analyse der qualitativen Dimension des Aufteilungsprozesses zu ermöglichen.

Neben der modelltheoretischen Grundlegung ergeben sich aus der Anwendung verschiedener Variationen des Grundmodells auf den Untersuchungsdatensatz der Koalitionsregierungen der deutschen Länder von 1990 bis 2010 folgende zentrale Ergebnisse: Auch bei der Analyse verschiedener inhaltlicher Politikfelder und gleichzeitiger Berücksichtigung inhaltlicher Interessenschwerpunkte der Parteien bleibt eine näherungsweise proportionale Aufteilung zunächst das beste Prognosemodell, der Regierungschef ist als Objekt des Aufteilungsprozesses zu verstehen und eine quantitative Besserstellung kleiner Parteien scheint nicht etwa durch eine relative qualitative Besserstellung großer Parteien ausgeglichen zu werden.

1 Einleitung

Die Koalitionsforschung insgesamt betrachtet die Prozesse der Koalitionsfindung, -bildung und -zusammenarbeit im Wesentlichen aus der Perspektive zweier methodischer Lager: Dabei steht der quantitativ-modelltheoretische Ansatz dem qualitativ-hermeneutischen Ansatz der Einzelfallanalysen gegenüber (vgl. für eine knappe Schilderung beider Ansätze Saalfeld 2007, S. 217 ff.; für Beispiele des ersten Ansatzes vgl. etwa Schofield und Laver 1985; Morelli 1999; sowie aktuell Linhart und Pappi 2009, für Beispiele des zweiten Ansatzes Jun 1994; sowie Kropp 2001).[1] Diermeier (2006, S. 162–163) macht deutlich, wie unter dem Mantel eines neuen Institutionalismus die (hermeneutisch) festgestellten institutionellen Rahmenbedingungen in die formalen Modelle einfließen müssen – ein Plädoyer für ein realitätsadäquates Modellieren in der Koalitionsforschung.

Eine wichtige Erkenntnis der quantitativen Koalitionsforschung ist die sogenannte „Gamson-Regel", welche annimmt, dass Parteien die zu vergebenden Ministerien bei Koalitionsverhandlungen proportional zu ihren jeweiligen Sitzstärken aufteilen (Gamson 1961). Diese Gamson-Regel ist so von Linhart et al. (2008) auch für die Koalitionsregierungen der deutschen Länder bestätigt worden. Ebenfalls häufig bestätigte sich die hauptsächliche systematische Abweichung,

---

[1] Für eine explizite Kombination beider methodischer Ansätze stehen unter anderem Bäck (2003, S. 132 ff.) sowie Bäck und Persson (2004), welche jeweils deduktive Modellbildung mit induktiver Einzelfallanalyse verbinden.

dass in der Regel kleine Parteien etwas über- und große Parteien dementsprechend etwas unterproportional mit Ministerien ausgestattet werden (vgl. dazu bereits Norpoth 1982).[2] Für die quantitative Ministerienaufteilung bei Koalitionsverhandlungen sind dies die Kernerkenntnisse der bisherigen Forschung (vgl. Rudzio 2005, S. 231 sowie Verzichelli 2010, S. 238–239). Häufig vernachlässigt wurde dabei die Frage der qualitativen Ministerienaufteilung im Prozess der Koalitionsverhandlungen – nach welchen Kriterien wählen die Parteien aus dem „Pool" der verfügbaren Ministerien aus und inwiefern lassen sich die quantitative und die qualitative Dimension in einen Zusammenhang bringen? Dieser Aufsatz setzt sich hauptsächlich zum Ziel, die qualitative Dimension der Ministerienaufteilung näher zu untersuchen und mit einem modelltheoretischen Beitrag beide Dimensionen angemessen zu berücksichtigen, um so eine Aufklärung obiger Fragen zu ermöglichen.

Mittlerweile gibt es bereits mehrere Versuche, sich der „Black Box" der qualitativen Ministerienaufteilung (deren Ergebnisse relativ eindeutig über die Besetzung der jeweiligen Ministerposten durch bestimmte Parteien feststellbar sind) zu nähern und eine systematische Erklärung für diese zu entwickeln (vgl. etwa Budge und Keman 1990; Druckman und Warwick 2005; Warwick und Druckman 2006; Adachi und Watanabe 2007; Pappi et al. 2008; sowie Bäck et al. 2011). Während sich diese Ansätze jedoch entweder an der Offenlegung überparteilicher Ämterprestigeordnungen versuchen (zum Beispiel Druckman und Warwick 2005) oder parteifamilienspezifische Präferenzordnungen annehmen (zum Beispiel Budge und Keman 1990), soll an dieser Stelle eine differenziertere Analyse erfolgen, die den Wandel inhaltlicher Schwerpunkte von Partei zu Partei sowie von Wahl zu Wahl berücksichtigt und die Untersuchung nicht auf bestimmte Ministerientypen reduziert.

Um den Prozess der Ministerienaufteilung bei Koalitionsverhandlungen möglichst präzise zu modellieren, wird folgendermaßen verfahren: Zunächst erfolgt eine Vorstellung der für die Ministerienaufteilung relevanten Erkenntnisse und Ansätze der Koalitionsforschung (Abschn. 2). Der Modellentwicklung und -analyse ist dann die Beschreibung der grundlegenden Datenbasis vorgelagert (Abschn. 3). Die Modellierung der Ministerienaufteilung erfolgt auf zwei Ebenen (Abschn. 4): Zum einen werden inhaltliche Implikationen bisheriger Ansätze und deren mögliche Umsetzung diskutiert. Zum anderen werden die technische Funktionsweise von Divisor-Verfahren und deren besondere Eignung für die hier angestrebten Zielsetzungen dargelegt. In einer Synthese aus diesen beiden Vorarbeiten wird schließlich ein Grundmodell der Ministerienaufteilung vorgestellt. Auf Basis dieses Grundmodells werden verschiedene Modellvarianten für das

---

[2] Als große Parteien sollen hier grob diejenigen Parteien verstanden werden, die den Großteil der Koalitionssitze innehaben – für kleine Parteien gilt die umgekehrte Zuordnung.

Beispiel der Koalitionsregierungen der deutschen Länder von 1990 bis 2010 angewendet und deren Ergebnisse analysiert und beurteilt (Abschn. 5).

Das Anliegen dieser Untersuchung lässt sich in den drei folgenden Zielen zusammenfassen.

Ziel 1 Annäherung an die „Black Box" der qualitativen Ministerienaufteilung und Schaffung einer soliden modelltheoretischen Grundlage für die Verknüpfung der quantitativen und der qualitativen Dimension des Aufteilungsprozesses insgesamt.

Ziel 2 Aufklärung der Frage, welche Motivationen Parteien bei der Aufteilung der verschiedenen Ministerien anzutreiben scheinen.

Ziel 3 Einen Beitrag zu einer weiteren empirischen Überprüfung und vor allem zu einer tieferen theoretischen Grundlegung der Gamson-Regel leisten.

2 Die Ministerienaufteilung als Kerngegenstand der Koalitionsforschung

Die quantitative Dimension – Dominanz der Gamson-Regel

Folgende Hypothese ist in der Koalitionsforschung gemeinhin als Gamson-Regel bekannt: „Any participant will expect others to demand from a coalition a share of the payoff proportional to the amount of resources which they contribute to a coalition." (Gamson 1961, S. 376).[3]

Die erste systematische Überprüfung dieser Gamson-Regel unternehmen Browne und Franklin (1973), indem sie die Ministerienanteile der Parteien in Abhängigkeit von deren Sitzstärke (als Ressource der Parteien) in einer internationalen Studie untersuchen und zu den zwei Hauptkenntnissen der quantitativen Forschung zur Ministerienaufteilung gelangen: Die Ministerien werden etwa proportional zu den jeweiligen Sitzstärken der Koalitionsparteien verteilt und Abweichungen gehen in der Regel auf Kosten der größeren und zugunsten der kleineren Parteien. Zahlreiche Überprüfungen später gilt die Gamson-Regel auch heute noch als „one of the strongest empirical relationships documented in the social sciences" (Warwick und Druckman 2006, S. 635).

---

[3] An dieser Stelle muss festgehalten werden, dass Gamson (1961, S. 376) diese Hypothese ursprünglich nur als für minimale Gewinnkoalitionen gültig festlegte.

Für die systematische Besserstellung kleiner Parteien haben sich diverse Erklärungsansätze ergeben. Als erstes ist hier die These zu nennen, dass sich die großen Parteien diese Überkompensation ihrer „Juniorpartner" schlichtweg erlauben können, da ihnen in jedem Fall der Großteil der Ministerien zufällt (Browne und Franklin 1973). Ein weiterer Erklärungsansatz, der auch für die deutschen Länder bereits empirisch nachgewiesen werden konnte, ist, dass kleine Parteien in Drei-Parteiensystemen in der Regel als „Königsmacher" fungieren und sich demnach Dank ihrer strategisch vorteilhaften Situation einen überproportionalen Ministerienanteil sichern können (vgl. Linhart et al. 2008, S. 58–59). Schließlich kann schlichtweg die praktische Konvention, dass jede regierende Partei auch ein Ministerium besetzt, dazu führen, dass kleine Parteien überproportional mit Ministerien ausgestattet werden, da die geringe Anzahl der Ministerien eine exakt proportionale Zuordnung (etwa 0.8 Ministerien) unmöglich macht (vgl. Budge und Keman 1990; sowie Brams und Fishburn 2000).

Die Gamson-Regel selbst kann als eine Norm der Fairness betrachtet werden (vgl. Browne und Frendreis 1980, S. 767–768 sowie Linhart et al. 2008): Die Parteien betrachten eine proportionale Aufteilung als eine faire Aufteilung, der bei Koalitionsverhandlungen in der Regel entsprochen wird. Für die Festlegung einer solchen Fairness-Norm spielt vor allem die Tatsache eine Rolle, dass die Verhandlungen einen „Vorgeschmack" auf die zukünftige Zusammenarbeit darstellen (vgl. Laver und Shepsle 1990, S. 873; sowie Linhart und Pappi 2009, S. 27). Das Verständnis der Gamson-Regel als Norm entspricht insgesamt auch deutlich den empirischen Ergebnissen, während Ansätze, die die Ministerienaufteilung auf die Verhandlungsmacht der Parteien zurückzuführen versuchen (etwa Baron und Ferejohn 1989; sowie Ansolabehere et al. 2005) insbesondere an der Erklärung der Besserstellung kleiner Parteien, die sich unabhängig von verhandlungstheoretischen Machtkonstellationen kontinuierlich bestätigt und ebenfalls eine oftmals von solchen Ansätzen erwartete Besserstellung der Formateurs-Partei negiert, scheitern.

Zentral ist für die meisten Forschungsarbeiten rund um die Gamson-Regel die Annahme, dass alle Ministerien (inklusive des Amtes des Regierungschefs) in ihrer Bedeutung von den Parteien als gleich bewertet werden – es bleibt völlig irrelevant, über welche Mittel ein Ministerium verfügt, welche Position es in der öffentlichen Wahrnehmung einnimmt und, vor allem, in welchen inhaltlichen Bereich dieses fällt. Diese Annahme der völligen Gleichheit der Ministerien erscheint aus theoretischer Perspektive als zutiefst problematisch (vgl. Warwick und Druckman 2006). Der Schritt zu einer intensiveren Betrachtung der qualitativen Dimension der Ministerienaufteilung kann also gleichermaßen als wissenschaftliche Anfechtung der in ihrer empirischen Gültigkeit so häufig bestätigten Gamson-Regel wie auch als Versuch verstanden werden, die theoretischen Lücken dieser Proportionalitäts-Regel zu schließen und die systematischen Abweichungen zu erklären.

Die qualitative Dimension – theoretisch bedeutsam, empirisch unsicher

Im Vergleich zur quantitativen erscheint die qualitative Dimension der Ministerienaufteilung als ein eher punktuell bearbeitetes Feld der Koalitionsforschung (vgl. Bäck et al. 2011). Wenige Ansätze haben zu einer Menge an technischen Herangehensweisen und Ergebnissen geführt. Gemeinsam ist den Ansätzen der Widerspruch gegen die Annahme der Gleichwertigkeit aller Ministerien (vgl. etwa Budge und Keman 1990, S. 90). Vorgeschlagen werden dieser Annahme entgegentretend verschiedene Grundlagen der unterschiedlichen Bewertung der Ministerien. Dabei kann wiederum zwischen Ansätzen, welche von parteiübergreifenden, objektiven Bedeutungen verschiedener Ministerien ausgehen, und solchen, die jedem Ministerium eine jeweils parteispezifische Bedeutung beimessen, unterschieden werden.

Theoretisch erscheint es plausibel, dass Ministerien von verschiedenen Parteien als unterschiedlich wichtig bzw. erstrebenswert eingeordnet werden. Eine rein quantitative Logik der Ministerienakquise vernachlässigt diesen Aspekt. Zunächst lässt sich, die Gleichheitsannahme noch nicht fundamental in Frage stellend, den Ministerien neben deren reinem Ämternutzen (unter anderem durch die Vergabe hochrangiger politischer Posten oder Subventionen an bestimmte Klientelgruppen) auch eine inhaltliche Bedeutung innerhalb ihres jeweiligen Politikfeldes zuschreiben (vgl. Laver und Schofield 1990). Die Besetzung von Ministerien erscheint für Parteien aus dieser Sichtweise aus zweierlei Gründen interessant: Neben dem Ämternutzen wird jede Partei auch den Policy-Nutzen eines bestimmten Ministeriums beachten (vgl. Linhart und Pappi 2009). Die Policy-Bedeutung der Ministerien manifestiert sich in der Entscheidungsbefugnis der Minister, konkrete politische Inhalte durchzusetzen sowie sich mit ihrer Kabinettsstimme auch insgesamt in den Prozess der Zielsetzung der Koalitionsregierung einzubringen (vgl. zu den Bedeutungsdimensionen der Ministerienbesetzung auch Dewan und Hortala-Vallve 2011). Die Annahme einer Policy-Diktatur (vgl. Laver und Shepsle 1990, S. 874–875) durch den jeweiligen Minister in seinem Politikfeld erscheint vor diesem Hintergrund als übertrieben – sowohl das Kabinett als auch der Regierungschef besitzen in der Regel ein nicht zu unterschätzendes Mitspracherecht (vgl. für Kritik an der Annahme einer Policy-Diktatur etwa Pappi et al. 2008,

S. 323–324).[4] In diesem Zusammenhang nehmen Linhart und Pappi (2009, S. 38) formal an, dass die verschiedenen Ministerien jeweils einem übergeordneten Politikfeld zuzuordnen sind und in diesem denselben Einfluss wie die anderen dort verorteten Ministerien besitzen.

Die Forschungsergebnisse der Arbeiten, die sich unter Berücksichtigung möglicher Wertunterschiede der qualitativen Ministerienaufteilung widmen, haben trotz theoretisch zu erwartender qualitativer Unterschiede jedoch nicht etwa die Abkehr von der Gamson-Regel zur Folge, sondern gar deren erneute Bestätigung. Jeweils mit dem Hinweis, dass es eines systematischeren Ansatzes der Einbeziehung der qualitativen Dimension bedarf, wird auf die Dominanz der Gamson-Regel, also der Sitzstärken als Determinanten der Ministerienaufteilung, auch bei Berücksichtigung eben jener qualitativen Aspekte hingewiesen (vgl. etwa Warwick und Druckman 2006; sowie Bäck et al. 2011; oder bereits Browne und Feste 1975). Eine erhoffte Aufklärung der systematischen Abweichung von der Proportionalitäts-Norm zugunsten kleiner Parteien kann durch die Betrachtung der qualitativen Dimension bisher nicht geleistet werden—im Gegenteil, die leichte Disproportionalität schlägt sich laut der Ergebnisse von Warwick und Druckman (2006, S. 659–660) auch im Bereich der qualitativen Ministerienaufteilung in Form einer Überkompensation kleiner Parteien nieder.

Zusammenfassend lassen sich die Erkenntnisse der genannten Arbeiten kaum auf einen festen Kanon reduzieren. In jedem Fall braucht es eine Vertiefung der Forschung zur parteiübergreifenden und speziell zur parteispezifischen Bewertung von Ministerien, um unter anderem zu prüfen, inwiefern es einen Trade-off zwischen quantitativer und qualitativer Dimension der Ministerienaufteilung gibt (vgl. Adachi und Watanabe 2007, S. 114 sowie Bäck et al. 2011, S. 467).

3 Datenbasis

Die spätere Analyse erfolgt am Beispiel der Koalitionsregierungen der deutschen Länder von 1990 bis 2010. Für die Bearbeitung der beschriebenen Aufgaben ist es einerseits nötig, auf eine breite Datengrundlage zurückgreifen zu können, und andererseits, diverse technische Entscheidungen zu treffen, um den Datensatz für die Arbeit verwertbar zu gestalten.

---

[4] Für den Kontext der deutschen Landesregierungen kann diese Konstellation so bestätigt werden – hier sei auf das Nebeneinander der Richtlinienkompetenz des Ministerpräsidenten sowie des Kabinetts- und des Ressortprinzips (vgl. Gebauer 2006) hingewiesen.

Ersteres ist vor allem den Arbeiten im DFG-Projekt „Ämter- und Policy-Motivation deutscher Parteien bei der Bildung von Koalitionsregierungen" zu verdanken: Für die Fragen, welche Partei in welcher Regierung zu welchem Zeitpunkt welches Ministerium besetzte und aus welchen Geschäftsbereichen dieses bestand, konnte zum größten Teil auf eine Datenbank des Mannheimer Zentrums für Europäische Sozialforschung zurückgegriffen werden (vgl. für eine Beschreibung der Datenbank Pappi et al. 2008, S. 341–342). Ebenfalls innerhalb dieses Projektes wurden die für die hier angenommenen Präferenzordnungen der Parteien maßgeblichen inhaltlichen Gewichtungen (Salienzen) der verschiedenen Geschäftsbereiche in den jeweiligen Wahlprogrammen ermittelt (vgl. dazu methodisch Schmitt 2008 sowie anwendungsorientiert Seher und Pappi 2011). Mit Hilfe der Word-Score-Methode wurden zunächst die absoluten Häufigkeiten der Textlänge zu verschiedenen politischen Geschäftsbereichen bzw. übergeordneten Politikfeldern erhoben. Daraufhin erfolgte deren Umwandlung in anteilige Daten, also die oben erwähnten Salienzen.[5]

Die vier angenommenen Politikfelder der Untersuchung ergeben sich aus der (auch im Zuge der Analyse der Wahlprogramme deutlich gewordenen) inhaltlichen Verwandtschaft und Verwobenheit der jeweils zugehörigen Geschäftsbereiche und umfassen:

1) ASB (Arbeit und Soziales sowie Bau), 2) Kultus, 3) Recht (Inneres und Justiz), 4) WULF (Wirtschaft und Verkehr, Umwelt und Landesplanung, Landwirtschaft sowie Finanzen) (vgl. für die Einteilung in die übergeordneten Politikfelder und die diesen zugeordneten Geschäftsbereiche Seher und Pappi 2011).

Aus der Nutzung der aus den Wahlprogrammen gewonnenen Salienzen folgt, dass nur diejenigen Koalitionsregierungen betrachtet werden, deren Bildung unmittelbar auf Wahlen erfolgte.

In technischer Hinsicht bedeutete die eindeutige Zuordnung aller (mit Ausnahme der Ministerpräsidenten[6] mit den jeweiligen Staatskanzleien sowie der Ministerien, die keinem dieser vier Politikfelder sinnvoll zuzuordnen waren) Ministerien zu den vier Politikfeldern, deren inhaltliche Komposition anhand ihrer Organigramme zu erfassen und sie dementsprechend den Politikfelder zu-

---

[5] Für weitere Details wurden weiterhin eine Broschüre der Forschungsgruppe Wahlen (2011) verwendet sowie in einigen Fällen die jeweiligen Internetauftritte der Landesregierungen konsultiert. Sofern Ministerien durch parteilose Minister besetzt wurden, wurden diese Ministerien entweder über eine Lektüre der jeweiligen Koalitionsvereinbarungen einer Partei zugeordnet, oder, bei nicht möglicher Zuordnung, aus dem Datensatz gestrichen.

[6] Im Sinne der besseren Lesbarkeit wird jeweils die männliche Form verwendet (also zum Beispiel „Minister"). Ebenfalls aus diesem Grund werden unter dem Begriff „Ministerpräsident" auch Regierende Bürgermeister mit eingeschlossen.

zuordnen. Für alle Ministerien, deren Organigramme nicht zugänglich waren, wurden anhand der durch die Organigramme gestützten Zuordnungen die offizielle Namensgebung analysiert, um eine adäquate Zuordnung zu den Politikfeldern vorzunehmen. Im Datensatz ergibt sich also für jede Koalitionsregierung eine Einteilung deren Ministerien in die vier genannten Politikfelder und den Bereich „Sonstige", welche sodann als Basis der Modellüberprüfungen dient. Der Datensatz enthält insgesamt 55 Koalitionsregierungen und gibt Aufschluss darüber, welche Partei in welcher Regierung Ministerien aus den verschiedenen Politikfeldern besetzen konnte. Die Einteilung der politischen Arena in vier übergeordnete Politikfelder und die eindeutige Zuordnung der Ministerien erscheint sowohl vor dem Hintergrund des Gebotes der Komplexitätsreduktion wie auch der hier angestrebten Zielsetzung einer modelltheoretischen Annäherung sinnvoll.

4 Die Ministerienaufteilung – eine Modellentwicklung unter Berücksichtigung der quantitativen und qualitativen Dimension

Bestehende methodische Ansätze – Herangehensweisen, Annahmen, Probleme

Bevor die verschiedenen Forschungsarbeiten im Einzelnen diskutiert werden, können einige Grundherausforderungen an eine differenzierte Modellierung bzw. Erschließung der Ministerienaufteilung benannt werden. Ein Problem stellt die in den meisten Fällen zwangsläufig imperfekte Proportionalität der Ministerienaufteilung dar: Wegen der im Vergleich zu den Sitzzahlen geringen Menge an Ministerien weichen die realen Ministerienanteile in nahezu allen Fällen von den jeweiligen Sitzanteilen ab. Die Gamson-Regel liefert für dieses Problem zunächst keine Lösung und kann die Ministerienanteile quantitativ nur in wenigen Fällen eindeutig (also in Form einer ganzzahligen Ministerienanzahl für jede Partei) prognostizieren.

Die Präferenzordnungen der Parteien müssen intersubjektiv nachvollziehbar hergeleitet werden – dabei ist zu berücksichtigen, ob den Ministerien eine parteiübergreifende oder eine jeweils parteispezifische Bedeutung zugeschrieben wird und welche Kriterien für die Parteien bei ihrer Bewertung eine zentrale Rolle spielen. Weiterhin ist in diesem Zusammenhang zu entscheiden, ob nur gewisse oder alle real vorhandenen Ministerien in die Betrachtung aufgenommen werden. Für die Präferenzordnung ist außerdem festzulegen, ob diese als im Zeitverlauf stabil oder dynamisch angenommen und dementsprechend sinnvoll festgestellt wird.

Parteifamilien-Ansatz

Browne und Feste (1975) berücksichtigen die qualitative Dimension der Ministerienaufteilung, indem sie den Zusammenhang zwischen der Zugehörigkeit einer Partei zu einer bestimmten ideologischen Grundausrichtung und der Besetzung bestimmter Ministerien analysieren. Budge und Keman (1990, S. 89–120 ff.) entwickeln einen Ansatz, der bestimmte Ministerien je nach der ideologischen Zusammensetzung der Koalition einer Partei zuordnet. Während Browne und Feste (1975, S. 539) insbesondere für das Sozialministerium feststellen, dass dessen Besetzung maßgeblich von der ideologischen Grundausrichtung einer Partei abhängig ist, kommen Budge und Keman (1990) insbesondere für das Landwirtschaftsministerium zu diesem Schluss.

Dieser Parteifamilien-Ansatz zeigt, dass inhaltliche Ausrichtungen durchaus einen Einfluss darauf besitzen, an der Besetzung welches Ministeriums verschiedene Parteien bzw. Parteifamilien besonders interessiert sind[7], weist daneben jedoch auch Probleme auf. Zuerst ist es für diesen Ansatz notwendig, ein Ministerium eindeutig einem bestimmten Ministerientypus zuzuweisen bzw. Ministerien, die sich keinem konkreten Grundtyp zuordnen lassen, als einander gleich anzunehmen und nach der Proportionalitäts-Norm zu verteilen (so bei Budge und Keman 1990, S. 106) oder sie gar vollständig aus der Betrachtung auszuschließen. Weiterhin werden Präferenzordnungen hier als universell gültig angenommen und spezifische institutionelle Rahmenbedingungen genauso vernachlässigt wie eine potentielle Veränderung der inhaltlichen Schwerpunkte.

Ansatz parteiübergreifender Bedeutungen

In einer ihrer Arbeiten zur Frage der qualitativen Ministerienaufteilung werden von Druckman und Warwick (2005) durch eine internationale Expertenbefragung parteiübergreifende Bewertungen jener Ministerien erhoben, welche regelmäßig in verschiedenen nationalen Regierungen vorkommen. Die gleichzeitige Berücksichtigung der quantitativen Dimension führt Warwick und Druckman (2006) zu

---

[7] Zu beachten ist aus methodischer Sicht allerdings, dass der Schluss von in der Realität durch Parteien besetzten Ministerien auf deren ursprüngliches Interesse unter Umständen die strategische Dimension der Verhandlungssituation vernachlässigt – eventuell wurden die meist präferierten Ministerien jeweils durch eine andere Partei besetzt.

dem in Abschn. 3 angesprochenen Fazit, dass die Gamson-Regel mit der Einschränkung der systematischen Abweichung zugunsten kleiner Parteien auch bei Hinzunahme der qualitativen Dimension ihre Gültigkeit behält.

Die Autoren vermuten in der allgemeinen Unterbewertung des Postens des Regierungschefs Aufklärungspotential für die festgestellte systematische Abweichung von der Gamson-Regel und stellen empirisch fest, dass der Posten des Regierungschefs von den verschiedenen Experten tatsächlich eindeutig am höchsten bewertet wird (etwa doppelt so hoch wie ein durchschnittliches Ministerium) – eine Aufklärung der systematischen Abweichungen hätte jedoch einer noch deutlich höheren Bewertung bedurft (Druckman und Warwick 2005, S. 29).

Auch bei der Betrachtung dieses Ansatzes lassen sich einige Probleme aufzeigen: Auch hier gilt, dass spezifische Kontextbedingungen durch die Annahme partei-und länderübergreifender Präferenzordnungen nicht berücksichtigt werden können. Ebenso ist dieser Ansatz einer ähnlichen Statik unterlegen, die Änderungen im Zeitverlauf ignoriert, indem von im letzten Jahrzehnt erhobenen Daten auf wesentlich weiter zurückliegende Koalitionsverhandlungen und die Interessen der sich in diesen befindlichen Parteien geschlossen wird. Der Ansatz tut sich weiterhin schwer, von den abgefragten Typen abweichende, neue Ministerien zu integrieren.

Dynamischer Ansatz

In einer umfassenden statistischen Untersuchung prüfen Bäck et al. (2011) den Einfluss verschiedener Variablen auf die Besetzung bestimmter Ministerien durch unterschiedliche Parteien. Während die Autoren dabei zu dem Ergebnis kommen, dass der Haupteinfluss auch bei Betrachtung diverser anderer Einflussfaktoren auf die Sitzstärke zurückgeht, stellen sie gleichfalls fest, dass die inhaltlichen Ausrichtungen der Parteien oftmals eine signifikante Rolle spielen (Bäck et al. 2011, S. 466). Besonders ist hier, dass neben einer Prüfung der Parteifamilien-Variable zudem die jeweiligen Salienzen aus den Wahlprogrammen hinzugezogen werden, um den Einfluss inhaltlicher Orientierungen auf die Ministerienwahl der Parteien zu überprüfen. Damit wird in diesem Ansatz zum ersten Mal die relative Statik der bisherigen Arbeiten überwunden und der Tatsache Rechnung getragen, dass sich inhaltliche Interessen der Parteien im Zeitablauf ändern können. Tatsächlich besitzen die Salienzen als unabhängige Variable teilweise einen signifikanten Einfluss auch bei gleichzeitiger Berücksichtigung des Einflusses der Sitzstärken der Parteien: „[P]arties prefer, and aim to gain control over, ministries with a policy area of competence that was stressed in their election manifestos." (Bäck et al. 2011, S. 466).

Die statistische Prüfung hat im Vergleich zu modelltheoretischen Herangehensweisen einen entscheidenden Nachteil: Die strategische Dimension der Ministerienaufteilung fließt nur unzureichend ein (diese wird insgesamt nur über die Inkorporation der Parteifamilien-Variable geleistet, bei welcher je nach den beteiligten Parteitypen in einer Koalition einige bestimmte Ministerientypen bestimmten Parteien zugewiesen werden). Die Tatsache, dass die Interessen der Koalitionspartner sowohl im Konflikt stehen als auch komplementär sein können, wird im Rahmen dieses Ansatzes demnach weitgehend übersehen.

Schlussfolgerungen für die angestrebte Modellierung

In dem hier zu entwickelnden Modell soll der Erkenntnis, dass die Sitzstärke auch bei Berücksichtigung der qualitativen Dimension einen entscheidenden Einfluss auf die Ministerienbesetzung besitzt, durchaus Rechnung getragen werden, indem die Stabilität der Gültigkeit der Proportionalitäts-Norm als wesentlicher Grundbestandteil einer jeden Ministerienaufteilung integriert wird. Aufbauend auf den Arbeiten von Budge und Keman (1990) sowie Bäck et al. (2011) sollen weiterhin parteispezifische inhaltliche Präferenzen in das Modell einfließen, während die Annahme einer sowohl parteiübergreifend als auch im Zeitverlauf konstanten Präferenzordnung verschiedener Ministerien wegen oben erläuterter Probleme zunächst verworfen wird. Eine sinnvolle Herangehensweise, solche parteispezifischen, dynamischen Präferenzordnungen festzustellen, bietet die Verwendung der Salienzen aus den jeweiligen Wahlprogrammen. Diese bilden ein unverzerrtes Abbild der inhaltlichen Interessenlage direkt vor den interessierenden Ereignissen (den Wahlen und darauf folgend den Koalitionsverhandlungen) (vgl. Pappi et al. 2008, S. 336). Hier ist zunächst nicht relevant, wie sehr eine Partei ein bestimmtes Ministerium anstrebt, sondern wie sehr sie an einem bestimmten Politikfeld interessiert ist. So kann sich von der Problematik entfernt werden, dass nur eine Reihe bestimmter Ministerientypen berücksichtigt werden kann. Die Herausforderung der Zuordnung tritt dann allerdings, wie bereits eingangs erläutert, an der Stelle wieder auf, an welcher verschiedene Ministerien bestimmten übergeordneten Politikfeldern zugeordnet werden müssen. Die Annahme von Linhart und Pappi (2009, S. 38), dass Ministerien für die Parteien jeweils nur in den zugehörigen Politikfeldern inhaltlichen Einfluss bedeuten, wird dabei geteilt. Demnach liegt den Präferenzordnungen eine Policy-orientierte Interessenlogik zugrunde. Weiterhin wird die Annahme getroffen, dass sich die Parteien in den Verhandlungen als korporative Akteure verhalten.[8]

---

[8] Diese Annahme findet sich analog in den meisten neueren Koalitionstheorien (vgl. etwa Austen-Smith und Banks 1988; Laver und Shepsle 1990; Sened 1996; Diermeier 2006),

Zuletzt bleibt noch der Anspruch an das Modell, dass dieses der jeweiligen strategischen Situation der Ministerienaufteilung gerecht werden kann, indem der Einfluss der verschiedenen Präferenzordnungen der Regierungsparteien aufeinander in den Aufbau des Modells einbezogen wird.

Divisor-Verfahren als technisches Gerüst der Modellierung

Bevor die bisher erarbeiteten empirischen wie theoretischen Erkenntnisse und Ergebnisse in der Erstellung eines Modells der Ministerienaufteilung münden können, ist im Folgenden darzulegen, warum die grundsätzliche Logik und technische Vorgehensweise von Divisor-Verfahren besonders als Modellgrundlage geeignet sind.

Logik und Funktionsweise – technische Eignung

Üblicherweise trifft man auf die Anwendung von Divisor-Verfahren, wenn es darum geht, eine bestimmte Anzahl von Parlamentssitzen unter verschiedenen Parteien deren Anteil an Wählerstimmen entsprechend aufzuteilen – eine möglichst proportionale Aufteilung unteilbarer Güter (vgl. Brams und Kaplan 2004). Rein technisch werden die Stimmenanzahlen der jeweiligen Parteien durch eine Reihe von Divisoren (in der Regel bei dem Wert 1 beginnend und dann je nach einer spezifischen Divisor-Regel aufsteigend) geteilt, die Sitze werden dann der Größe der einzelnen Quotienten nach an die Parteien vergeben (vgl. Schoen 2005, S. 582).

Dass die exakte Ausgestaltung der Divisor-Regel einen nicht zu vernachlässigenden Einfluss auf die Menge der je Partei vergebenen Güter ausübt, ist exemplarisch in Tab. 1 nachzuvollziehen. Im Beispiel der Tabelle erhält Partei A 25 und Partei B neun Sitze – das d'Hondt-Verfahren etwa teilt die Sitzanzahlen beider Parteien nach und nach durch die Teiler seiner Divisorenreihe (1, 2, 3, …) und ordnet die Ergebnisse dann in eine Rangfolge von der größten bis zur kleinsten Zahl: Partei A erhält den ersten Zugriff (25/1 ist größer als 9/1). Partei A erhält auch den zweiten Zugriff (25/2 ist größer als 9/1). Der dritte Zugriff wird dann Partei B gewährt (25/3 ist kleiner als 9/1) und so weiter bis so viele Zugriffe zugeordnet sind wie es zu verteilende Güter gibt. Unterschiede in der Menge und Reihenfolge der vergebenen Zugriffe ergeben sich über die verschiedenen Divisorenreihen – so „konkurriert" beim zweiten Zugriff im Beispiel

---

wenngleich auch Autoren wie Bräuninger und Debus (2005) auf die Rolle innerparteilicher Konfliktlinien und Gruppierungen hinweisen.

Tab. 1 Zugriffsreihenfolgen verschiedener Divisor-Verfahren. (Quelle: Eigene Berechnungen)

Divisor-Verfahren (Divisorenreihe)	d'Hondt (1, 2, 3, ...)		Saint-Laguë (1, 3, 5, ...)		Adams (0, 1, 2, ...)	
Partei (Sitze)	A (25)	B (9)	A (25)	B (9)	A (25)	B (9)
1. Zugriff	A (25)		A (25)		A (2500)	
2. Zugriff	A (12.5)			B (9)		B (900)
3. Zugriff		B (9)	A (8.33)		A (25)	
4. Zugriff	A (8.33)		A (5)		A (12.5)	
5. Zugriff	A (6.25)		A (3.57)			B (9)

Zur Berechenbarkeit des Teilers wird hier als erster Divisor die Zahl 0.01 verwendet – sie führt zu demselben Ergebnis, indem jede Partei einen Zugriff erhält, bevor eine Partei einen zweiten Zugriff zugewiesen bekommt.

des Saint-Laguë-Verfahrens der erste sich aus der Teilung ergebende Wert für Partei B (9) nicht wie beim d'Hondt-Verfahren mit dem Wert 25/2, sondern mit dem geringeren Wert 25/3 für Partei A, da dessen Divisorreihe nur aus ungeraden Zahlen besteht (1, 3, 5, ...) Kurz zusammengefasst stellt insbesondere für eine geringe Anzahl zu verteilender Güter das Verfahren nach d'Hondt tendenziell größere, das Adams-Verfahren kleinere Parteien besser, während das Saint-Laguë-Verfahren einer proportionalen Aufteilung am nächsten kommt (vgl. Balinski und Young 1980 sowie Mackie 2000). Die starke Gültigkeit der Gamson-Regel, also der proportionalen Aufteilung der Ministerien, lässt es sinnvoll erscheinen, die prinzipielle Verteilungslogik auch für die Modellierung der Ministerienaufteilung zu übernehmen. In diesem Fall können die Sitzstärken der Parteien als deren für die Vorgehensweise der Divisor-Verfahren relevante Ressourcen und die Ministerien als die aufzuteilenden Güter verstanden werden (vgl. Brams und Kaplan 2004, S. 147). Weiterhin gilt, dass die Divisor-Verfahren bei ehrlicher Verfolgung der Präferenzordnungen durch die Parteien stets zu einer pareto-optimalen Aufteilung führen (vgl. Brams und Kaplan 2004, S. 153–154).[9] Im Gegensatz zu

---

[9] Interessant ist, dass Divisor-Verfahren zur Aufteilung der Ministerien unter Koalitionspartnern tatsächlich bereits praktisch zur Anwendung gekommen sind. O'Leary et al. (2005) beschreiben, wie der institutionelle Mechanismus des Divisor-Verfahrens für die

Parlamentssitzen kann und sollte für die Ministerien allerdings angenommen werden, dass die Parteien hier verschiedene Interessen an deren Aneignung besitzen – für die Ministerienaufteilung sollten die Divisor-Verfahren also keine Güter direkt zuteilen, sondern den Parteien in einer bestimmten Reihenfolge Zugriffe auf die Ministerien gewähren. Erneut sei hier auf die unterschiedlichen Einflüsse der verschiedenen Divisor-Regeln hingewiesen – neben der Menge der pro Partei vergebenen Zugriffe variieren auch die Abfolgen, welche den Parteien ihre Zugriffe jeweils zu einem bestimmten Zeitpunkt der Vergabe zuordnen (vgl. Tab. 1).

Einige problematische Aspekte der Anwendung der Divisor-Verfahren dürfen bei aller technischer Eignung nicht übersehen werden: Brams und Kaplan (2004, S. 159–160) heben hervor, dass die Verfahren recht restriktiv sind, was die Vorgabe der Vergabereihenfolge angeht. Insbesondere die Aufteilung der Ministerien zwischen nahezu gleich stark mit Sitzen ausgestatteten Parteien durch ein Divisor-Verfahren, welches in diesem Falle der nur marginal größeren Partei in jeder neuen Zugriffsrunde den Vortritt gewähren würde, erscheint den Autoren problematisch. Einen Nachteil könnte man auch darin sehen, dass die Divisor-Verfahren die Salienzen als Grundlagen der Präferenzordnung der Parteien nur ordinal interpretieren und demnach die Größe des Abstandes zwischen den Interessen an verschiedenen Politikfeldern nicht berücksichtigt wird.

Zusammenfassend spricht aus technischer Sicht vor allem Folgendes für die Anwendung von Divisor-Verfahren als Grundgerüst(e) für ein Modell der Ministerienaufteilung: Diese sind in der Lage, über die eindeutige Vergabe der Zugriffe das Problem der die Ministerien quantitativ nicht eindeutig verteilenden Proportionalitäts-Norm zu lösen. Über die Menge der Zugriffe für jede Partei und die Ausgestaltung der Reihenfolge lassen sich zudem die quantitative sowie die qualitative Dimension der Ministerienaufteilung innerhalb eines Modells kombinieren.

Inhaltliche Implikationen – theoretische Eignung

Die technisch wünschenswerte Kombination der quantitativen und der qualitativen Dimension ist aus inhaltlicher Sicht noch wesentlich zentraler: Die Gamson-Regel der proportionalen Aufteilung wird durch das Proportionalitätsziel der Divisor-Verfahren widergespiegelt. Darüber hinaus ermöglichen es die verschiedenen Divisor-Verfahren mit ihren unterschiedlichen Divisorenreihen, eine über das bloße Proportionalitätsdiktum hinausgehende Verzerrung in die Aufteilungsmodelle einfließen zu lassen (vgl. dazu erneut Tab. 1). Die zum Teil imperfekte

---

Regierungsbildung in Nordirland sowie in den Exekutivorganen dänischer Großstädte zur Aufteilung der Ministerien bzw. Zuständigkeitsbereiche genutzt wurde.

Erfüllung des Proportionalitätsziels, welche im Bereich der Anwendung von Divisor-Verfahren bei der Verteilung von Parlamentssitzen immer wieder für Kontroversen gesorgt hat (vgl. dazu etwa Nohlen 2000, S. 105–106 sowie Riedwyl und Steiner 1995), ist gerade als reizvolle Möglichkeit für die Aufgabe der Modellierung zu sehen, um etwa die systematische Abweichung zugunsten kleiner Parteien genauer zu untersuchen: So hängt nicht nur die Anzahl der an die jeweiligen Parteien vergebenen Ministerien, sondern auch die Reihenfolge, in welcher die Parteien diese auswählen, von der exakten Ausgestaltung der Divisorenreihen ab. Für die aufteilenden Parteien wird es durchaus von großer Bedeutung sein, an welcher Stelle sie „an die Reihe kommen".

Weiterhin kann für die Divisor-Verfahren keine modelltheoretische Überforderung der beteiligten Akteure (vgl. zu dieser häufig geäußerten Kritik Winter und Dumont 2006, S. 178 sowie Schniewind 2008, S. 119) festgestellt werden – von den involvierten Parteien bzw. deren Verhandlungsführern wird lediglich angenommen, dass sie sich über ihre eigenen Präferenzen bewusst sind und sich mit ihren Verhandlungspartnern auf die Norm einer näherungsweise proportionalen Verteilung der Ministerien verständigt haben.

Insgesamt erfüllen die Divisor-Verfahren die Grundanforderung an gewinnbringende Modelle: Sie erlauben eine technisch einfache und dennoch differenzierte Modellierung, die auf mehreren Ebenen inhaltlichen Anforderungen, welche sich aus der bisherigen Forschung zur Ministerienaufteilung ergeben haben, gerecht wird und gleichzeitig Spielraum für die Anwendung verschiedener Modellvarianten bietet (vgl. für diese Anforderungen auch Laver 1998, S. 2; sowie Diermeier 2006, S. 164).

Ein Grundmodell der Ministerienaufteilung und anzuwendende Modellvarianten

Das aus den bisherigen Arbeitsschritten folgende Grundmodell der Ministerienaufteilung gestaltet sich folgendermaßen (vgl. auch Abb. 1): Parteien besitzen über verschiedene Politikfelder (hier: ASB, Kultus, Recht und WULF, wie eingangs beschrieben) spezifische Präferenzordnungen (als ordinale Rankings der Politikfelder), wobei die Besetzung des Postens des Regierungschefs entsprechend nahezu allen theoretischen und empirischen Forschungserkenntnissen immer die höchste Präferenz darstellt. Im Beispiel der Abbildung verfügt Partei A über den ersten Zugriff und stellt das Regierungsoberhaupt, während Partei B mit dem zweiten Zugriff ein Ministerium aus ihrem meist-präferiertem Politikfeld (ASB) besetzt und so weiter. Die Präferenzordnungen über die Politikfelder erge-

Exemplarische Situation: In den vier Politikfeldern ist jeweils ein Ministerium zu vergeben (die Politikfeldnamen stehen hier repräsentativ für diese Ministerien)
Präferenzordnung Partei A: MP (Ministerpräsident) ≻ WULF ≻ Kultus ≻ Recht ≻ ASB
Präferenzordnung Partei B: MP ≻ ASB ≻ WULF ≻ Recht ≻ Kultus

Ablauf der Ministerienaufteilung bei gegebener Zugriffsreihenfolge (A,B,A,A,B):

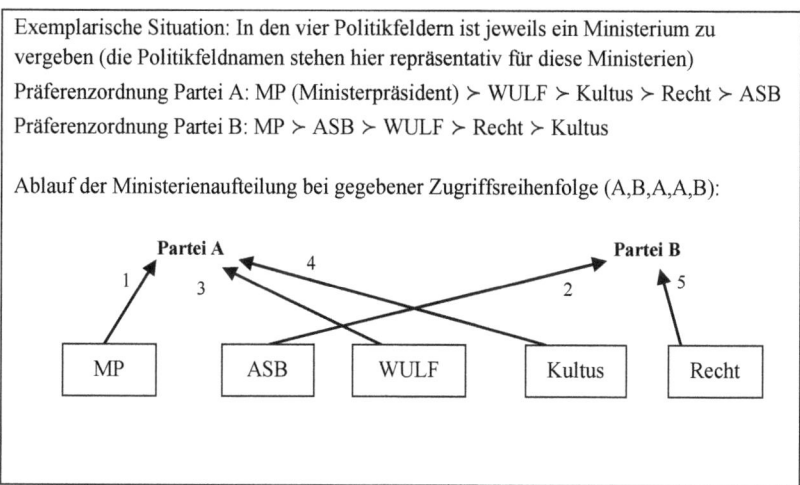

Erklärung: Die Pfeile ordnen die Ministerien den Parteien zu, die Zahlen daneben zeigen die Nummer desjenigen Zugriffsrechtes an, welches für die Wahl des Ministeriums genutzt wurde.

Abb. 1 Aufteilungsprozess des Grundmodells der Ministerienaufteilung. (Quelle: Eigene Darstellung)

ben sich aus den aggregierten Salienzen der jeweiligen Wahlprogramme – je mehr eine Partei die zu einem bestimmten Politikfeld gehörenden Geschäftsbereiche in ihrem Wahlprogramm betont, desto höher ist ihr Interesse an einer Besetzung eines Ministeriums in diesem Politikfeld, um dort möglichst ihren Idealvorstellungen entsprechende Policy-Entscheidungen durchsetzen zu können.[10] Generell bietet das Modell die Möglichkeit für diverse Alternativen: Die Zugriffe könnten sich alternativ auch direkt auf einzelne Ministerien beziehen und genauso könnten Annahmen über die Genese der Partei-spezifischen Präferenzordnungen variiert werden. So bildet das entwickelte Modell eine Basis für verschiedene theoretische Überlegungen zur Ministerienaufteilung: Die durch die Divisor-Verfahren gegebenen Sequenzen erlauben es, verschiedene Annahmen über die Art und Weise, wie die Reihenfolge der Vergabe bestimmt wird, empirisch zu überprüfen.

---

[10] Sind die Salienzen für zwei oder mehr Politikfelder exakt gleich, wird angenommen, dass die Parteien indifferent zwischen den zu diesen Politikfeldern gehörenden Ministerien sind – ein Zufallsmechanismus wählt zwischen den gleichermaßen hoch bewerteten Politikfeldern bzw. Ministerien aus.

Das Divisor-Modell weist den Parteien anhand deren Sitzstärken und mit Hilfe einer Divisorenreihe eine bestimmte Anzahl von Zugriffen in einer bestimmten Reihenfolge zu. Die Parteien nutzen ihre Zugriffe, um sich diejenigen Ministerien anzueignen, deren Besetzung sie am meisten präferieren und die noch von keiner anderen Partei besetzt werden. Dabei ist zu berücksichtigen, dass die Parteien jedes Ministerium eines höher präferierten Politikfeldes jedem Ministerium eines niedriger präferierten Politikfeldes vorziehen (d. h., dass eine Partei zunächst versucht, sich alle Ministerien ihres meist-präferierten Politikfeldes anzueignen, bevor sie einen Zugriff auf das am zweitmeisten präferierte Politikfeld verwendet). So vollzieht sich die Ministerienaufteilung bis alle Ministerien vergeben sind.

Anzuwendende Modellvarianten – Variationen und Implikationen

Basierend auf eben beschriebenem Grundmodell lassen sich verschiedene Variationen vornehmen – die daraus resultierenden Modellvarianten ermöglichen bei einer späteren Analyse verschiedene Schlüsse auf den realen Prozess der Ministerienaufteilung. Insgesamt werden hier für die spätere Anwendung sechs Modellvarianten formuliert. Im Wesentlichen gibt es zwei Faktoren, welche für die Erstellung der sechs Modellvarianten jeweils verändert werden: Das spezifische Divisor-Verfahren mit dessen Divisorenreihe und die daraus folgenden Annahmen zur Begünstigung Parteien bestimmter Größe sowie die Art der Auswahl des Regierungschefs.

Der zentrale Variationsfaktor besteht in der Auswahl eines bestimmten Divisor-Verfahrens. Mit den Verfahren nach d'Hondt, Saint-Laguë sowie Adams werden für die verschiedenen Modellvarianten drei Verfahren benutzt, die in ihrer Umsetzung (insbesondere bei einer geringen Zahl zu verteilender Güter, also in diesem Fall Ministerien) in der quantitativen Dimension entweder leicht asymmetrisch zugunsten großer Parteien (d'Hondt), leicht asymmetrisch zugunsten kleiner Parteien (Adams) sowie weitgehend neutral (Saint-Laguë) wirken. Für die qualitative Dimension lässt sich so eine klare Einteilung nicht vornehmen, da es kein Vergleichskriterium gibt, wie es für die quantitative Dimension die Proportionalität der vergebenen Zugriffe zu den jeweiligen Sitzstärken darstellt. Jedoch lässt sich sagen, dass Parteien jeder Größe im Rahmen des Adams-Verfahrens mindestens einen frühen Zugriff erhalten. Dies verleiht mit verhältnismäßig wenigen Sitzen ausgestatteten Parteien eine größere Möglichkeit, auch bei konkurrierenden Interessen der designierten Koalitionspartner ein Ministerium in ihrem meist präferiertem Politikfeld zu besetzen. Das d'Hondt-Verfahren hingegen stellt eine solche Garantie nicht in Aussicht und ist durch seine Ausgestaltung auch in der qualitativen Dimension als eher vorteilhaft für große Parteien zu charakterisieren (das Rechenbeispiel in Abschn. 4 verdeutlicht dies). Letztlich fällt dem Verfahren nach Saint-Laguë auch für die qualitative Dimension eine ausgeglichene Rolle zu: Kleine Parteien werden im Verhältnis zum d'Hondt-Verfahren mindestens mit gleich frühen Zugriffen ausgestattet oder sie erhalten im Saint-Laguë-Verfahren frühere (also qualitativ potentiell wertvollere) Zugriffe. Gleichzeitig fällt bei diesem Verfahren ebenfalls der garantierte Zugriff des Adams-Verfahrens weg, was eine qualitative Verzerrung zugunsten kleiner Parteien eher verhindert. Die Variation der Divisor-Verfahren ermöglicht die Überprüfung verschiedener Annahmen bezüglich der „Black Box", welche der Aufteilungsprozess darstellt: Je nach Abschneiden der auf den jeweiligen Verfahren aufbauenden Modelle (vgl. Tab. 2) können später Aussagen zu einer tendenziellen qualitativen Bevorzugung oder Benachteiligung Parteien bestimmter Größe getroffen werden.

Die Auswahl des Regierungschefs kann entweder erfolgen, indem die größte Partei ihr erstes Zugriffsrecht für die Besetzung dieses Postens verwendet, oder, der fast gesetzmäßigen Vergabe an die sitzstärkste Partei entsprechend, indem dieser bereits vor dem Verteilungsverfahren der größten Partei zugewiesen wird. Letzteres ermöglicht es dieser, ihren ersten Zugriff gemäß des Divisor-Verfahrens nicht für das Ministerpräsidentenamt nutzen zu müssen, sondern gleich auf ein Ministerium aus ihrem meist präferierten Politikfeld verwenden zu können. Aus der Inkorporation des Regierungschefs in die Verhandlungsmasse für die ersten drei Modelle (vgl. Tab. 2) folgt, dass die Modelle vier bis sechs den jeweils größten Parteien in jedem Fall einen qualitativen Vorteil verschaffen.

Weiterhin können die Regeln bei gleichen Quotienten (also identischen Ansprüchen auf ein bestimmtes Zugriffsrecht) ebenfalls für die Modellvarianten dienstbar gemacht werden.[11]

Die sechs verschiedenen Modellvarianten umfassen durch die Variation der beschriebenen Faktoren ein Spektrum der sowohl auf quantitativer wie auf qualitativer Ebene bei Geltung einer Proportionalitätsnorm möglichen Tendenzen einer Ministerienaufteilung (vgl. Tab. 2). Selbstverständlich ist die Tendenz der qualitativen Dimension jeweils abhängig von der Tendenz in der quantitativen Dimension, dennoch lässt die Variation der Wahl der Position des Regierungschefs es zu einem gewissen Grad zu, der qualitativen Dimension eine von der der quantitativen leicht abweichende Tendenz zuzusprechen: Die Modelle vier

---

[11] Diese Verhalten sich jeweils analog zur quantitativen Tendenz des jeweiligen Divisor-Verfahrens (ohne Berücksichtigung der Art der Auswahl des Regierungschefs). Die Rolle dieser Regelungen sollte auch insofern nicht überschätzt werden, als sie für den untersuchten Datensatz nur äußerst selten benötigt werden.

Tab. 2 Die verschiedenen Modellvarianten. (Quelle: Eigene Darstellung)

Modell	Divisor-Verfahren	Auswahl des Regierungschefs	Vorzug bei gleichen Quotienten	Quantitative Tendenz
Modell 1	d'Hondt	Integriert	Größere Partei	Zugunsten großer Parteien
Modell 2	Saint-Laguë	Integriert	Zufall	Neutral
Modell 3	Adams	Integriert	Kleinere Partei	Zugunsten kleiner Parteien
Modell 4	d'Hondt	Vorgeschaltet	Größere Partei	Stark zugunsten großer Parteien
Modell 5	Saint-Laguë	Vorgeschaltet	Zufall	Zugunsten großer Parteien
Modell 6	Adams	Vorgeschaltet	Kleinere Partei	Etwa neutral

bis sechs etwa stellen die sitzstärkeren Parteien in der qualitativen Dimension jeweils besser als ihre „verwandten" Modelle eins bis drei. Die Ausgestaltungen der verschiedenen Modelle ermöglichen über die Prüfung deren Prognosegüten also Rückschlüsse sowohl auf die realen Charakteristika der quantitativen wie auch der qualitativen Ministerienaufteilung. Um generell zu prüfen, ob die Annahme zu der Art und Weise, wie Parteien ihre Präferenzen über verschiedene Ministerien bzw. Politikfelder festlegen (hier: strikt auf ihren inhaltlichen Schwerpunkten basierend) angemessen ist, sei an dieser Stelle das sogenannte „Gamson-Modell" eingeführt: Dieses nimmt schlicht an, dass inhaltliche Kriterien bei der Vergabe keine weitere Rolle spielen und die Parteien die Ministerien auch innerhalb der verschiedenen Politikfelder näherungsweise proportional aufteilen (näherungsweise, da die Vergabe der Ministerien eindeutig erfolgt und im Gamson-Modell so innerhalb der Politikfelder „gerundet" wird).

Die folgenden Hypothesen ergeben sich aus der bisherigen Diskussion und Modellentwicklung und sollen bei der Ergebnisanalyse Orientierung geben. Die verschiedenen in Tab. 2 dargestellten Modellspezifikationen lassen im folgenden Abschnitt eine Überprüfung dieser Hypothesen zu.

Hypothese 1 Parteien legen bei der Auswahl der Ministerien verstärkt Wert auf inhaltliche Schwerpunkte.

Hypothese 2 Der Posten des Regierungschefs kann als Teil des Aufteilungsprozesses verstanden werden.

Hypothese 3 Große Parteien werden in der qualitativen Dimension für ihren quantitativen Verlust kompensiert.

5 Die Anwendung der Modelle – Ergebnisse und Analyse

Die quantitative Dimension der Ministerienaufteilung – Prognosegüte der Modelle

Die Gamson-Regel, welche als Prüfstein der Modellprognosen fungieren wird, hat bei aller Genauigkeit ein zentrales Problem, welches ganz und gar praktischer Natur ist: Ministerien lassen sich nicht, oder zumindest nur sehr bedingt, in beliebig viele Einzelteile zerlegen. Diese zwangsläufige Fehlschätzung (vgl. Linhart et al. 2008, S. 51) kann bei einer Überprüfung der Prognosegüte jedoch auch als die Freiheit angesehen werden, streitbare Ministerien bzw. Zugriffe nicht eindeutig zuordnen zu müssen – dies sollte jedoch eine zentrale Anforderung an Modelle der Ministerienaufteilung darstellen. Demnach wird neben der ursprünglichen Gamson-Regel an dieser Stelle eine zusätzliche Version dieser verwendet, bei der jeweils diskrete Rundungen die Zuordnung nur ganzzahliger Mengen von Ministerien zu den jeweiligen Parteien ermöglichen (vgl. für diese Vorgehensweise Linhart et al. 2008, S. 52). Darüber hinaus wird auch das vorgestellte Gamson-Modell hier auf seine Vorhersagekraft in der quantitativen Dimension geprüft.

Die Regressionsanalyse für die klassische Version der Gamson-Regel (vgl. Tab. 3) weist erneut auf deren Ausnahmestellung innerhalb der Sozialwissenschaften hin – mit einem Determinationskoeffizienten R^2 von .941 ermöglicht die Kenntnis des Sitzanteils einer Regierungspartei in den hier betrachteten deutschen Landesregierungen die nahezu perfekte Voraussage des jeweiligen Anteils der Partei an der Gesamtanzahl der in der Koalition zu vergebenden Ministerien, wobei eine systematische Abweichung zugunsten kleiner Parteien festgestellt werden kann (die Regressionsgerade besitzt die Konstante .066, setzt damit höher an als die Winkelhalbierende und verläuft folgend weniger steil).

Tab. 3 Lineare Regressionsanalysen für die quantitative Dimension der Ministerienaufteilung der deutschen Länder von 1990 bis 2010

Ministerienanteil

Modell	Konstante	Koeffizient	R^2	N
Gamson-Regel	0.066***	0.864***	0.941	114
Gamson-Regel mit Rundung	0.070***	0.857***	0.931	114
Gamson-Modell	0.152***	0.686***	0.900	114
Modell 1 (d'Hondt)	0.108***	0.775***	0.932	114
Modell 2 (Saint-Laguë)	0.074***	0.846***	0.926	114
Modell 3 (Adams)	0.021	0.955***	0.941	114
Modell 4 (d'Hondt)	0.123***	0.745***	0.939	114
Modell 5 (Saint-Laguë)	0.010***	0.793***	0.929	114
Modell 6 (Adams)	0.050***	0.895***	0.939	114

Anmerkung: *** signifikant auf 0.001-Niveau, ** signifikant auf 0.01-Niveau, * signifikant auf 0.05-Niveau
In Anlehnung an Linhart et al. (2008, 51–53) wird hier über die Problematik einer einfachen linearen Regression hinweggesehen, da auch für eine Herstellung der Unabhängigkeit der Werte (diese ist insofern nicht gegeben, als dass in Koalitionen sowohl der Sitz- als auch der Ministerienanteil einer Partei durch den jeweiligen Anteil der anderen Regierungspartei(en) determiniert sind) keine beachtenswerten Veränderungen des Determinationskoeffizienten R^2 zu erwarten sind., Quelle: Eigene Berechnungen

Analyse und Beurteilung der Ergebnisse

Als erstes ist festzustellen, dass sich die starke Geltung der Proportionalitäts-Norm genau wie für die Gamson-Regel auch für die daraus abgeleiteten Modelle in deren hoher Prognosegüte niederschlägt. Im Vergleich zu der Version der Gamson-Regel, die die Unteilbarkeit der zu verteilenden Ministerien berücksichtigt (R^2 beträgt hierfür .931), schneiden die Modelle sogar in der Regel besser ab. Dass das dritte Modell, welches das Adams-Verfahren verwendet (R^2 beträgt .941) den höchsten Determinationskoeffizienten erzielt, kann auf dessen tendenzielle Bevorzugung kleiner Parteien im Hinblick auf die Ausstattung mit Ministerien zurückgeführt werden – gleichzeitig ist jedoch klar festzustellen, dass die Prognosegüten der Modelle in etwa auf demselben Niveau liegen und die extrem hohe Prognosegüte der Gamson-Regel auf eine eher moderate Besserstellung kleiner Parteien schließen lässt. Eine für die spätere Analyse der qualitativen Prognosegüte der Modelle wichtige Erkenntnis der Regressionsanalysen ist weiterhin, dass die Vorschaltung der Auswahl des Regierungschefs keinen merkbaren Einfluss auf die quantitative Dimension hat. Dies erlaubt es, diese Variation als vor allem für die qualitative Tendenz bedeutsam zu interpretieren. Das relativ schwächere Abschneiden des Gamson-Modells, welches die Ministerien jeweils ganzzahlig innerhalb der Politikfelder vergibt (R^2 beträgt .900), ist auf dessen tendenzielle Bevorteilung größerer Parteien zurückzuführen – gibt es in einem bestimmten Politikfeld nur ein Ministerium, so wird dieses in Zwei-Parteien-Koalitionen in jedem Fall von der stärkeren Partei besetzt, ohne, dass in einem anderen Politikfeld eine entsprechende Kompensation der kleineren Partei erfolgt.

Die qualitative Dimension der Ministerienaufteilung – Prognosegüte der Modelle

Dass die inhaltlichen Orientierungen von Parteien bei der Auswahl der Ministerien eine Rolle zu spielen scheinen, ist bei einem Blick auf Tab. 4 zu erkennen. Es kann für die hier untersuchten Daten festgestellt werden, dass die SPD ihren Schwerpunkt auf den Bereich ASB legt und die FDP sowie auch die Grünen insbesondere im Bereich WULF überproportional vertreten sind. Der inhaltliche Fokus der CDU liegt auf den Politikfeldern WULF und Recht. Interessant erscheinen die sehr heterogenen Kontrollanteilswerte der Linken – diese setzt einen extremen Schwerpunkt auf den Bereich ASB und ist in den Politikfeldern Kultus und Recht jeweils stark unterproportional durch Minister vertreten.[12]

Um die Prognoseleistung der die inhaltlichen Präferenzen der Parteien berücksichtigenden Modelle einschätzen zu können, wird das bereits dargestellte Gamson-Modell der Ministerienaufteilung hinzugezogen. Dieser Aufteilungsmechanismus ignoriert die inhaltlichen Präferenzordnungen der Parteien bzw. nimmt an, dass die Parteien zwischen den Ministerien verschiedener Politikfelder keinen Wertigkeitsunterschied machen und die Ministerien auch innerhalb dieser Politikfelder näherungsweise proportional aufteilen.

---

[12] Einschränkend muss erwähnt werden, dass Die Linke in diesem Datensatz nur an fünf Koalitionsregierungen beteiligt war. Weiterhin sei daran erinnert, dass ein Schluss von realen Verteilungen auf ursprüngliche inhaltliche Interessen potentiell die strategische Situation konkurrierender Präferenzordnungen vernachlässigt.

Tab. 4 Parteispezifische Tendenzen für die Ministerienaufteilung der Koalitionsregierungen der deutschen Länder von 1990 bis 2010

Partei	Ministerien-anteil	Kontrollanteil im Politikfeld ASB	Kontrollanteil im Politikfeld Kultus	Kontrollanteil im Politikfeld Recht	Kontrollanteil im Politikfeld WULF
CDU/CSU	0.63	0.47	0.56	0.65	0.66
SPD	0.63	0.74	0.68	0.68	0.53
FDP/FDP/DVP	0.22	0.16	0.25	0.25	0.29
Die Grünen/GAL	0.20	0.22	0.19	0.10	0.29
Die Linke/PDS	0.34	0.90	0.10	0.10	0.40

Anmerkung: Angegeben sind jeweils die Mittelwerte aus den Werten aller Beteiligungen einer Partei an Koalitionsregierungen von 1990 bis 2010
In die Auswertung einbezogen wurden nur Parteien, die mindestens zwei Mal an einer Regierung beteiligt waren., Quelle: Eigene Berechnungen

Für eine Annäherung an die Prognosegüte der Modelle für die qualitative Ministerienaufteilung wird deren durchschnittliche Erfolgsquote gemessen – welcher Anteil aller Ministerien einer bestimmten Koalitionsregierung wird den Parteien korrekt zugeordnet?[13] Diese Messung der Erfolgsquote (vgl. für analoge Herangehensweisen Bäck et al. 2011 sowie Budge und Keman 1990) ist gleichermaßen sinnvoll wie irreführend: Auf der einen Seite ist die Messung der durchschnittlich korrekt zugeordneten Ministerien bei Berücksichtigung der diversen Fehlerquellen, die die Zuordnung verzerren könnten (etwa eine Fehleinschätzung der Parteipräferenzen durch die Salienzen-Methode oder eine nicht akkurate Zuordnung eines Ministerium zu einem konkreten Politikfeld), ein sinnvoller Ansatz, um die Prognosegüte und Aussagekraft der verschiedenen Modelle einordnen zu können. Auf der anderen Seite führen diese Erfolgsquoten insofern in die Irre, als dass hier der Einfluss einer rein quantitativen Fehlschätzung nicht berücksichtigt wird, welche eine qualitativ richtige Zuordnung aller Ministerien von vorn herein verhindern würde. Da die Modelle für den hier untersuchten

---

[13] Es sei noch ein Mal darauf hingewiesen, dass innerhalb der Politikfelder die Gleichheit der Ministerien angenommen wird, das heißt, dass über die Modelle nicht immer (es sei denn, eine Partei besetzt alle Ministerien innerhalb eines Politikfeldes) klar gesagt werden kann, welches spezifische Ministerium welcher Partei zugeordnet wird.

Datensatz jeweils sehr hohe quantitative Prognosegüten besitzen, gilt es, diesem Problem vor allem mit Blick auf einen weiterführenden Untersuchungsrahmen angemessen zu begegnen.

Analyse und Beurteilung der Ergebnisse

Wie entscheidend die gleichzeitige Berücksichtigung der quantitativen Dimension ist, zeigt die Betrachtung der Erfolgsquote des Gamson-Modells (vgl. Abb. 2): Dieses erzielt mit 79.2 % korrekt zugeordneten Ministerien die höchste Erfolgsquote aller hier getesteten Modelle. Allerdings ist für das Gamson-Modell einschränkend festzustellen, dass dieses den sechs hier entwickelten Modellvarianten in der quantitativen Prognosegüte unterlegen ist. Durch dessen tendenzielle Besserstellung großer Parteien profitiert das Gamson-Modell möglicherweise leicht, indem es für viele Koalitionsregierungen jeweils zu viele Ministerien der sitzstärksten Partei zuordnet und bei der Prognose logischerweise von der generellen Asymmetrie der Ministerienanteile innerhalb der Koalitionsregierungen der deutschen Länder profitiert.[14] Trotz dieser technischen Problematik ist jedoch festzustellen, dass der Faktor der Sitzstärke und dementsprechend die Proportionalitäts-Regel auch innerhalb der verschiedenen Politikfelder eine bedeutende Rolle zu spielen scheint. Dieser Befund spricht zunächst gegen Hypothese 1 und gegen die Rolle inhaltlicher Schwerpunkte bei der Ministerienaufteilung. Allerdings sollte dieses Ergebnis vor allem als Hinweis daraufhin verstanden werden, in weiteren Arbeiten an der Spezifikation der Präferenzordnungen der Parteien zu arbeiten.

Für die entwickelten Modelle ist ein relativ eindeutiger Trend der qualitativen Ministerienaufteilung erkennbar: Die Modelle eins bis drei, in welchen die Auswahl des Regierungschefs Bestandteil des Divisor-Verfahrens ist, also die sitzstärkste Partei ihren ersten Zugriff auf die Wahl des Postens des Ministerpräsidenten verwendet, erzielen alle höhere Erfolgsquoten als die diesen jeweils entsprechenden Modelle, in welchen die Zuordnung des Ministerpräsidenten vorgeschaltet erfolgt (Modelle vier bis sechs).[15] Hypothese 2 scheint sich

---

[14] Ein exemplarisches Beispiel verdeutlicht diesen Umstand: Besetzen in einer Koalition die Parteien A und B gemeinsam neun Ministerien, von denen sechs auf A und drei auf B entfallen, so sind bei einer quantitativ falschen Zuordnung, welche A acht und B nur ein Ministerium zuordnet, zwar zwei qualitative Fehler garantiert, die minimale qualitative Erfolgsquote beträgt dabei jedoch 55.6 % (fünf von neun Ministerien). Bei einer quantitativ korrekten Zuordnung beträgt die minimal erreichbare Erfolgsquote eines Modells dagegen 33.3 % (drei von neun Ministerien).

[15] Für den Unterschied zwischen Gamson-Modell und Modell 1 sowie Modell 4 und für den Unterschied zwischen Modell 1 und Modell 3 sowie Modell 4 liegen signifikante (auf 0.05-Niveau) Unterschiede vor (untersucht mit einem t-test für gepaarte Stichproben). An-

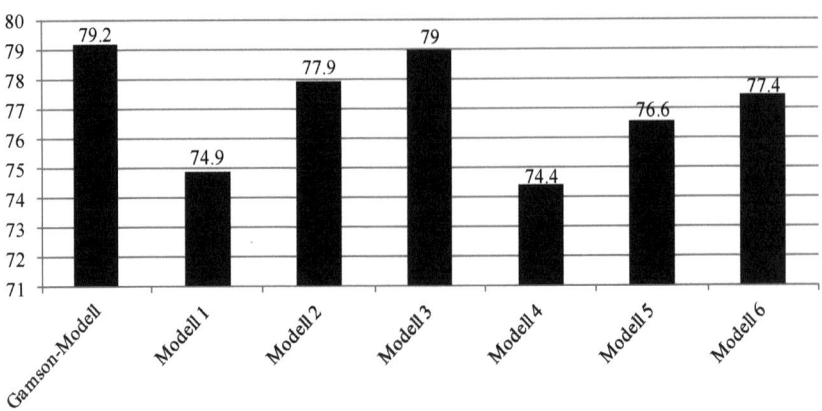

Abb. 2 Durchschnittliche Erfolgsquote (in %) der qualitativen Ministerienzuordnung ($N = 55$)

also zu bestätigen und der Regierungschef durchaus direkt zum Aufteilungsprozess dazuzugehören. Kleine Parteien besetzen insgesamt regelmäßig Ministerien in Politikfeldern, auf welche sie ihren inhaltlichen Schwerpunkt gelegt haben. Für die Betrachtung der Modelle eins bis drei (und analog vier bis sechs) ist dazu festzustellen, dass deren Prognosegüte mit graduell zunehmender (tendenzieller) Besserstellung kleiner Parteien hinsichtlich vor allem der qualitativen Dimension steigt – das dritte, auf dem Adams-Verfahren beruhende Modell erzielt mit 79 % die höchste Erfolgsquote der sechs Modellvarianten. Für Hypothese 3 bedeutet dies, dass eine intuitiv zu erwartende Trade-off-Logik zwischen quantitativer und qualitativer Dimension nicht stattzufinden scheint. Eher im Gegenteil werden auch in der qualitativen Dimension kleine Parteien leicht bessergestellt und großer Parteien keineswegs für ihren (fast schon gesetzesmäßigen) quantitativen Verlust kompensiert.

Insgesamt stimmen die über die Analyse der Modellergebnisse festgestellten Trends der Ministerienaufteilung in Koalitionsregierungen der deutschen Länder von 1990 bis 2010 also weitgehend mit den Erkenntnissen der internationalen Forschung überein: Die Sitzstärke der Parteien bleibt auch bei Berücksichtigung der qualitativen Dimension der Ministerienaufteilung ein gewichtiger, diese bestimmender Faktor. Daneben tendieren Aufteilungskonstellationen auch in der

---

sonsten sollte die Analyse der Reihenfolge der Modelle bezüglich ihrer Erfolgsquoten als Interpretation von Tendenzen verstanden werden.

qualitativen Dimension eher dahin, kleinere Parteien insofern besser zu stellen, als dass diesen die Akquise zumindest eines ihrer meistpräferierten Ministerien ermöglicht wird (Modell 3 garantiert dies mindestens für jede kleine Partei in einer Zweier-Koalition, da diese dort den ersten Zugriff auf die Ministerien abseits des Regierungschefs erhält).

Schlussfolgerungen für die zukünftige Untersuchung der Ministerienaufteilung

Ein wichtiger inhaltlicher Schluss aus den hier durchgeführten Analysen ist bei dem Ansatz, Ministerien als Teile übergeordneter Politikfelder zu verstehen, dass größere Parteien offensichtlich eher nicht gewillt sind, die ministerielle Kontrolle bestimmter Politikfelder gänzlich ihrem bzw. ihren Koalitionspartner(n) zu überlassen und somit auch innerhalb der Politikfelder eine Art Gamson-Regel die Aufteilung bestimmend wirkt. Gleichzeitig ist das Vorhandensein inhaltlicher Schwerpunktsetzungen der Parteien insofern erkennbar, als dass die Besetzung von Ministerien innerhalb spezifischer Politikfelder von dem dort proportionalen Anteil abweichend (vgl. Tab. 4), wie sie etwa gemäß der hier entwickelten Modelle prognostiziert wird, erfolgt. Die Motivation der Parteien könnte also als der Wunsch nach einer möglichst breiten Vertretung bei gleichzeitiger Umsetzung inhaltlicher Schwerpunkte bei der Ministerienbesetzung beschrieben werden. Die Parteien streben dabei neben dem Ziel der möglichst breiten Vertretung gleichzeitig die Besetzung derjenigen Ministerien an, welche ihnen Policy-Einfluss in den Bereichen sichern, die jene Parteien als aus inhaltlicher Perspektive am wichtigsten ansehen. Diese Verhaltensweise ist insbesondere insofern theoretisch nachvollziehbar, als dass viele Streitpunkte in verschiedenen Policy-Fragen erst im Laufe der jeweiligen Legislaturperiode auftreten (vgl. Linhart und Pappi 2009, S. 27–28) sowie, dass die Parteien nicht zwangsläufig exakt über die Idealvorstellungen ihrer Koalitionspartner für solche zukünftigen Fragen informiert sind. Vor diesem Hintergrund folgt ein breiter Vertretungsanspruch weniger aus der inhaltlichen Indifferenz zwischen verschiedenen Politikfeldern (also einer ausschließlichen Orientierung an einem reinen Ämternutzen), sondern aus der Zielsetzung heraus, in allen Politikfeldern auf eventuell ungewünschte Policy-Entwicklungen effektiv reagieren bzw. diese ganz verhindern zu können. Besonders bereits bei den Koalitionsverhandlungen offensichtliche größere Policy-Distanzen zwischen den Koalitionspartnern könnten nach dieser Logik für eine etwa proportionale Aufteilung in dem bzw. den betroffenen Politikfeldern sorgen (vgl. auch Thies 2001, S. 582–584). Ebenfalls bietet die Frage nach dem Zusammenhang zwischen der Tendenz zu einer möglichst breiten Vertretung und einer abnehmenden bzw. zunehmenden Vernetzung verschiedener Politikfelder und Ministerien einen interessanten Ansatzpunkt für die weitere Forschung in diesem Bereich. Das hier erarbeitete Modell bietet in jedem Falle eine Grundlage für die Überprüfung solcher Variationen der Präferenzordnungen der Parteien. Auf diesem Wege könnte eine tiefergehende empirische Untersuchung und Analyse der Wirkungsweise einer Proportionalitäts-Norm auch innerhalb verschiedener Politikfelder einen weiteren Baustein der noch auszubauenden theoretischen Grundlegung der Gamson-Regel liefern.

Wesentlich ist auch die Feststellung, dass bei der Annahme der Gleichheit des Einflusses der jeweils zu einem Politikfeld gehörenden Ministerien die quantitative Besserstellung kleiner Parteien nicht durch eine qualitative Besserstellung großer Parteien ausgeglichen zu werden scheint – wie schon von Warwick und Druckman (2006) in einer dieser verwandten Untersuchung festgestellt, wird keine Tauschlogik zwischen einer quantitativen Besserstellung kleiner Parteien und im Gegenzug einer relativen qualitativen Besserstellung großer Parteien erkennbar.

Der Appell, die Forschung zu den individuellen Präferenzordnungen der Parteien zu intensivieren (etwa bei Adachi und Watanabe 2007, S. 114 sowie Verzichelli 2010, S. 244), ist zu wiederholen. Während die Salienzen aus den Wahlprogrammen gute Indikatoren der dynamischen inhaltlichen Interessenlage einer Partei darstellen, wäre es darüber hinaus interessant, auch eine von einem inhaltlichen Interesse relativ unabhängige Wertung der verschiedenen Ministerien (etwa bedingt durch Faktoren wie öffentliches Ansehen, Medienwirksamkeit oder Budgetausstattung) in eine parteispezifische Präferenzordnung zu integrieren und so ggf. auch innerhalb verschiedener Politikfelder die zugehörigen Ministerien ihrer Bedeutung nach ordnen zu können – so könnte insbesondere die Rolle bestimmter „Schlüsselministerien" (wie etwa das Finanzministerium) berücksichtigt und überprüft werden. Die große Herausforderung eines solchen Projektes (vor allem im Rahmen einer möglichen internationalen Untersuchung) macht erneut deutlich, welches methodische Potential in der Einteilung der Ministerien in verschiedene Politikfelder liegt – auf diesem Wege können sinnvoll alle Ministerien betrachtet werden, ohne dass allzeitliche Präferenzordnungen angenommen werden müssen. Insbesondere eine anteilige Zuordnung der Ministerien zu den Politikfeldern (bei welcher etwa das Ministerium „Gesundheit, Umwelt und Verbraucherschutz" zu angemessenen Teilen den Politikfeldern ASB und WULF zugeordnet werden müsste) könnte außerdem für eine weitere modelltheoretische Überprüfung sinnvoll sein.

Für die Divisor-Verfahren ist festzustellen, dass sie, wie in Abschn. 4 dargestellt, die verschiedenen Anforderungen an eine realitätsadäquate Modellierung der Ministerienaufteilung erfüllen. Insbesondere die quantitative Prognosegüte hat sich durchweg als beeindruckend erwiesen und prädestiniert die Modellvarianten für eine Untersuchung, die die quantitative und qualitative Dimension der Ministerienaufteilung berücksichtigt. Dennoch könnte die relative Statik der möglichen Zuordnungsreihenfolgen bei einer weiteren Modellanpassung als Problem erkannt werden – um dies zu prüfen und möglicherweise weitere Methoden der technischen Modellierung herauszuarbeiten, könnte sich eine Anwendung alternativer Modelle als sinnvoll erweisen, welche dem Prozess der Ministerienaufteilung eine stärkere Dynamik zuschreiben und gleichzeitig metrische Präferenzordnungen verarbeiten können. Hier kämen etwa das Konzept der Nash Bargaining Solution oder eine Variation eines Tauschmodells in Frage, welche beide eine von einer festen Reihenfolge gelöste, freiere Verteilung der verschiedenen Ministerien erlauben (vgl. für eine Beschreibung beider Modelle Linhart 2006). Für die Überprüfung der hier festgestellten möglichen Motivation der Parteien, neben einer breiten Vertretung die Verwirklichung inhaltlicher Schwerpunkte in Form der Besetzung bestimmter Ministerien anzustreben, könnte im Zuge einer weiteren Modellierung die Annahme eines abnehmenden Grenznutzen der Besetzung von Ministerien in einem spezifischen Politikfeld nützlich sein.

6 Fazit und Ausblick

Eine leichte Besserstellung der kleinen Parteien in der quantitativen Dimension scheint nicht durch eine entsprechende Unterkompensation dieser in der qualitativen Dimension ausgeglichen zu werden. Generell erscheint auch innerhalb der verschiedenen Politikfelder eine Orientierung an einer näherungsweise proportionalen Aufteilung handlungsleitend zu sein. Diese Feststellung selbst führt zu dem Schluss, dass der Anspruch einer möglichst breiten Präsenz in Form von besetzten Ministerien nicht auf der Indifferenz zwischen verschiedenen Politikfeldern, sondern auf der Motivation, politisch-inhaltliche Entwicklungen in möglichst allen Bereichen des Regierens auch direkt über eine ministerielle Kontrolle steuern zu können, gründen könnte. Gleichzeitig wird über eine Analyse der realen Kontrollanteile auch deutlich, dass eine inhaltliche Schwerpunktsetzung der Parteien bei der Aufteilung der Ministerien eine Rolle spielt – Parteien entwickeln und verwirklichen über die verschiedenen Politikfelder gewisse inhaltliche Interessenschwerpunkte.

Die eingangs gestellten Ziele konnten schließlich auf folgende Weise erreicht werden:

Ziel 1 Eine modelltheoretische Grundlage der Ministerienaufteilung wurde durch die Entwicklung eines Grundmodells geliefert, welches die wesentlichen formellen wie informellen institutionellen Rahmenbedingungen berücksichtigt, während es durch die Nutzung verschiedener Variationen Raum für verschiedene inhaltliche Implikationen lässt. Sowohl die quantitative als auch die qualitative Dimension der Ministerienaufteilung können innerhalb der Modelle gemeinsam wie getrennt analysiert werden.

Ausblick Der Begriff „Grundlegung" legt bereits nahe, dass es weiterer modelltheoretischer Arbeit und einer empirischen Überprüfung innerhalb eines breiteren Rahmens bedarf, um eine differenzierte Modellierung des Prozesses der Ministerienaufteilung voranzutreiben.

Ziel 2 Für die Motivation der Parteien lässt sich am untersuchten Beispiel deutscher Landesregierungen vermuten, dass eine proportionale Aufteilung auch in den Politikfeldern Orientierung zu geben scheint, während im Rahmen einer solchen eher breiten Vertretung jeweils versucht wird, Ministerien in den meist präferierten Politikfeldern zu besetzen.

Ausblick Eine weitere modelltheoretische Arbeit muss sich, um sich der weiteren Aufklärung der Motivation der Parteien widmen zu können, die Frage stellen, inwiefern neben den inhaltlichen Bedeutungen der Ministerien auch eine parteiübergreifende, von der inhaltlichen Ebene unabhängige Bedeutung in eine Präferenzordnung integriert werden kann. Für die Analyse der Kombination einer breiten Vertretung und der Besetzung von Ministerien im Sinne inhaltlicher Interessenschwerpunkte ist etwa zu fragen, ob die Gleichbehandlung von Ministerien innerhalb eines Politikfeldes sinnvoll ist und, ob die Annahme eines abnehmenden Grenznutzens der Kontrolle in einem Politikfeld die festgestellten Charakteristika der Parteienmotivation bestätigt.

Ziel 3 Die klassische Gamson-Regel konnte in empirischer Hinsicht für die hier betrachteten Koalitionsregierungen und deren quantitative Ministerienaufteilung eindrucksvoll nachgewiesen werden. Auch unter Berücksichtigung der qualitativen Dimension lieferte eine angepasste Variante dieser gute Prognosen der Ministerienaufteilung. Aus den Aussagen über die Motivationen der Parteien lässt sich auch eine theoretische Stützung der Gamson-Regel ableiten: Eine Orientierung an einer etwa proportionalen Kontrollverteilung auch innerhalb der Politikfelder spricht dafür, dass die Gamson-Regel nicht nur als Norm der quantitativen, sondern, mit gewissen Einschränkungen durch die Verfolgung inhaltlicher Schwerpunktsetzungen, auch der qualitativen Dimension der Ministerienaufteilung verstanden werden könnte.

Ausblick Für weitere theoretische wie empirische Arbeiten gilt es, die theoretische Fundierung der Gamson-Regel weiter zu vertiefen – dies kann etwa über die Beantwortung der Frage, welche Faktoren auch innerhalb verschiedener Politikfelder für eine näherungsweise proportionale Aufteilung sorgen, erfolgen.

Literatur

Adachi, Takanori, und Yasutora Watanabe. 2007. Ministerial weights and government formation: Estimation using a bargaining model. *Journal of Law, Economics, and Organization* 24:95–119.

Ansolabehere, Stephen, James Snyder Jr., Aaron B. Strauss, und Michael M. Ting. 2005. Voting weights and formateur advantages in the formation of coalition governments. *American Journal of Political Science* 49:550–563.

Austen-Smith, David und Jeffrey Banks. 1988. Elections, coalitions, and legislative outcomes. *American Political Science Review* 82:405–422.

Bäck, Hanna. 2003. *Explaining coalitions. Evidence and lessons from studying coalition formation in Swedish local government.* Uppsala: Acta Universitatis Upsaliensis.

Bäck, Hanna, und Thomas Persson. 2004. *Party size and portfolio payoffs. A study of the mechanism underlying Gamson's Law of proportionality.* Granada (ECPR Joint Sessions).

Bäck, Hanna, Marc Debus, und Patrick Dumont. 2011. Who gets what in coalition governments? Predictors of portfolio allocation in parliamentary democracies. *European Journal of Political Research* 50:441–478.

Balinski, Michel L., und H. Peyton Young. 1980. The Webster method of apportionment. *Proceedings of the National Academy of Sciences of the United States of America* 77:1–4.

Baron, David P., und John A. Ferejohn. 1989. Bargaining in legislatures. *The American Political Science Review* 83:1181–1206.

Brams, Steven J., und Peter C. Fishburn. 2000. Fair division of indivisible items between two people with identical preferences: Envy-freeness, pareto-optimality, and equity. *Social Choice and Welfare* 17:247–267.

Brams, Steven J., und Todd R. Kaplan. 2004. Dividing the indivisible: Procedures for allocating cabinet ministries to political parties in a parliamentary system. *Journal of Theoretical Politics* 16:143–173.

Bräuninger, Thomas, und Marc Debus. 2005. *Intraparty factions and coalition bargaining in Germany.* Granada (ECPR Joint Sessions).

Browne, Eric C., und Karen Ann Feste. 1975. Qualitative dimensions of coalition payoffs. Evidence from European party governments, 1945–1970. *American Behavioral Scientist* 18:530–556.

Browne, Eric C., und Mark N. Franklin. 1973. Aspects of coalition payoffs in European parliamentary democracies. *The American Political Science Review* 67:453–469.

Browne, Eric C., und John P. Frendreis. 1980. Allocating coalition payoffs by conventional norm: An assessment of the evidence from cabinet coalition situations. *American Journal of Political Science* 24:753–768.

Budge, Ian, und Hans Keman. 1990. *Parties and democracy. Coalition formation and government functioning in twenty states.* Oxford: Oxford University Press.

Dewan, Torun, und Rafael Hortala-Vallve. 2011. The three As of government formation: Appointment, allocation, and assignment. *American Journal of Political Science* 55:610–627.

Diermeier, Daniel. 2006. Coalition government. In *Political economy*, Hrsg. Barry R. Weingast und Donald A. Wittman, 162–179. Oxford: Oxford University Press (Oxford Handbooks).

Druckman, James N., und Paul V. Warwick. 2005. The missing piece: Measuring portfolio salience in Western European parliamentary democracies. *European Journal of Political Research* 44:17–42.

Forschungsgruppe Wahlen e. V. 2011. Wahlergebnisse in Deutschland 1946–2010. Mannheim: Institut für Wahlanalysen und Gesellschaftsbeobachtung.

Gamson, William A. 1961. A theory of coalition formation. *American Sociological Review* 26:373–382.

Gebauer, Klaus-Eckart. 2006. Landesregierungen. In *Landespolitik in Deutschland. Grundlagen – Strukturen – Arbeitsfelder*, Hrsg. Herbert Schneider und Hans-Georg Wehling, 130–147. Wiesbaden: VS Verlag für Sozialwissenschaften.

Jun, Uwe. 1994. *Koalitionsbildung in den deutschen Bundesländern. Theoretische Betrachtungen. Dokumentation und Analyse.* Opladen: Leske + Budrich.

Kropp, Sabine. 2001. *Regieren in Koalitionen. Handlungsmuster und Entscheidungsbildung in deutschen Länderregierungen.* Wiesbaden: Westdeutscher Verlag.

Kropp, Sabine, und Roland Sturm. 1998. *Koalitionen und Koalitionsvereinbarungen. Theorie, Analyse und Dokumentation.* Opladen: Leske + Budrich.

Laver, Michael. 1998. Models of government formation. *Annual Review of Political Science* 1:1–25.

Laver, Michael, und Norman Schofield. 1990. *Multiparty government. The politics of coalition in Europe.* Oxford: Oxford University Press.

Laver, Michael, und Kenneth A. Shepsle. 1990. Coalitions and cabinet government. *The American Political Science Review* 84:873–890.

Linhart, Eric. 2006. *Die Erklärungskraft spiel- und tauschtheoretischer Verhandlungsmodelle in Abhängigkeit vom Institutionalisierungsgrad des Verhandlungssystems.* Mannheim: Mannheim University Press.

Linhart, Eric, und Franz U. Pappi. 2009. Koalitionsbildungen zwischen Ämter- und Politikmotivation. Konstruktion einer interdependenten Nutzenfunktion. *Politische Vierteljahresschrift* 50:23–49.

Linhart, Eric, Franz U. Pappi, und Ralf Schmitt. 2008. Die proportionale Ministerienaufteilung in deutschen Koalitionsregierungen: Akzeptierte Norm oder das Ausnutzen strategischer Vorteile? *Politische Vierteljahresschrift* 49:46–67.

Mackie, Tom. 2000. Quotas and divisors. In *International encyclopedia of elections*, Hrsg. Richard Rose, 252–253. London: Macmillan.

Morelli, Massimo. 1999. Demand competition and policy compromise in legislative bargaining. *The American Political Science Review* 93:809–820.

Nohlen, Dieter. 2000. *Wahlrecht und Parteiensystem.* Opladen: Leske + Budrich.
Norpoth, Helmut. 1982. The German Federal Republic: Coalition government at the brink of majority rule. In *Government coalitions in western democracies,* Hrsg. Eric C. Browne und John Dreijmanis, 7–32. New York: Longman.
O'Leary, Brendan, Bernard Grofman, und Jørgen Elklit. 2005. Divisor methods for sequential portfolio allocation in multi-party executive bodies: Evidence from Northern Ireland and Denmark. *American Journal of Political Science* 49:198–211.
Pappi, Franz U. Ralf Schmitt, und Eric Linhart. 2008. Die Ministeriumsverteilung in den deutschen Landesregierungen seit dem Zweiten Weltkrieg. *Zeitschrift für Parlamentsfragen* 39:323–342.
Riedwyl, Hans, und Jürg Steiner. 1995. What is proportionality anyhow? *Comparative Politics* 27:357–369.
Rudzio, Wolfgang. 2005. *Informelles Regieren. Zum Koalitionsmanagement in deutschen und österreichischen Regierungen.* Wiesbaden: VS Verlag für Sozialwissenschaften.
Saalfeld, Thomas. 2007. *Parteien und Wahlen.* Baden-Baden: Nomos (Studienkurs Politikwissenschaft).
Schmitt, Ralf. 2008. Die politikfeldspezifische Auswertung von Wahlprogrammen am Beispiel der deutschen Bundesländer. Mannheim: MZES (Arbeitspapiere – Working Papers, 114).
Schniewind, Aline. 2008. Regierungen. In *Die Demokratien der deutschen Bundesländer. Politische Institutionen im Vergleich,* Hrsg. Markus Freitag und Adrian Vatter, 111–160. Opladen: Barbara Budrich.
Schoen, Harald. 2005. Wahlsystemforschung. In *Handbuch Wahlforschung,* Hrsg. Falter W. Jürgen und Harald Schoen, 573–607. Wiesbaden: VS Verlag für Sozialwissenschaften.
Schofield, Norman, und Michael Laver. 1985. Bargaining theory and portfolio payoffs in European coalition governments 1945–83. *British Journal of Political Science* 15:143–164.
Seher, Nicole Michaela, und Franz U. Pappi. 2011. Politikfeldspezifische Positionen der Landesverbände der deutschen Parteien. Mannheim: MZES (Arbeitspapiere – Working Papers, 139).
Sened, Itai. 1996. A model of coalition formation: theory and evidence. *Journal of Politics* 58:350–372.
Thies, Michael F. 2001. Keping tabs on partners: The logic of delegation in coalition governments. *American Journal of Political Science* 45:580–598.
Verzichelli, Luca. 2010. Portfolio allocation. In *Cabinets and coalition bargaining. The democratic life cycle in Western Europe,* Hrsg. Strøm Kaare, Wolfgang C. Müller, und Torbjörn Bergman, 237–267. Oxford: Oxford University Press.
Warwick, Paul V., und James N. Druckman. 2006. The portfolio allocation paradox: An investigation into the nature of a very strong but puzzling relationship. *European Journal of Political Research* 45:635–665.
Winter, Lieven de, und Patrick Dumont. 2006. Parties into government: Still many puzzles. In *Handbook of party politics,* Hrsg. Richard S. Katz und William Crotty, 175–188. London: SAGE.

Johannes Raabe M.Sc. Wissenschaftlicher Mitarbeiter und Doktorand an der Christian-Albrechts-Universität Kiel.

MIX
Papier aus verantwortungsvollen Quellen
Paper from responsible sources
FSC® C105338

If you have any concerns about our products,
you can contact us on
ProductSafety@springernature.com

In case Publisher is established outside the EU,
the EU authorized representative is:
**Springer Nature Customer Service Center GmbH
Europaplatz 3, 69115 Heidelberg, Germany**

Printed by Libri Plureos GmbH
in Hamburg, Germany